一瓶好酒無畫洛門

羋台傳讀者雅屬

吳曉波

茅台传

MOUTAI BIOGRAPHY

吴晓波＿著

中信出版集团｜北京

图书在版编目（CIP）数据

茅台传 / 吴晓波著 . -- 北京 : 中信出版社，
2024.1
ISBN 978-7-5217-3951-0

Ⅰ . ①茅⋯ Ⅱ . ①吴⋯ Ⅲ . ①茅台酒－企业管理－概
况 Ⅳ . ① F426.82

中国国家版本馆 CIP 数据核字 (2023) 第 227800 号

茅台传
著者： 吴晓波
出版发行：中信出版集团股份有限公司
　　　　（北京市朝阳区东三环北路 27 号嘉铭中心　邮编　100020）
承印者： 北京盛通印刷股份有限公司

开本：880mm×1230mm　1/32　　　印张：11.25　　字数：285 千字
版次：2024 年 1 月第 1 版　　　　印次：2024 年 1 月第 1 次印刷
书号：ISBN 978-7-5217-3951-0
定价：118.00 元

高粱，小麦，水。

——茅台酒配料表

醉后不知天在水，满船清梦压星河。

——〔元〕唐珙，《题龙阳县青草湖》

在酒神颂歌里，人受到鼓舞，最高程度地调动自己的一切象征能力。

——尼采，《悲剧的诞生》

目录

前言　茅台六法：向茅台酒学什么？　　　　　　　　　XI

酿酒术语　　　　　　　　　　　　　　　　　　　　XXVI

上部
烧房时代（1704—1950）

01　茅台镇的夜　　　凌晨三点的茅台镇　　　　　　002

全中国最神秘的"酒谷"　　　　004

濮僚、夜郎国与阿永蛮　　　　006

马桑湾、茅台与赤水河　　　　008

仁岸与盐商　　　　　　　　　011

枸酱与茅台的酒　　　　　　　016

02　白酒的起源　　　酒与酒神精神　　　　　　　　019

酒曲：第五大发明　　　　　　022

"百礼之会，非酒不行"　　　　023

黄酒与白酒：名士与光棍　　　026

杏花村里说酒史　　　　　　　028

茅台酒的三种起源说　　　　　030

茅台酒技艺：因地制宜，遵时顺势　　034

叠加型创新的产物 037

03 华家与王家 1862 年：成义烧房 039

第一代"茅粉"：周省长 041

1879 年：荣和烧房 043

1915 年：在巴拿马万国博览会上获奖 049

烧房打官司，省长和稀泥 052

04 "毛泽东由此渡河" 1935 年：三渡赤水在茅台 056

酒入钢铁肠，百转酿豪气 057

周恩来为什么偏爱茅台酒 062

"是假是真我不管，天寒且饮两三杯" 065

05 赖茅十三年 遍地都是"茅台酒" 069

赖茅的诞生 072

赖永初：一个懂兑尝的商人 077

在机场和电影院推广茅台酒 078

"历史的时间"在别处 080

中部
酒厂时代（1951—1978）

06　三房合并　　　　　　　革命袭来时的不同命运　　086

　　　　　　　　　　　　　"开国国宴"用的谁家酒　　088

　　　　　　　　　　　　　建厂日　　　　　　　　　091

　　　　　　　　　　　　　第一任厂长："张排长"　　096

07　"最特殊"的茅台酒　　　茅台成了"国家名酒"　　102

　　　　　　　　　　　　　"部里最关心两个酒"　　　105

　　　　　　　　　　　　　1 吨酒换 40 吨钢材　　　106

　　　　　　　　　　　　　酒瓶创新与飞天商标　　　108

　　　　　　　　　　　　　"MOUTAI"与中国外交　　114

　　　　　　　　　　　　　极为严苛的品控体系　　　118

08　在传统中"挣扎"　　　　1954 年：师徒制的恢复　120

　　　　　　　　　　　　　"张排长"为什么被撤职　　125

　　　　　　　　　　　　　不在主流的趋势中　　　　129

　　　　　　　　　　　　　传统的"然"与"所以然"　131

　　　　　　　　　　　　　1957 年：第一套"茅台酒的生产

　　　　　　　　　　　　　　概述"　　　　　　　　133

09　"搞它一万吨"茅台酒　　杜甫草堂的对话　　　　138

　　　　　　　　　　　　　"全省保茅台"　　　　　141

　　　　　　　　　　　　　"800 吨土酒事件"　　　143

10　"茅台试点"　　　1963 年：第二届全国评酒会　　149

周恒刚的"倒插笔"法　　151

什么是"天人合一"　　153

三种典型体的发现　　156

"汾酒试点"同步突破　　158

难忘的试点岁月　　159

11　"我们是如何勾酒的"　　季克良来了　　162

他看见了烧房里的微光　　166

1965 年：一鸣惊人的勾酒论文　　168

背了三年酒曲的大学生　　172

12　艰难的秩序恢复　　　1972 年：尼克松访华　　175

两个割裂的存在　　178

宽厚的邹开良　　181

从"九条经验"到工人大学　　185

1978 年：扭亏为盈　　188

下部
激荡时代（1979年至今）

13　一香定天下　　　1979年：香型的诞生　　　194

具有标志意义的"十条措施"　　　199

酒师制的恢复与TQC小组　　　202

14　双重焦虑　　　规模：增长之王　　　208

两次失败的易地试验　　　209

1984年：800吨扩建　　　212

1986年：去人民大会堂开获奖
纪念会　　　216

被养在"温室"的痛苦　　　218

15　到哪里去卖茅台酒　　　"要买真茅台，请到此地来"　　　222

飞天商标的隐患　　　227

而今迈步从头越　　　229

16　乱世定力　　　五粮液对汾酒的战胜　　　234

酒鬼与秦池的逆袭　　　237

彷徨中的多元化尝试　　　239

定力之一：坚守固态法酿酒　　　241

定力之二：坚持质量第一原则　　　243

定力之三：坚定超级单品战略　　　245

陈年酒、定制酒与生肖酒　　　247

17　"恩人"　　　　　1998 年：销售公司的创建　　251

喝了"壮行酒"去卖酒　　253

谁是第一批经销商　　257

风雨同舟　　259

18　原产地效应　　　上市与破万吨　　262

乱象：家家都酿茅台酒　　265

全球酿酒企业最多的小镇　　266

"离开茅台镇就生产不出茅台酒"　　268

良性的酱酒生态秩序　　273

容易被"误读"的茅台　　274

且留一分交付天　　277

19　用户心智体系　　　"茅粉"如何抵制假茅台　　280

功能认知："不上头"和"不伤肝"　　282

社会认知：最好的蒸馏酒　　285

情感认知：在最重要的时刻想起它　　288

增值认知：越陈越香，越陈越贵　　292

20　时间与资本　　　茅指数：题材、现象或信仰　　296

2012 年：双杀式危机　　298

最看好茅台酒的人是谁　　299

"保芳书记"与"三个一"   301

长期主义的价值点   305

21   茅台的年轻与科学精神   i 茅台：抢占年轻人的心智   312

"尊天时，敬未来"   315

行走在可口可乐与苹果之间   319

"一万个味蕾猛地都苏醒了"   321

后记   327

茅台六法：向茅台酒学什么？

茅台酒的配料表里只有五个字：高粱，小麦，水。

我写《茅台传》，只为了回答一个问题——

为什么这三种地球上最普通的物质，能酿造出最复杂、醇厚的酒，并且成就全球市值最高的酒企和中国 A 股市值最高的制造企业？

从《腾讯传》到《茅台传》

我是一个计划性很强的人，但总架不住有一些工作会突然冒出来，像一只只"好奇的猫"撞了我的腰。

写腾讯和茅台这两家公司，都是类似的经历。

2011 年的春天，腾讯的两位主要创办人张志东和许晨晔到杭州来找我，我请他们在龙井村喝新茶。一坐下来，他们就说："能不能写一本腾讯的书？"当时，轰动商业界的"3Q 大战"刚刚打完，腾讯赢了市场却输掉了舆论。所有的腾讯人十分沮丧和郁闷，他们终于想到，写一本书把自己的成长史和商业逻辑讲讲清楚。

我想了两个月，终于答应接下这份工作。当时我就提了两个条件：我要能访谈到想访谈的人并查阅所有的原始资料，公司不可干预我的创作自由。腾讯爽快地答应了。

《腾讯传》原本计划在 2013 年出版，配合公司成立 15 周年的节点。没想到，一写就是整整 6 年，到 2017 年年初才正式出版。这期间，腾讯推出微信，抢到了中国移动互联网浪潮中最重要的一张船票，继而进行了两次组织架构的调整，并尝试风险投资的布局，市值从 3000 多亿元暴涨到 2 万亿元，成为中国上市公司第一股。而我自己也在 2014 年推出了"吴晓波频道"公众号，身不由己地卷入了自媒体的创业浪潮之中。

事实上，对一家企业深入调研并进行创作，如同一次智力探险，是一个总结梳理的过程，更是对很多新知识的学习过程。在《腾讯传》的创作中，我重新理解了"产品"的意义，第一次思考生态型组织的养成模式，在与决策层的不断交流中，总结出了"小步快跑，试错迭代"的腾讯经验。这些发现，都不在最初的写作提纲或规划里，而是马拉松式调研之后的结果。从这个意义说，作者与创作对象在博弈之中互相成就。

在完成《腾讯传》后，我决意不再为单一企业写传记。对我来说，这实在是一份过于费时和煎熬的工作。但是没有想到，这一次我居然还是为茅台破了戒——希望这是最后一次。

茅台酒厂找到我是在 2020 年。这家企业是 1951 年创建的，找我写书的初衷也是配合企业成立 70 周年的庆典。我不善饮酒，对白酒业也不太熟悉，所以第一次见面之后便委婉地推托了。茅台的朋友说，不管写不写，来酒厂走走吧。于是在后来的半年里，我去了两次茅台镇，最后还是决定接下这个工作。

下决心写茅台，还是被好奇心"害"的。

相比年轻而生机勃勃的深圳腾讯，茅台酒厂地处云贵大山的一个河谷，是一家典型的传统工艺型制造企业。它的演进速度如同它酿的酒，貌似静止，实则刚烈，缓慢而与时间同行。它对工艺和技术的理解，与互联网人全然不同。如果说，腾讯的企业史是一部"从 0 到 1"的爆发史，那么，茅台的历史就是一部从传统向现代、从"玄学"向科学衍变的酿造史。

这似乎是中国式企业成长的两极——一个从创新出发，一个从传统出发——最终都成为万亿级市值的巨型公司。它们的发展史都是教科书级的。

茅台到底能不能学？

"听说你在写《茅台传》？"来询问的人大多神情有点诧异，接下来的话茬儿基本上是往两个方向奔去的：

"能不能弄几瓶茅台酒来喝喝？"

"茅台有什么好学的？"

我的朋友和学生里，很少有不爱喝茅台酒的，而他们又大多觉得这家公司太神秘了，不知道从它身上可以学到什么。

我告诉他们，其实茅台酒厂不是一家百年企业，从三家破败不堪的烧房 ① 合并算起，到我写书的时候，刚刚 70 年。听到这里，大家觉得有点意外。

然后，我告诉他们，这家酒厂并不是生来就光鲜的，它曾经有长达 16 年的亏损期，到 2003 年才突破年产万吨的大关。大家更意外了。

茅台酒很熟悉，茅台酒也很陌生。

茅台的传记确实不太好写，它太传统，太单一，名气太大，创新貌似太少。

茅台酒的配料只有三种：高粱、小麦、水。那么，用它们酿出来的酒，为什么能成为当代商品史上的一个传奇？

这个问题里面有三个关键词。

---

① 在历代的各类史料中，"酒房""酒坊""烧房""烧坊"等提法时常换用，为方便阅读，除引用历史资料，本书统一为"烧房"。

复杂醇厚：如果没有茅台酒，世界上就缺少了一种叫"酱香"的香味。这种香味从第一瓶酒诞生到完成定型，经历了 147 年，是几代人持续接力的结果。这不是一个必然的过程，而是充满了产品创造的所有曲折与戏剧性。

超级单品：茅台酒是中国第一梯队的白酒，而且这一个单品的全年营收超过 1000 亿元。全球类似的"超级单品"还有三个，分别是可口可乐、百事可乐和苹果手机，但茅台酒在产品特质上又与它们大异其趣。

市值最高：这是一家产品毛利率高达 93% 的企业，它的市值超过了中国所有的工厂、银行和能源企业，这让它成为资本市场的一个异类。一直到今天，有人视之为"耻辱"，有人视之为荣耀。

茅台酒的标本价值，并不完全在于它的独一无二，更在于它的普适性。它是中国传统手工业向现代制造企业演进过程中的一个样本，是中国文化元素在消费品市场上的一次价值体现，也是企业通过文化营销和价格锚定形成竞争优势的一个经典案例。

"茅台六法"之一：今人未必输古人

研究茅台酒案例，一种最为普遍的看法是：茅台人是"老祖宗赏酒"，祖上传下一个酿酒秘方，你只要老老实实地把它接住，传承下去，就一定能"吃喝百年"。

这是对茅台酒乃至中国传统工艺产业最大的误读。

童书业在《中国瓷器小史》一书中说："任何物品从发展的角度看，总是古不如今的。"[①] 我深以为然。

———————————

① 童书业，《中国瓷器小史》，北京人民出版社，2019 年。

古法未必最佳法，今人未必输古人。

纯手工的作品，比如雕一件玉器、打一张椅子、绣一顶凤冠，古人做工精细，后人有可能很难超越，但凡稍有技术含量的，后人必定有赶超古人的能力。

白酒的酿造工艺，涉及原料、窖池、用水、勾兑及贮藏等多个环节。一瓶茅台酒的酿造须经过30道工序、165个工艺处理，全部酿造流程至少经历5年时间，这中间的每一处都存在被改良的机会点。它可能是工艺流程上的优化，也可能是新材料的替代，以及技术手段上的效率和质量提升。

尤为重要的是，今人对生产元素和原理的理解，远非古人可及。古人往往知其然，而未必知其所以然。

比如喝酒容易上头，那是什么原因导致的，古人肯定不知道。我们现在知道，是因为发酵产生的酸酯比例不协调，醛类、杂醇油等低沸点物质含量高。所以，只要能够降低它们的比例，就可能造出不易上头的酒。季克良通过实验发现，基酒在贮存两年后，酒中乙醛、低沸点含硫化合物等含量会显著降低，这些物质含量高会给酒体带来刺激、辣口等饮用感受，饮后会有头痛等不适感。

再比如，烧房时代的茅台酒，在包装上特别突出用的是清冽的泉水。在一般的认知中，泉水肯定好过河水。欧阳修的《醉翁亭记》中，便有"临溪而渔，溪深而鱼肥。酿泉为酒，泉香而酒冽"的名句。但是，后来的茅台酒师们发现，泉水属"重水"，赤水河的水属"轻水"，酿茅台酒，轻水好过重水。所以，现在的茅台酒均用河水酿造。

又比如，酿造茅台酒的窖池不同于生产浓香型白酒的泥窖，前者的窖壁由当地的石块砌成。从后来发掘的旧窖看，烧房时代的窖池大多数为碎石窖，易透气，容易烧干酒糟。今天的窖池全数采用整齐的条石。

这样的细节还有很多，比如，用曲的数量及品种，取酒的温度，勾兑的比例，酒醅的堆积面积，等等。

在茅台酒的工艺中，也有改良之后重新回到古法的案例，比如踩曲。烧房时代是人工踩曲，到 1967 年发明了制曲机，改为机器制曲；然而 1986 年，酒厂又改回人工踩曲。这一反复的原因是，在对比研究中发现，人工踩曲的方式对酒曲的品质确有帮助，而这是建立在理化分析的基础上的。

所以，如果让一位 20 世纪 20 年代的酒师与一位 21 世纪 20 年代的酒师"斗法"制酒，一瓶酒的高低很难比较，但若是酿 100 吨酒，后者胜出的概率几乎是 100%。

发生在茅台酒上的事实，同样体现于其他的中国传统工艺产业上，如中药、陶瓷、丝绸和茶叶等。

"茅台六法"之二：定规则者得天下

法国有句谚语："好的匠人在严格的规矩中施展他的创造才能，而伟大的匠人则试图创造规矩。"

它道出了商业竞争的第一法则：掌握规则话语权的人，掌握这个世界。

许多品牌都乐于构建自己的"神话起源"：历史悠久，祖上威武，神人出现，独家秘传。

事实上，深入探究细节，几乎没有一个是经得起推敲的。

中国烈性白酒的历史并不悠久，大抵成熟于 14 世纪的元末明初。白酒蒸馏术并非华夏原创，而学自中东的波斯人，李时珍在《本草纲目》中也提及蒸馏酒技术来自西方世界。在这一点上，学界颇有争论，我从李时珍。清末民初以前，文人官宦以黄酒为贵，白酒并非大雅之物。早年白酒酿制的繁荣地区，是山西和陕西，川酒传其法而更新之。

20 世纪之后，中国白酒分为两大流派，即山西杏花村的汾型酒和四川泸州的泸型酒。茅台酒因耗粮最多、酿造时间最长，常年为售价最高的白酒，民国时期因在巴拿马万国博览会上得奖而声名鹊起。新中国成立后，茅台酒在1952年的第一届全国评酒会上名列白酒四大"国家名酒"之一，从而奠定了它的卓越地位。在白酒流派上，茅台酒应该一直属于川贵一脉。

在当代白酒史上，茅台酒最为惊人的一个创举是：它改变了数百年来人们对白酒优劣的评价标准——从对味道的品评改为对香味的品评。

在1964年的"茅台试点"①工作中，茅台人发现了茅台酒的三种典型体，进而把"酱香"定义为茅台酒的最根本特征。在1979年的第三届全国评酒会上，中国白酒业第一次以香型区分各大名酒，先是提出酱香、清香、浓香和米香四大香型，后来又逐渐区别为十二大香型。自此，白酒产业进入"一香定天下"的时代。

作为"香型革命"的发起者，茅台酒无疑是这次行业突变的最大获益者。它不但参与确立了新的行业评价标准，更是独立成派。

在后来的20多年里，在季克良等人的努力下，茅台酒厂规范了酱香型白酒的全部生产流程和工艺，把企业的生产标准升格为国家品种标准。在20世纪90年代初，茅台酒厂又大力推进原产地保护法则，提出"离开茅台镇就生产不出茅台酒"，从而在地理概念上进行了有效的自我保护。

从香型理论到国家标准，再到原产地保护，茅台酒厂为企业的可持续发展构建起难以攻破的护城河和城墙。

任何一家企业，从优秀到卓越，从群雄并起到"唯我独尊"，其可能路径无非两条：专利技术的拥有和行业规则的制定。茅台酒在第二条路径上的成功，可以给所有企业以最真实的借鉴。

---

① 1964年，轻工业部食品局工程师带领试点工作组到茅台酒厂开展试点工作，成立"茅台酒试点委员会"，这就是史上有名的"茅台两期试点"。

"茅台六法"之三：品质至上为信仰

在茅台酒厂，如果有企业信仰，那么，品质是唯一的信仰。

甚至在极端恶劣的动荡年代，这一信仰仍然没有被放弃。在那些年的"运动"中，酒厂的领导层历经动荡，但是在1956年任命的三位技术副厂长，一直安稳地工作到退休。

这并非企业主动坚持的结果，而是由于一个特殊性：因为"三渡赤水"的特殊缘分，茅台酒深受周恩来总理及高级将领们的喜欢，早在开国大典期间，它就是指定国宴用酒之一。此外，在中国外交和外贸领域，茅台酒也一度扮演了独特的角色。

在计划经济年代，茅台酒的品质管控体制非常严格。对酒厂而言，"品质是最大的政治"，企业可以不盈利，可以没有规模——在很多年里，它确实一直处在这样的痛苦状态下——但是酒的品质却必须得到至高无上的保证。

久而久之，"品质信仰"融入了企业的血液，它像基因一样不可更改。当市场经济到来的时候，这一"偏执"的坚持让茅台酒获得了一大批忠诚的用户。

甚至茅台酒的市场售价，也是由消费者决定的。20世纪80年代初，它的零售牌价为8元一瓶，但是因为内销紧俏，在黑市的价格居然高达140元。一直到今天，茅台酒的厂家建议零售价与市场实际销售价格之间仍然有惊人的空间，这在中国消费品领域是一个罕见的现象。

当企业对品质的长期坚持获得消费者的心智认同之后，它给企业带来的利益和防范风险的效应是难以想象的。通过对茅台史的阅读，你最终会发现，在数十年间帮助茅台酒厂渡过一次次难关的，并非任何聪明或高超的战略，而是消费者的不离不弃。

资本市场对茅台股票的认同，常常被看成价值投资的一个典范，而这一认同的底层逻辑，也是投资者对产品品质的无条件认可。一家企业的可持续发展如果有前提的话，品质无疑是唯一的选项。这个道理朴素得像一句"正确的废话"，但是能够坚贞恪守70年的中国公司，也许只是凤毛麟角。

"茅台六法"之四：笨人战略慢功夫

茅台是一家慢公司。

慢到出一瓶酒要花五年的时间：从原料进厂到酿造要一年，贮藏三年，贮藏期间的基酒并非一直放着，而是需要在贮存一年后开始盘勾，盘勾后的基酒还要贮存两年才能用于勾兑。勾兑酒再放半年，才能进行出厂检验与包装。因此，一瓶茅台酒从原料进厂到包装出厂，至少需要五年的时间。

有好几次，季克良对我说："我们都是一些'笨人'，笨人就有笨人战略。一个问题我们慢慢看，慢慢想，起码都要弄上十年。"

在很多年里，中国市场属于出刀快的人。天下武功，唯快不败。慢公司和"笨人"很难站到武场的中央。

笨人战略的第一要义，是不跟着聪明人跑，以不变应万变。中国白酒业在产能扩张时期，从政策层到产业圈，有过一次"液态法白酒运动"，很多酒企通过人工香精和人造窖迅速提高产量。在这一浪潮中，茅台酒厂始终坚持最为传统的固态发酵，坚持"以酒兑酒"，绝不加水，坚持酒窖的自然养成，这一度被认为是落后模式的代表。

茅台镇的自然条件独特，酿酒核心区内已经发现超过1940种微生物。茅台酒厂建成了中国白酒业的第一个"白酒微生物菌种资源库"。我去调研的时候，科研人员告诉我，目前确凿认定的微生物有200多种，每年还能弄明白近20种。我一听就有点替他们着急："按这个速度，你们这辈子恐怕也弄不完了。"那人苦笑道："也只能这样了。"

在市场营销上，如同所有的消费品产业，白酒业也先后经历了规模战、价格战、渠道战和品牌矩阵战，其中涌现出很多的新锐，也创造过无数的营销"奇迹"。而面对所有的新式战法，茅台也许是最"迟钝"的。它坚持限量供货，坚持高定价，在品牌矩阵上表现得非常谨慎和克制。

"笨人"的优势在于，没有人愿意而且能够比他更"笨"。聪慧无上限，笨拙有底线，"笨人"身处底线，争无可争。

"笨"的代价是慢，是迟重，是成本高企；而得益之处是扎硬寨，打呆仗，步步为营，得寸进尺，一旦得手，绝难剥夺。当年曾国藩打太平军，用的便是这一办法。他说："惟天下之至拙，能胜天下之至巧。""多欲者必无慷慨之节，多言者必无质实之心，多勇者必无文学之雅。"

茅台如斯人，寡欲、少言、无勇，钝锋重器，故世人莫能与之争。

"茅台六法"之五：超级单品聚焦打

在过去的 40 多年里，中国白酒业经历了三个"王者年代"：

从 20 世纪 80 年代到 90 年代中期，是"汾老大"时期，当时的山西杏花村汾酒厂是第一家年产量过万吨的白酒企业，靠规模制胜。

从 1994 年到 2009 年，五粮液开始统治江湖。它先后孵化了上千个子品牌，靠渠道和品牌矩阵制胜。

然后，才进入"茅台酒时期"。这一时期的中国人均 GDP（国内生产总值）跨越 1 万美元大关，新中产带动消费升级，品价比替代性价比成为新的核心竞争要素。

从国民消费力和审美迭代的角度看，具有强大文化符号的中国商品将获得认知溢价，这是毋庸置疑的规律。而从竞争的角度观察，茅台酒的后来居上则与它坚持冒险的高定价和超级单品战略有关。

2022年，贵州茅台酒股份有限公司实现营业收入1241亿元，其中，茅台酒的营收为1000多亿元，占总营业收入的85%以上。这一比例，自2004年之后几乎没有太大的波动，正负在3%以内。

在相当长的时间里，茅台把53度飞天茅台酒（人称"普茅"）作为中轴，在其之下，安排了汉酱酒、茅台王子酒和茅台迎宾酒与中高档白酒抗衡。2022年，茅台推出市场零售价在1200元左右的茅台1935。而更多的陈年酒、生肖酒系列，全数布局在"普茅"之上。

从2014年开始，茅台酒推出限量版的生肖酒。一开始，它并不被市场看好。然而随着时间的推移，品牌的价值持续放大，生肖酒开始具有了收藏属性，在二手交易市场的价格也水涨船高。到2023年，辛丑牛年生肖酒的回收价在3400元左右，而产量最少的乙未羊年生肖酒的回收价居然高达2.8万元。

超级单品战略，巩固了消费者对茅台酒的高品牌认知，同时为渠道商营造了充裕而从容的营销和利润空间。在全球品牌中，只有美国的苹果手机获得过类似的成功。

这一策略也是"笨人"哲学的一次体现——不延伸、不覆盖、不穿透，只聚焦于消费者的心智，用产品的唯一性呼唤市场的热情。我做过一个统计，从1982年开始，53度飞天茅台酒的二手市场价格一直在稳定地上涨，年复合增长率约为8%。这是一个令人敬畏的数据，它意味着茅台酒拥有了硬通货的属性，而且不受经济周期波动的影响。[1]

---

[1] 保持稳定的增值，是国际奢侈品追求的目标。以劳力士手表为例，自1971年之后的50多年里，它的年均价格上涨6%~8%。与劳力士不同的是，茅台酒的增值是由市场交易价决定的。

"茅台六法"之六：建构生态共同体

在白酒界，流传着一句话：中国只有两款白酒，一款是茅台酒，另一款是其他白酒。

说出这句话的人，大多只有羡慕嫉妒，却没有恨。

我见过数十位酒企的领导者，说到茅台，绝大多数人持敬重的态度。在很多人看来，正是茅台酒的高定价和聚焦策略，使得白酒产业形成了良性的梯级发展格局，这为其他著名品牌的生存以及新酒品的涌现提供了空间。

我在仁怀市和茅台镇调研的时候发现——茅台镇有上千个酒厂和数万家经销商——几乎所有白酒行业从业者都以茅台为师，以能酿造出可以与茅台酒媲美的白酒为荣耀。如果你品尝一口他们的酒，说一句"嗯，有点茅台酒的意思"，他们脸上的惊喜之色，令人难忘。

然而，这一景象并非由来如此。

在 20 年前，茅台镇的酒企鱼龙混杂，酱酒市场一片混战，甚至围绕"赖茅"的品牌归属权发生了长达 7 年的法律纠纷。而在十几年前，茅台酒厂也一度是"行业公敌"。围绕着"国酒"概念，各大酒企群起而攻之，"官司"一直打到北京的有关部门。

茅台目前所拥有的地位和行业口碑，得益于它对生态的理解和维护。

一个行业的生态由四类角色构成，分别是消费者、经销商、同业者和周边环境。茅台在处理与这四者的关系时，体现出允执厥中的大家风范。

《尚书·大禹谟》曰："人心惟危，道心惟微，惟精惟一，允执厥中。"

茅台以数十年的品质坚守，得到了白酒爱好者的由衷认同。同时，它以温良的竞合姿态，获得了其他著名酒企及生态圈同业的尊重。

改革开放之后，茅台酒遭遇过四次重大的销售危机，分别发生在 1989

年的经济不景气时期、1998 年的亚洲金融风暴时期、2008 年的全球金融危机时期，以及 2012 年中央八项规定出台后的一段时间，每一次都把企业逼到了濒临崩塌的绝境。然而，危机倒逼改革，茅台酒厂的每一个重大转折都与这四次危机有关：第一次让酒厂彻底剪断了与国营专卖体系相连的"脐带"，第二次逼出了销售公司的组建，第三次实现了对同行的超越，第四次则告别了对公务消费的高比例倚重。

在这几次危机中，茅台酒厂始终视经销商为"恩人"，着力呵护他们的利益。这使得企业的市场渠道经受住了考验，从而生发出强大的忠诚力量。

茅台酒与其他名酒的恩怨化解，既是共同利益的结果，也是常年市场竞合所达成的互相认同。在这一过程中，茅台酒主动退让，海阔天空，终而形成了较为和谐的行业氛围。

茅台酒厂对酱酒产区内企业的扶持更是有目共睹的。珍酒的出现，是茅台酒厂易地试验的结果。20 世纪 90 年代中期，习酒陷入困局，茅台酒厂出手援助。经过数十年发展，习酒再度成为百亿级酒企。

作为一个具有强烈地域特征的传统工艺产品生产商，茅台酒厂于 2001 年提出了原产地以及核心产区保护的主张，并成功向国家质检总局申请确定了中国白酒业的第一个原产地域范围，即现在的"国家地理标志产品保护示范区"。这一行动，为以茅台镇为中心的酱酒生态区发展提供了理论和法律意义上的依据。2022 年，茅台集团董事长丁雄军提出建构"山水林土河微"生命共同体，把生态建设的理念进行了进一步的提升。

对生态共同体的认识和实践，是"价值创新"的一种境界。欧洲工商管理学院蓝海战略研究院主任 W. 钱·金（金伟灿）在《蓝海战略》中描述说："拥有价值创新理念的公司，不把精力放在打败竞争对手上，而是放在全力为消费者和自身创造价值飞跃上，并由此开创新的市场空间，彻底甩脱竞争。"

茅台酒的传奇主角：是酒，更是人

在创作《茅台传》的三年里，我 20 余次奔赴茅台镇，还分别调研了五粮液、泸州老窖、洋河、古井贡酒和汾酒等著名酒企。我曾凌晨三点去烧房现场观摩，去制曲车间跟女工一起踩曲，到大山深处的红缨子高粱地里与农户攀谈。

在这段时间里，我跟很多酿酒人建立了友谊，特别是跟季克良，似乎有了点忘年交的意思。

记得第一次访谈季老，他拄着拐杖走进来，一脸的疲倦。访谈前，老爷子崴了脚，正在家里休养。他背靠着沙发，有一搭没一搭地回复我的提问，大概每年他都会接待不少类似的访问者。随着提问的深入，我问到了早期一些非常具体的人和陈年细节，他突然直起身子来，眼睛直直地看着我说："这些事情你是怎么知道的？"

后来，我们就成了可以畅快交谈的好朋友。他每次来杭州，也会提前通知我，有空了一定要一起喝顿酒。可惜我的那点小酒量，总是让老爷子不能尽兴。

有一次，我陪季克良在赤水河畔散步，他甩着手走在我前面。望着那道略有点驼弯的背影，我突然想，将近 60 年前，这位 20 岁出头、出身南通的大学生来到这片云贵大山里的时候，应该想不到会度过如此奇妙的人生吧。想到这里，我不由自主地笑出声来。他扭头问我："你笑什么？"我说："没什么。"我们继续走路。

茅台酒的故事再次验证了我常年坚持的一个观点：没有一个企业和品牌的成长是"靠天赏饭"的，它归根到底是一代人乃至几代人奋力拼搏的结果，成之极难，毁之颇易。在所有的叙述中，企业家是一切关键发生的枢纽。

在商业世界里，任何被称为"奇迹"的事物，都笼罩着一层不可言说的神秘面纱，让人仰视崇拜却不敢逼近。然而奇迹并非天赐，它在本质上仍然是企业家创新精神的体现。它有可以追溯的演进轨迹，有内在的商业逻辑和价值模型，它并不存在于理性的认知框架之外。

人是一切的出发点，也是一切的目的地。

即便像茅台酒这样被很多人视为"天选之子"的产品，也是经万难而始成，历百苦方不坠。《妙法莲华经》曰："佛道长远，久受勤苦，乃可得成。"世事修炼，莫不如是。从茅台镇上第一个酿出酱香白酒的工匠，到华联辉、赖永初，再到李兴发、邹开良、季克良，以及今天的经营者们，300 余年来，他们捧水而行，战战兢兢，如履薄冰。

关于这一瓶酒和那些人，我将从它诞生的第一天开始讲述。

这是一个漫长的故事，希望你有耐心一直听下去。

酿酒术语

酒醅

经过蒸煮，已经发酵的酿酒原料。

踩曲

将粉碎后的小麦按一定工艺处理后，铲进专用模具，踩曲工快速抖动双腿，上下翻腾，将之制成一个中间高、四边低、松紧适宜的"龟背形"曲块。

上甑

把发酵好的酒醅装到蒸馏用的甑桶里的过程。讲究轻、松、薄、匀、平、准，见汽压醅。

下窖

借助簸箕或手推车等工具，将拌和、发酵好的堆积糟醅（上甑后的酒醅叫糟醅）倒入窖池内。

摊晾

糟醅出甑后，在晾堂均匀摊开、翻拌冷却的过程。

堆积

摊晾之后的糟醅，加入大曲充分搅拌均匀，然后收起来堆在晾堂里，堆成一座半球状的小山。操作中温度控制有所不同，是茅台酒固态发酵的重要工艺环节之一。

尾酒

蒸馏取酒时，最后流出的白酒被称为尾酒。

下沙 / 造沙

每年在重阳节前后的第一次投料生产叫下沙。下沙后一个月，开始每年的第二次投料生产，用一半的生沙，取一半第一轮窖内发酵好的熟沙拌和蒸馏，称为造沙。

勾酒

将茅台酒中不同香型、不同轮次、不同酒龄、不同等级的基酒进行合理配比，让酒体达到特定的口味、口感和香气效果。

酱香型

白酒香型的一个类别，属大曲白酒类。其酒体风格特征为：微黄透明，酱香突出，幽雅细腻，酒体醇厚，后味悠长，空杯留香持久。

成义烧房改造后的窖池

1704 — 1950

上部
烧房时代

01 茅台镇的夜

酒冠黔人国，盐登赤虺河。

——〔清〕郑珍，《茅台村》

凌晨三点的茅台镇

茅台镇的一天，是从凌晨三点开始的。对绝大多数的城市或乡村来说，这是夜深梦沉的时刻，月光落在空旷的耕田、街巷和大楼上，连喧闹的麻雀或夜猫都不再外出游荡。

这时，茅台镇上的酒匠们开始劳作了。

那是 2021 年 9 月初的一日，我挣扎着起床，驱车去茅台酒厂的制酒车间。汽车沿着崎岖的山路盘旋而行，沿途偶有灯光闪烁的房屋，便是已经开工的一些私人烧房。我到制酒车间的时候，生产房里已经热气蒸腾。一只硕大的甑桶悬于半空，里面是刚从酒窖里取完酒的酒醅，温度约为 98 摄氏度。它们被快速平铺在地上，几个年轻的制酒工光脚背手，在酒醅上来回行走，犁出一条条约 30 厘米宽的小径。这一道工序被称为"摊晾"。

约一个小时后，酒醅的温度下降，于是酒匠们用

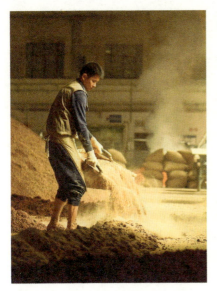

拌曲（左）、摊晾（右上）与堆积（右下）

凌晨三点的茅台镇

铁铲把它们堆成一个约 1.8 米高的堆子，是为"堆积"。这是一些身材不高、体格健硕的家伙。你仔细观察会发现，他们两臂的肌肉尤其结实，这当然是常年铲沙的结果。在川贵烧房，"沙"是当地方言，指的不是石沙，而是高粱。

又过了一会儿，另一批刚刚出窖的酒醅被倒入甑桶里蒸煮，是为"上甑"。这也是一个技术活，要求"轻、松、薄、匀、平、准"。约 30 分钟后"起酒"，酒液从旁边的冷却管道流出。接酒工观察温度仪，将酒液的温度控制在 37 摄氏度到 45 摄氏度之间。他们告诉我，温度高了，酒的香味会散发过快，而温度低了，则会产生刺激性高的低沸点物质。

茅台酒的酿制流程，须经过九次蒸煮、八次堆积入窖发酵和七次取酒。一个班组的酒匠，从凌晨三点开始陆续进入烧房，四点起火，工作到中午，每天完成约五甑的任务。

与其他香型的白酒不同，茅台酒酿造采取"三高"工艺，即高温制曲、高温馏酒[①]、高温堆积发酵，尤其是在摊晾过程中，车间里的最高气温可达40 摄氏度以上。制酒分为两个班次，早班大约从凌晨四点半开始，中班约从十一点开始，每个班组都遵循茅台传统酿造工艺进行操作。

全中国最神秘的"酒谷"

在我的游历经验中，全世界从事高端消费品制造的工匠聚集地，有两个最富特点，一个是瑞士的汝拉山谷，还有一个就是茅台镇。

汝拉山谷在瑞士西南部，毗邻法国的普罗旺斯地区。山谷呈狭长状，仅宽数百米，长十余公里，内有一个雪山大湖，坡顶小屋遍布四野，一眼

① 馏酒：指蒸馏时酒流出来的过程。

望去，是一个完全不起眼的瑞士村落。

17世纪初，苏黎世等城市的钟表匠避难至此，让这个穷乡僻壤渐渐成为欧洲最著名的表匠聚集地，进而形成一种"血统"。出生于汝拉山谷的青年人有九成以上进入钟表学校学习技艺。钟表行业在当地有40多个工种，渐渐地形成了一个制造生态。当今的世界级奢侈手表品牌中，爱彼、宝珀、宝玑以及江诗丹顿等都在此设有工厂，超过一半的名表机芯出产于此。

跟汝拉山谷非常相似的是，茅台镇沿赤水河而建，也呈现为南北走向的狭长状，是一个"来不见头，去不见尾"的山谷。河水由南向北，流经北面的朱旺沱，遭到黄孔垭山脉寨子山阻截，沿对岸的朱砂堡折转向西。两岸的平地极窄，尤其是东岸，几乎沿河即为山丘，局促得令人喘不过气来。

沿河而建、群山环抱的茅台镇

一水穿过，三面环山，将一块凹地环抱其中，由此形成了一个独特的小气候：冬暖，夏热，少雨。在平均海拔2700米的云贵高原，茅台镇的海拔只有400多米。这里的年平均气温为17.4摄氏度，冬季最低气温为2.7摄氏度，夏季最高气温高达40多摄氏度，炎热季节持续半年以上。年降水量仅有800~1000毫米，年日照时间长达1200多小时，为云贵高原最高值。这里的空气湿度和温度为微生物群繁衍生息提供了绝佳条件。全镇总面积87平方公里，而镇区面积只有2平方公里。在方圆几十平方公里之内，聚集了1700多家生产酱香型白酒的大小烧房。

本书即将讲述的这家企业——中国贵州茅台酒厂（集团）有限责任公司占据了茅台镇最核心的地带，赤水河右岸较为平坦的土地几乎都属于它。可以肯定地说，如果没有它，茅台镇将微不足道；而有了它之后，不仅茅台镇，甚至连中国的白酒产业也因此改变了走向，进而，当代中国的消费审美趣味也发生了改变。①

这是一个悠长的故事，充满了神秘感和偶然性。它既是商业的，更是文化的；它是历史的，又极具当代性。

濮僚、夜郎国与阿永蛮

茅台镇地处东经106°22′，北纬27°51′，隶属贵州省遵义市的仁怀市。

在人类文明史上，北纬25°~35°是一个颇为神奇的纬度区间。中国的长江、埃及的尼罗河、流经叙利亚和伊拉克的幼发拉底河、美国的密西西比河，均是在这一纬度区入海。中国的良渚及三星堆、埃及金字塔、古巴

---

① 茅台镇因茅台酒而成为经济强镇，在2023年赛迪顾问与赛迪四川发布的全国百强镇榜单中，茅台镇名列全国第三。

比伦王国也在这一纬度区内。

在全球酿酒业，葡萄酒的黄金种植带在北纬37°，而中国白酒产地则密集分布在北纬30°上下。其中，茅台酒和五粮液都在北纬27°，泸州老窖、郎酒和酒鬼酒在北纬28°，剑南春在北纬31°，古井贡酒和洋河在北纬33°。

与其他白酒产地相比，茅台镇无论在地理、历史还是经济上，都是最边缘的。它所在的贵州省属西南省份，民谚云："天无三日晴，地无三里平，人无三分银。"中古时期，这里是远离中原文明的西南夷，世居民族为"濮僚"，即现在的布朗族、德昂族和仡佬族的先祖。

有观点认为，濮僚是古代百越系统的一脉，属壮侗语族。在不同历史时期，加上与其他民族杂居等原因，或称"濮"，或称"僚"，还有"卜""百濮""诸僚""葛僚"等多种称呼。《新唐书·南蛮下》记载："戎、泸间有葛僚，居依山谷林菁，逾数百里。"指明葛僚主要分布在川南、黔北和渝南地区，即今四川宜宾和泸州南部与贵州遵义、毕节这一地带。

战国时代，这一地区有一个小国名为夜郎。司马迁在《史记·西南夷列传》中记载："西南夷君长以什数，夜郎最大。"有一次，汉朝派使者出使夜郎国。国王问使者："汉朝和我的国家哪个大？"他问得很认真，闻者却只能讪笑，从此在汉语里就有了一个成语——夜郎自大。夜郎国的都城所在，后世专家尚有分歧，有说在遵义的高坪镇，还有人认为是桐梓县的夜郎镇。这两个地点，距离茅台镇都在200公里以内。

距离茅台镇约120公里的习水县土城镇，在西汉时属犍为郡符县，曾统管仁怀、赤水和习水，是当时的政治文化中心。在土城天堂口遗址发掘出的东汉岩墓，其墓葬格局明显受到北方古汉人习俗的影响。这里还出土了大量陶器，其中便有陶制酿酒器和饮酒器，女俑的发型为盘结状，是典型的"盘头苗"。由此可以推断，在两汉时期，赤水河流域已经是汉苗杂居的地区，当地苗人受中原文化辐射，掌握了制陶和酿酒的技艺。[1]

隋代，仁怀属泸州；唐代，属播州；到宋代，赤水河中下游地区隶属潼川府路，习水、仁怀一带为滋州，治所仍在土城。根据禹明先的考证，土城因有瓷器集市，又名磁城[2]。

当时居住在这一带的少数民族被称为"阿永蛮"。每年冬至以后，族人首领要带着一支 2000 人的商队，驮着当地酿制的"风曲法酒"，前往泸州的官市上去交易换货。[3]风曲，指用桑叶包着生曲，挂在通风之处制成的酒曲。法酒，即按当时官府法定规格酿造的酒。宋人张能臣的《酒名记》中，有"磁州，风曲法酒"的记载。[4]

因此，在较为正规的历史文本中，黔北赤水河一带第一次出现的酒的品类名称为"风曲法酒"。

马桑湾、茅台与赤水河

茅台镇的先民为濮僚人，日后演化为仡佬族的一支。后世对濮僚人的了解不多，不过这应该是极有生活情趣和智慧的一族人。早些年，我曾

---

① 禹明先，《美酒河探源》，《赤水河流域历史文化研究论文集（一）》，四川大学出版社，2018 年。

② 宋代称瓷器为磁器。

③ 〔宋〕李心传，《建炎以来系年要录》。

④ 北宋人朱肱著《北山酒经》，记载酒曲 13 种，分为三类：第一类叫"罨曲"，是把生曲放在麦麸堆里，定时翻动；第二类叫"风曲"，是用树叶或纸包裹着生曲，挂在通风的地方；第三类叫"醷曲"，是将生曲团先放在草中，等到生了毛霉后就把盖草去掉。这些曲分别以麦粉、粳米、糯米为原料，都掺加了一些中草药，如川芎、白术、天南星、防风等。后世的茅台酒与《北山酒经》中的描述，无论在酒曲的原料构成还是制作工艺上，都大异其趣。

去云南做过茶叶的历史溯源，普洱茶技艺的最早发明者也是濮僚人，勐海与仁怀虽隔千里，却属同一大山水系。

这里最早被叫作马桑湾，因山谷里种满了马桑树而得名。后来，在河东岸发现了一股泉水，当地人砌了一口四方形的水井，于是该地又被叫作"四方井"。到了明代初期，茅台街上修了一座万寿宫，宫外建有一座极为罕见的半边桥，在官方典籍中便出现了"半边桥"的地名。明代中期，赤水河两岸修建了九座大庙，其中的观音寺、灵仙寺和禹王宫内藏有三面濮僚人铸制的东汉铜鼓，此地便又名"云鼓镇"。

相比这些地名，茅台倒是一个约定俗成的称呼了。

作为一种水生植物，茅有"茎长脉粗，易于结束"的特征，在上古汉人及周边少数民族的祭祀活动中，常常被用于占卜和作为植物崇拜的对象。孔颖达疏《尚书·禹贡》的注解中便有关于"裂土分茅"的记载。在流传至今的仡佬族傩戏中，不但有茅草舞，还保留着"劝茅""喊茅"[①] 的程序。

《仁怀市志》记载："历代濮僚人在此茅草地筑台祭祀祖宗，称之为'茅草台''茅台'。"有些时候，它又被叫作"茅苔"，我看到过的一些早期的茅台酒瓶，便印了"茅苔酒"的字样。

当地学者告诉我，其实在仁怀境内还有不少以"茅"为地名的村落，在茅坝镇便有"九井八庙十茅台"的说法。"茅台村"这一地名的最早记载，出现在元末明初的一部《安氏族谱》里，怀德司安氏一世祖安朝和葬于"茅台村高台"。[②]

---

① "劝茅"和"喊茅"时都要先用茅草扎一"茅人"。"劝茅"时连说带唱劝"茅人"把病人的灾难带走，"喊茅"则是用一系列仪式把丢失的魂魄找回来。

② 安氏属彝族，明代四大土司中，播州杨氏与水西安氏实力最强。茅台村在水西控制的"亦溪不薛"地区。元朝以后，"茅台村"正式定名，历经数次更名，在清朝时称"茅台镇"。根据 2015 年 12 月贵州省人民政府文件设置的新的茅台镇，地域比旧时更大。

1954 年，印有"茅苔酒"字样的酒瓶。这个时期的酒瓶沿用仁怀本地生产的圆柱形土陶瓷瓶，因盛酒易漏，1966 年开始逐渐被乳白玻璃瓶替代

茅台镇的兴衰始终与穿镇而过的赤水河有关。

赤水河古称赤虺河，虺是一种毒蛇，据说"虺五百年化为蛟，蛟千年化为龙"。它是长江上游的一条支流，发源于云南省的镇雄县，经毕节、金沙、叙永、古蔺、仁怀、习水和赤水，到合江县入长江，干流全长 445 公里，流域面积 2.04 万平方公里。赤水河流域群山连绵，地少人稀，所流经的 12 个县中，有 6 个曾经是国家级贫困县 ①。因此，如果没有酱酒产业的勃兴，这一带的经济发展恐怕难有支点。

在全国的所有河流中，赤水河最特别之处，就在于"赤"。

一年之中，河水在大多数时间里清澈透底，然而，一到了端午节（农历五月初五），雨季来临，河水陡然变成赤红色，一直到重阳节（农历九月

---

① 这 6 个县分别是云南的镇雄、威信，贵州的大方、习水和四川的叙永、古蔺。

不同时节的赤水河

初九），河水再变清澈。千年如是，竟成规律。古人觉得很是奇妙，认为是魍蛇作怪。今人的解释就很科学了：赤水河流域属于丹霞地貌，紫红色的土壤中砂质和砾土含量很高。雨季时节，雨水冲刷土壤入河，改变了河流的颜色；而秋季到来时，降雨减少，河水便再度清澈。

仁岸与盐商

千里赤水河，茅台镇是一个重要的地理节点，以上为上游，以下至丙滩为中游，再往下到合江为下游。

云贵高原是中国第四大高原，海拔只有 400 多米的茅台镇是群山之间一个奇特的"谷底之地"。特殊的地理条件，又形成了特殊的气候条件，这里是整个贵州省最为炎热的地方。当地人告诉我，盛夏的时候，这里的户外温度可高达 40 多摄氏度，把一个鸡蛋放在街头石板上，没过多久便熟了。当地有谚语："六月六，晒得鸡蛋熟。"仁怀曾经的县府所在地中枢镇（现中枢街道），距离茅台镇仅十多公里，常年温度比茅台镇要低 4~6 摄氏度。

千百年间，酷热难耐的茅台镇，一直是仡佬族、布朗族等少数民族的耕居之地。事实上，作为云贵高原的一个偏远小山谷，在明代之前，无论在文字记载还是在文物上，茅台镇都没有完整的、可以考据的演进史。

它的命运的第一次改变，发生在清代的乾隆年间。

乾隆十年（1745 年），云贵总督张广泗上书朝廷，奏请疏浚赤水河。他的目的有两个，一是把贵州所产的铜和铅运出去，二是把四川的盐运进来。中国历代盐铁专营，贵州市场的盐大多来自北面的四川。

赤水河疏浚工程开始于当年的十一月，竣工于第二年的闰三月，用银三万八千余两，疏通 68 处险滩。工程完成后，赤水河成为川盐入黔的重要通道，而茅台镇则是水运的终点和陆运的起点——川盐在合江装船，一路上行 500 余里到茅台镇，再卸船转为陆运，分运至贵州各府。

当时，川盐入黔有四条通道，这一条路程最短，运输成本也最低，其川盐输入量一度占到总量的三分之一。茅台镇作为水陆转运的枢纽，被称为"仁岸"。当时有一百多艘盐船往来于这条运输线，每船载盐约万斤，每百斤比原人工马驮节省运费一两银。《仁怀直隶厅志》载："川盐每岁由河运至仁怀茅台村登陆贩卖，源源接济，至今盐价较平，开河之力也。"①

"仁岸"的出现，让沉寂千年的茅台镇突然兴旺了起来。当年控制西南盐业的是陕西商人，随着盐路的开通，大量秦商涌入茅台镇，因商贸发达，这里一度还改名为"益商镇"。遵义籍清朝诗人郑珍有诗写道：

蜀盐走贵州，秦商聚茅台。

郑珍是道光年间的儒士，他与莫友芝一起编纂的《遵义府志》在地方志学里名气很大，被梁启超评价为"天下第一府志"。他生活的年代距离张

---

① 张祥光，《赤水河疏浚与川盐（仁岸）入黔》，《赤水河流域历史文化研究论文集（一）》，四川大学出版社，2018 年。

盐运到茅台镇后，山高路险，全靠人工搬运，于是就有了专以背运盐为生的"盐巴佬"。其运盐生涯苦不堪言，极其凄惨

赤水河码头停靠的运坛船

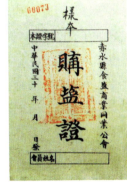

盐运的规则、购盐证、护照

广泗疏河已过去了半个多世纪，正是茅台镇的第一个"黄金时期"。他在《遵义府志》中援引《田居蚕室录》记载道：

> 仁怀城西茅苔村制酒，黔省称第一。其料纯用高粱者上，用杂粮者次之。制法：煮料，和曲，即纳地窖中，弥月出窖熘之。其曲用小麦，谓之白水曲，黔人又通称大曲，酒一曰茅苔烧。仁怀地瘠民贫，茅苔烧

房不下二十家，所费山粮不下二万石。①

郑珍有一首更出名的诗，把盐与酒都写了进去，诗名就是《茅台村》：

> 远游临郡裔，古聚缀坡陀。
> 酒冠黔人国，盐登赤虺河。
> 迎秋巴雨暗，对岸蜀山多。
> 上水无舟到，羁愁两日过。

郑珍（1806—1864）

关于茅台酒的最早地方文献记录，出现在乾隆十四年（1749年）贵州巡抚爱必达所著的《黔南识略》里。他在"遵义府仁怀县"条下写道："茅台村，地滨河，善酿酒，土人名其酒为'茅台春'。""春"是古人对烧酒的通称。

而第一个酿酒作坊的商号也出现在这一时期，名为"偈盛酒号"，关于它有两个确凿的史料。

其一是近世发现的一部编撰于1784年的茅台村《邬氏族谱》，里面有一幅家族聚居地的地形图，其中有一个标明"偈盛酒号"的烧房。

其二是1990年在毗邻茅台镇的三百梯村发

---

① 清代一石为180斤。另，清嘉庆年间（1796—1820）由禹坡纂辑的《仁怀县草志》中记有："城西茅台村酒，全黔第一。"相比成书于道光年间的《遵义府志》，此说更早。

现了一块路碑，上面刻有"清乾隆四十九年茅台偈盛酒号"的字样（乾隆四十九年即1784年）。

此外，在一个叫杨柳湾的地方，还发现了一座建于清嘉庆八年（1803年）的化字炉，上列捐款名单中，有一户为"大和烧房"。

贵州名士、清末名臣张之洞的开蒙老师张国华也曾游历茅台，他写过三首以《茅台村》为题的竹枝词，从中可以透视当年的茅台景象：

> 黔川接壤水流通，俗与泸州上下同。
> 满眼盐船争泊岸，巡栏收点夕阳中。
>
> 一座茅台旧有村，糟邱无数结为邻。
> 使君休怨曲生醉，利锁名缰更醉人。
>
> 于今好酒在茅台，滇黔川湘客到来。
> 贩去千里市上卖，谁不称奇亦罕哉！

通过这几首竹枝词，我们可以非常直观地"目睹"当时的茅台镇：这里是川黔水道的必经之地，习俗与繁华的泸州别无二致。载满食盐的木船挤满了河道，两岸都是比邻而立的烧房。来自云南、贵州、四川和湖南的商贾尽欢畅饮于四处的酒楼，醇香四溢的茅台酒随着他们的来往，被贩运到千里之外。

在嘉庆道光年间，茅台镇上已有不下 20 家烧房。到 19 世纪 40 年代前后，茅台镇的烧酒产量约为 170 吨。

枸酱与茅台的酒

在关于茅台酒的历史叙事中，有好几处躲不过去的"疑案"，其中第一个便是：茅台酒的源头是哪里。

从最悠久的历史来看，当地的世居民族之一仡佬族便是酿酒高手。在用仡佬文书写的《濮祖经》^①一书中有一个传说：一名叫"达贵"的濮人在山中见"山果落入槽中积化生香水，猴食香水后倒地昏睡，即取之"。

《濮祖经》的这段传说，几乎适用于人类各个种族的先民对酒的最初发现。

自然界中的含糖野果是猿猴的食物，它们在成熟之后掉落下来，积集于坑洼之处，或者猿猴摘下却没有吃完的野果被放在石洼中，天长日久，这些野果被附在它们表皮的空气、雨水或土壤中的野生酵母发酵，变成了香气扑鼻、酸甜爽口的原始果酒。罗德·菲利普斯在《酒：一部文化史》中认为："人类造酒的历史可以追溯到公元前 7000 年……但是几乎可以肯定的是，史前人类从水果和浆果中取酒的历史要比这早好几千年……一开

---

① 《濮祖经》，2009 年在黔北仡佬族聚居区被发现，全书共 2.4 万余字，全部为仡佬文字书写，对仡佬先民农耕、制茶、酿酒等历史做了详细记载。它的成书时间，迄今史界没有定论。

始很可能就是一次意外的发酵，只是被人观察到了而已。"[1]

在汉人的古籍中，也有许多记录猿猴造酒的故事。明人李日华的《篷栊夜话》中，便有一段与《濮祖经》类似的描述：

> 黄山多猿猱，春夏采杂花果于石洼中，酝酿成酒，香气溢发，闻数百步。野樵深入者或得偷饮之。

除了"向猿猴学酿酒"的古老传说，茅台酒还有一个独立的历史叙事，它跟一种叫"枸酱"的发酵类食物有关。

茅台镇上有一个中国酒文化城，进门的大院中央，迎面立着一尊汉武帝刘彻的戎马塑像。茅台人所讲述的酒史起源，便是从这位大帝开始的。

在《史记·西南夷列传》中，有一段文字被认为是关于茅台人酿酒的最早记载：

> 建元六年……恢因兵威使唐蒙风指晓南越。南越食蒙蜀枸酱，蒙问所从来，曰："道西北牂柯，牂柯江广数里，出番禺城下。"蒙归至长安，问蜀贾人，贾人曰："独蜀出枸酱，多持窃出市夜郎。夜郎者，临牂柯江，江广百余步，足以行船。"

牂柯江即现在的北盘江，当时属夜郎国。枸酱，据《遵义府志》载，指的是用枸树的果实酿制的酒，大概色泽浓厚不清，故称为"枸酱"。汉代边疆贸易萌芽时，流通的物品中就有枸酱，它是四川的一种土特产，当地商人将其大量出口到夜郎，但夜郎人又不能将其全部消费掉，于是把剩余

---

① 罗德·菲利普斯，《酒：一部文化史》，格致出版社，2019年。

部分经牂柯江输送到越人的市场且发现这是有利可图的。

在古书中，枸酱有时候又被写成"蒟酱"。但枸与蒟是两种不同的植物，互文换用，大抵是因为古人也没有太弄明白。元代的宋伯仁在《酒小史》中认为枸酱是一种果酒，而现代植物学家于景让[①]则认为，枸可能是一种辣椒。

与郑珍同时代、曾出任仁怀直隶厅同知的陈熙晋，便在诗中把唐蒙的故事与茅台酒的渊源"坐实"：

> 尤物移人付酒杯，荔枝滩上瘴烟开。
> 汉家枸酱知何物，赚得唐蒙鳛[②]部来。

在中国的白酒业，将枸酱视为源头的还有五粮液。明代的周洪谟在一篇题为《辩六县非夜郎故地》的文章中提出，枸酱原产于宜宾的长宁县："独蜀出枸酱……而历代郡志皆谓枸酱出自长宁。"[③]

从地缘文化而论，茅台与宜宾都属"西南夷"，分别是濮僚人和僰人聚居的地方，汉武帝时均未汉化，当地先民能用果实酿酒或制酱，应是基本的事实。不过严格来讲，它们与后来的中国白酒，其实相去甚远。

所有的历史，无论是国家史、民族史还是品牌史，在早期"神话"阶段，都带有想象和演绎的成分。若干个历史细节构成叙述的节点，而细节与细节之间则可能存在着一段又一段模糊不清的空间，它们共同构筑了一场宏大叙事的弹性和戏剧性。

---

① 于景让（1907—1977），中国台湾植物学家，著有《栽培植物考》。
② 鳛（xí）：地名，即现在的贵州习水。
③ 五粮液史话编写组，《五粮液史话》，巴蜀书社，1987年。

02 白酒的起源

十月获稻，为此春酒，以介眉寿。

——《诗经》

酒与酒神精神

当夜郎国的濮僚人在酿枸酱的时候，地球上几乎所有的古老文明都相继学会了酿酒，并出现了酒神崇拜的文化。

古埃及人认为酒是奥西里斯发明的，美索不达米亚人认为酒的始祖是诺亚[①]，古希腊人的酒神则是狄俄尼索斯（他是植物神、葡萄酒神）。希罗多德在《历史》中记载，是一个叫美拉姆波司的人把酒神文化从埃及传到了希腊，"美拉姆波司就是把狄俄尼索斯的名字，他的崇拜仪式以及带着男性生殖器的行列介绍给希

---

① 苏美尔神系中的酒神有很多位，除了文中提到的诺亚，还有啤酒的象征及其酿造业的守护者宁卡西、葡萄酒神盖什提南娜等。

腊人的人"。①

每年，当春季葡萄藤长出新叶，或秋季葡萄成熟收获时，希腊人都要以在野外纵酒狂欢的方式来祭祀狄俄尼索斯。亚里士多德在《诗学》中认定，希腊悲剧的起源，便是祭祀狄俄尼索斯的庆典表演。

在群体生活中，人类日渐形成了理性和对秩序的敬畏，然而在人的潜意识里，仍然存在着冲动、野蛮的原始欲望。在对狄俄尼索斯的祭祀中，人们借助酒精的力量，打破个体原则和世俗束缚，放纵自我，释解非理性的本能，和自然融为一体，与永恒的生命意志难解难分，从而体验到永恒的、无以名状的痛苦与快乐。

到19世纪西方现代哲学诞生的时候，哲学家们都把酒神精神视为人性觉醒的重要标志。

尼采在《悲剧的诞生》中，将人类的艺术冲动分为日神精神和酒神精神。日神精神是"趋向幻觉之迫力"，它所要获取的是美的外观，而美的外观实际上又是人的一种幻觉。而酒神精神则是"趋向放纵之迫力"，它所要获取的是解除个体存在、复归原始自然的体验。

尼采认为，希腊悲剧艺术是日神艺术与酒神艺术这种二元冲动的结合体。他用充满诗意的文字，把酒神精神视为对人类意志的"最高的肯定"，因为，它肯定了生命中的一切苦难——

在我们仿佛与不可估量的此在之原始快乐合为一体时，在我们预感到狄俄尼索斯式的狂喜中这样一种快乐的坚不可错和永恒时，在这同一瞬间里，我们被这种折磨的狂怒锋芒刺穿了。尽管有恐惧和同情，

① 另外，在基督教文明中，酒的角色也非常突出而微妙，《圣经·约翰福音》记载，耶稣的第一个神迹便是把水变成了酒。

表现希腊神话中的醉饮与
狂欢的油画，画中人物的
神态体现出复归原始自然
的欲望

我们仍然是幸福的生命体，不是作为个体，而是
作为一个生命体——我们已经与它的生殖快乐融
为一体了。[1]

　　肯定生命本身，哪怕是处于最疏异和最艰难
的难题中的生命；生命意志在其最高类型的牺牲
中欢欣于自己的不可穷尽性——这一点，我称之
为狄俄尼索斯的。[2]

---

[1] 尼采，《悲剧的诞生》，商务印书馆，2017年。
[2] 尼采，《瞧，这个人》，商务印书馆，2016年。

酒曲：第五大发明

华夏大地上的先祖们，在酿酒上的天赋也不遑多让。

我的家乡杭州有一处良渚遗址，据信是 5000 年前的文明体，那里诞生了太平洋西岸的第一个城市雏形。在良渚考古中，考古人员发掘出了一个滤酒器，它的主体为一只陶钵，侧面带一个较高的漏钵，另外还在底部加了一道隔板，带酒糟的米酒或果酒经过漏钵过滤，可以提高酒的纯净度。

在古代中国，百业都有一个"祖师爷"，药业是神农，木匠业是鲁班，制陶业是范蠡，而酿酒业则是杜康。据说杜康是夏朝人，汉代的《说文解字》载"杜康作秫酒"。在古时，杜康是酒的代名词，曹操在《短歌行》中吟道："何以解忧，唯有杜康。"[①]

天下的酒，大而化之分两类，一类是用酒曲的，一类是不用酒曲的。而中国人是制酒曲的老祖宗。

西方人酿酒，无论是葡萄酒、威士忌还是伏特加，都是利用谷物发芽时产生的酶将原料本身糖化出糖分，再用酵母菌将糖分转化成酒精。

而中国人酿酒，则先用发霉的谷物制成酒曲，再用酒曲中所含的酶将谷物原料糖化发酵成酒。曲在中国制酒中的地位很高，所谓"曲是酒之骨，粮是酒之肉，水是酒之血"，更有"一曲二窖三工艺""万两黄金易得，一两好曲难求"的说法。

酒曲在周代就被发明出来了，上古典籍《尚书》中记载，"若作酒醴，尔惟曲蘖"。曲蘖指的就是发霉和发芽的谷粒。日本微生物学家坂口谨一郎

---

① 史界另有夏禹时期的仪狄发明了酿酒的说法，《吕氏春秋》云："仪狄作酒。"

仁怀出土的带有飞天图案的宋墓石刻，飞天仙女后来也成了茅台酒的商标图案，这无疑是个有趣的巧合

甚至认为，酒曲是堪比中国古代四大发明的"第五大发明"。[1]

在《礼记》中，有一段关于酿酒流程的非常具体的记述：

> 乃命大酋，秫稻必齐，曲蘖必时，湛炽必洁，水泉必香，陶器必良，火齐必得，兼用六物，大酋监之，毋有差贷。

秫是高粱，蘖是生芽的谷粒，曲就是麦曲。大酋是负责酿酒的官职。这段文字中的"六必"，就是对酿酒的作物、用水、器具和火候等都提出了具体的要求，它也因此被看成世界上最早的酿酒工艺规程。

"百礼之会，非酒不行"

东方人与西方人在文化基因上的差异，于酒一事，体现得淋漓尽致。

相比希腊人借助祭祀酒神狄俄尼索斯来放纵自我，在华夏传统中，几

---

[1] 坂口谨一郎，《日本的酒》，四川人民出版社，2013年。

仁怀出土的商代锥刺纹圜底瓶（上）与西汉时期的铺首衔环酒壶（下）

乎没有类似的活动记录。相反，酒在东方文明体系中，很早就扮演了政治宣示和"文化酵母"的角色。

在先秦文字中，"醴"指一种甜酒，这个字也通"禮"（礼）。因此，作为特殊的"人造液体"，酒在很久以前，就成了祭祀礼仪的一部分。

《汉书·食货志》记载："百礼之会，非酒不行。"《酒概》称："酒之始为祭祀也。"后世出土的大量商周青铜，都是祭祀用的盛酒礼器。到了魏晋时期，最高学府的行政长官被称为"国子祭酒"，为博士之首，代表天下学子向天地敬酒祭祀。

因为酒和信仰与执政秩序有关，所以酿酒和饮酒的过程便充满了洁净和高尚的仪式感。在中国人的信仰和世俗生活中，可谓"无酒不成俗，无酒不成席"。但凡祭天拜祖、迎亲生子、建屋开业、迎来送往，都须有酒——迎宾酒、送别酒、喜酒、交杯酒、回门酒、满月酒、上梁酒、开业酒、守岁酒，不一而足。如果喜庆，当然是把酒相庆，无酒不欢；若有悲伤，也是酒入断肠，借酒消愁。

在文化史上，文人与酒的渊源更是一言难尽。如果少了酒，中国文学不知道会寡淡成什么样子。

两千多年前，屈原写楚辞，酒就成了欢宴的主角：

瑶席兮玉瑱，盍将把兮琼芳。

蕙肴蒸兮兰藉，奠桂酒兮椒浆。

两汉时期，酒与盐、铁为国家专营，并为"三榷"。到了魏晋，酒禁解除，允许民间自由酿酒，那些避世的名士就把饮酒当成了躲避现实最好的行为艺术，所谓的"魏晋风度"，可以说是无酒不行。鲁迅曾在《魏晋风度及文章与药及酒之关系》中说："他们的态度，大抵是饮酒时衣服不穿，帽也不戴。若在平时，有这种状态，我们就说无礼，但他们就不同。"

东晋永和九年（353 年），王羲之邀约 41 位好友在会稽山阴（今浙江绍兴）的兰亭"修禊"。众人列坐在小溪两旁，在上流放置酒杯，酒杯顺流而下，停在谁的面前，谁就取杯吟诗。在微醺之中，王羲之写下《兰亭集序》，竟成了"千古第一帖"。

到了唐代，诗风大盛，酒更成了诗人们兴致大发

〔明〕文徵明《兰亭雅集图卷》（局部）：与西方放纵自我不同，东方的饮酒文化要含蓄得多

的第一酵母。郭沫若曾做过统计，杜甫传世的 1000 首诗里，与酒有关的有 200 多首，约占 21%；李白的 1500 首诗，写到酒的约有 240 首，约占 16%；白居易写诗 2800 首，与饮酒相关的竟达 800 首。[①]

所有诗人中，当然李白的酒名最大，因此他既是酒仙又是诗仙。他吟道：

> 花间一壶酒，独酌无相亲。
> 举杯邀明月，对影成三人。

他更放声狂歌：

> 人生得意须尽欢，莫使金樽空对月。
> 天生我材必有用，千金散尽还复来。
> 烹羊宰牛且为乐，会须一饮三百杯。
> 岑夫子，丹丘生，将进酒，杯莫停。
> 与君歌一曲，请君为我倾耳听。
> 钟鼓馔玉不足贵，但愿长醉不愿醒。
> 古来圣贤皆寂寞，惟有饮者留其名。

黄酒与白酒：名士与光棍

那么，一个有趣的问题是，从屈原、王羲之到李白，他们喝的是什么酒？

屈原喝的，从诗句的描述中推测，是用桂花和椒酿制的果酒；王羲之和李白喝的，大概率是黄酒，以麦为曲，以黍米或糯米为料，酒精度为

---

① 郭沫若，《李白与杜甫》，北京联合出版公司，2021 年。

10%~20%。在中国酒史中，黄酒被称为"百酒之母"，是汉族人的独家发明。王羲之写《兰亭集序》的绍兴，正是黄酒最为著名的产地，"绍兴酒"一度是黄酒的代名词。

民间传说中，最脍炙人口的喝酒故事，是梁山好汉武松在途经景阳冈的时候，连喝十八碗酒，上山打老虎。《水浒传》里描述，武松喝的酒叫作"透瓶香"，又叫"出门倒"，店小二说："俺家的酒，虽是村酒，却比老酒的滋味。"在北宋，"老酒"专指黄酒，这个村酒不是老酒，便应是度数更低、酿制工艺更简单的米酒。施耐庵在后面的故事里把村酒称为"村醪水白酒"，其中一个"醪"字暴露了它的身份。今天陕西著名的米酒"黄桂稠酒"，又叫白醪酒。

他们喝的不可能是像茅台酒这样的烈性白酒，因为蒸馏酒技术一直到元末明初才被引进华夏。

明代的李时珍便认定，蒸馏酒技术来自西方世界。在《本草纲目》中，关于"葡萄酒"一目，他记载的是：

> 古者西域造之，唐时破高昌，始得其法。

关于"烧酒"一目，他特地注明又名"火酒""阿剌吉酒"，具体解释为：

> 烧酒非古法也。自元时始创其法，用浓酒和糟入甑，蒸令气上，用器承取滴露。凡酸坏之酒，皆可蒸烧。

唐灭高昌国是在贞观十四年（640年）。将《本草纲目》中的这两条结合起来，李时珍的观点就很明白了：蒸馏酿酒术是初唐时从西域传进来的，到了元代时期，人们将这一技术改良应用，有了中国式的白酒（古时称为"烧酒")。阿剌吉是 arrack 的译音，系用稻米和棕榈汁酿造的蒸馏酒。

概而言之，中国白酒是东西方文明交融的一个典范：酒曲技术为原创，蒸馏酒技术为引进。

尽管白酒技术在 600 年前就成熟了，不过一直到清末民初，士大夫阶层仍然以黄酒为宗。乾隆年间的性灵派大家袁枚在《随园食单》中，曾用"名士"与"光棍"来分别形容黄酒与白酒：

> 绍兴酒如清官廉吏，不参一毫假，而其味方真。又如名士耆英，长留人间，阅尽世故，而其质愈厚。……
>
> ……余谓烧酒者，人中之光棍，县中之酷吏也。打擂台，非光棍不可；除盗贼，非酷吏不可；驱风寒、消积滞，非烧酒不可。……能藏至十年，则酒色变绿，上口转甜，亦犹光棍做久，便无火气，殊可交也。

袁枚的"名士光棍说"在古典文学作品中颇有体现。譬如在《红楼梦》里，"酒"可以说是无处不在，全书 120 回出现"酒"字 580 多次。其中写得最多的便是黄酒，重要宴席必会饮用。大观园里的公子小姐们则各有喜欢的果酒，林黛玉爱合欢花酒，宝钗爱菊花酒，宝玉祭奠晴雯提到了桂花酒。烧酒出现过一次，是有一回林妹妹吃螃蟹，"觉得心口微微的疼，须得热热的吃口烧酒"。

因此，数百年间，中国人的饮用偏好经历了从浊酒到清酒、从低度到高度、从黄酒到白酒的长期演进。

杏花村里说酒史

接下来要解答的一个问题是，纯粮蒸馏酿造的中国白酒，起源地可能是哪里？为了回答这个问题，我专门北上去了一趟山西的汾阳。

汾阳地处晋中，在城东有一处杏花村遗址，是仰韶文化的一支。1982年，这里发掘出一只小口尖底陶瓮，形状类似甲骨文中的"酒"，被认为是"最早的酿酒发酵容器"。魏晋时期，当地人以农历十月的桑叶为原料酿酒，是为著名的"桑落酒"。公元6世纪，杏花村人改进酿酒技术，将浊酒提炼为清酒，便有了"汾清酒"。到晚唐时，汾酒在中原就非常出名了，杜牧有脍炙人口的《清明》一诗：

> 清明时节雨纷纷，路上行人欲断魂。
>
> 借问酒家何处有，牧童遥指杏花村。

在汾阳，当地人不认同李时珍的看法。他们坚信，杏花村在唐代已经掌握了蒸馏技术，论据就是"干和烧酒"。据史书记载，这种酒在酿造时把用水量减到最少——"干料搅拌"，类似固态酒醅，再从道教用蒸汽提取水银的技术中得到启发，将之用于蒸馏取酒。

如果这一说法被证实，那么，中国白酒的历史就一下子从 600 年延长到了 1200 年。可惜的是，到今天，考古界尚没有发现蒸馏酒器的唐代实物。[①]

明初山西大移民，800 多姓山西人从洪洞县的大槐树下迁徙各地，晋人的酿酒技艺也随之飘散移植。清代中期以后，以票号起家的晋商崛起为天下第一商帮。他们行走大江南北，更是把喝烧酒的喜好及技艺带到了各地，汾酒在民间便有了"汾老大"的美号。

---

① 关于蒸馏酒技术，学界还有一种说法是起源于更早的西汉。2011 年，南昌发掘海昏侯刘贺墓，出土了一套完整的青铜蒸馏器，它的用途一直没有定论。西汉初年，道家盛行，王侯们热衷于炼丹，这套蒸馏器更大的可能性是用于熬药，或者蒸馏花露水。

明清两代直到民国，汾酒都是白酒业的领袖品牌，无论是高濂的《遵生八笺》、袁枚的《随园食单》，还是流行小说《镜花缘》等，说到烧酒，汾酒当时都排在第一名。

茅台酒的三种起源说

"关于茅台酒的起源，你的看法是什么？"

坐在仁怀市酒业协会的办公室里，周山荣听我说到这个话题，语速明显地慢了下来。他是酒协的副秘书长，写过数本关于茅台酒的书，2007年的时候，还花半个月时间徒步走完了赤水河全流域。我写作这本《茅台传》时，他是我常去请教的酒业专家之一。

根据周山荣收集的资料，茅台酒的起源有三种说法。我补充了一些自己参阅的资料，将相关考据史实陈述如下。

一是当地说。

此说的源头便是从枸酱开始的。茅台一带浓厚的饮酒习俗在商周时期就已经形成，到了西汉时期，便发展出规模性的酿酒生产能力。

唐宋以来，贵州已是酒乡，境内各民族皆有饮酒习俗，并善于酿酒。

清初，茅台村是"川盐入黔"的重要口岸，蒸馏酒技术传入这里。到了乾隆年间，当地酒匠又以本地成熟的酿酒工艺为基础，吸收了部分外来酿酒技艺，形成了茅台酒独具风格的酿造工艺。许缵曾在《滇行纪程》中记载："贵省各属产米精绝，尽香稻也。所酿酒亦甘芳入妙。此二事，楚中远不及。"

茅台酒的发展起于秦汉，熟于唐宋，精于明清。当地的酿酒历史悠久，向无异议。

1980年，媒体人曹丁写《茅台酒考》一文。文章认为："茅台酒之始，并非秦晋传入，法出当地善酿百姓。它是选用高粱为料，小麦制曲，取清洁河水，发酵九次，精心酿制的蒸馏大曲酒。究其酿造方法，是商周的酎酒、东汉九酝春酒，及稍后记载的炉酒的升华。"

二是山西说。

此说最早见于1939年张肖梅编著的《贵州经济》一书："茅台酒之沿革及制造，在咸丰（1851—1861年）以前，有山西盐商来茅台地方，仿照山西白酒制法，用小麦为曲药，以高粱为原料，酿造一种烧酒。后经陕西盐商宋某、毛某先后改良制法，以茅台为名，特称曰茅台酒。"

1979年，贵州省工商联合会撰写《贵州茅台酒史》。作者走访茅台镇的老人，其中包括酒师郑义兴等，考证结果跟张肖梅近似。仁岸开通后，"当时运销食盐的商人和票号，大都是山西人和陕西人，这些商人腰缠万贯，终日饮宴。为了提高酒的质量，就从山西雇了酿制白酒的工人来茅台村和本地酿酒工人共同研究制造。据说最初是 1704 年由一个山西盐商郭某雇工制造，继而由陕西盐商宋某、毛某先后雇工加工改良"①。

1980 年，赖茅创始人赖永初口述《我创制"赖茅"茅台酒的经过》，也认为茅台酒得到了杏花村酒匠的支援："茅台酒确实是从山西雇了酿制杏花村的工人来茅台村和本地酿酒工人研究、酿制而成的。但因为水土关系，经过多次试验，又经后人的发展，很多方面就不同于汾酒了。"②

三是陕西说。

光绪二十年（1894 年），赵彝凭编撰《桐梓县志》，其中记载：

> 近有以茅台法赴郡城（桐梓县）酿者，亦同其味，可见曲之为功也。茅台即是略阳曲。

略阳是陕西汉中的一个县，有清一代，以出产优质"白水曲"闻名。赤水河疏浚后，陕西商人把略阳大曲运销到泸州、遵义一带，对川酒的工艺进步贡献不小。

1959 年 7 月，《人民日报》发表何世红撰写的《茅台酒之乡》一文："1704 年，陕西凤翔府岐山县有一姓郭的盐商，经商到了此地，见这小小渔村依山傍水，风光明媚，便定居下来，并且在这里招雇工人开了个小作坊，仿照山西杏花村的汾酒和陕西凤翔西凤酒的酿造方法，制成了茅酒。"

1960 年，轻工业部组织专家编撰《贵州茅台酒整理总结报告》，采信了"陕西说"："茅台酒的起源，究竟系何年何人所创，尚无法稽考，据传说在清朝从陕西传入。"

---

① 《贵州文史资料选辑》（第三辑），贵州人民出版社，1979 年。
② 《文史资料选辑》（第十九辑），中国文史出版社，1989 年。

20 世纪 50 年代，蒸馏时使用的冷却器"天锅"（左），以及当时茅台酒生产中的人工灌瓶环节（右）

在茅台酒起源这个课题上，我花费了大量的时间，经过实地走访、查阅史料和与专家交流，大抵理出了一个脉络，写在这里，算是一个阶段性的结论：

——茅台一带的酿酒传统，可以追溯到先秦的夜郎国时期。当年的濮僚人会酿造枸酱酒。

——作为赤水河流域的地理节点，茅台村在清朝初期成为川盐入黔的口岸之一，而来此经商的大多为陕西商人。1704 年前后，他们把蒸馏酒技术引入这里，融合进当地酿酒工艺开办了第一批烧房。

——1745 年，张广泗疏浚赤水河，让茅台村成为川盐入黔最重要的水陆转运口岸。自此秦商云集，烧酒业兴旺起来。此后百余年间，很可能有山西和陕西的酒匠被邀约来到茅台，以本地成熟的酿造工艺为主，外地工艺为辅，推演更完善的酿造工艺，茅台成为贵州名气最大的制酒村。

——1851年前后，茅台酒匠以当地特产红缨子高粱为原料，独立研制出堆积、回沙、高温制曲及取酒等工艺。至此，有独特风格的茅台酒酿造术趋于成熟。

《近泉居杂录》是一部创作于光绪年间的笔记，《续遵义府志》中引用了它所记录的茅台烧酒制法，已与此前半个世纪郑珍的描述有了很大的差异：

> 纯用高粱作沙，蒸熟和小麦面三分，纳酿地窖中，经月而出，蒸烬之。既烬而复酿，必经数回，然后成。初日生沙，三四轮日燧沙，六七轮日大回沙，以次概日小回沙，终乃得酒可饮。品之醇、气之香，乃百经自具，非假曲与香料而成。造法不易，他处艰于仿制，故独以茅台称也。

"沙"是贵州方言，特指细小而色红的高粱。完整的高粱粒为坤沙，打碎的则为碎沙。

在这段制法记叙里，第一次出现了多次加曲、重复发酵和蒸馏取酒的回沙工艺——酒匠将高粱蒸煮数轮，而不是一次榨光酒分，经过多轮次加曲、发酵是为"回沙"。

作者在文中特意指出，酒的香醇是因为多轮次取酒，而不仅仅是酒曲和香料的作用。由于造法不易，所以他处难以仿制。

茅台酒技艺：因地制宜，遵时顺势

种种史料和实地调研显示，最迟到19世纪50年代，与北方的汾酒及同一流域的泸州烧酒、宜宾烧酒相比，茅台酒已经形成了独树一帜的酿造特征。

我写本书，特意进行了对比研究，由种种细节发现微妙差异，颇可洞见茅台酒匠的用心和创造。

在酒曲上，茅台酒放弃了豌豆，以小麦为唯一的曲料。不同于汾酒的低温制曲和泸酒的中温制曲，茅台酒大胆地采用了高温制曲。在我实地调研过的几家酒企中，从汾酒、泸州老窖、五粮液到洋河等，只有茅台的酒曲发酵仓是在稻草间插曲块的，仓内的曲坯发酵温度高达 60 摄氏度。

在主粮上，汾酒用大麦、豌豆和高粱，泸酒为高粱、大米和玉米，五粮液顾名思义是以高粱、大米、糯米、小麦、玉米五种谷物为原料。而茅台酒则纯用高粱一种，而且专用仁怀当地的红缨子高粱。

干曲仓内，女工正冒着高温完成翻曲

收割红缨子高粱

这种红缨子高粱籽粒呈红褐色，它的支链淀粉含量高达 95%，比国内其他产区的高粱多出 15%~30%，而且粒满皮厚，极耐蒸煮。正是因为这一原料特点，茅台酒匠探索出了多轮次蒸馏取酒（又称"烤酒"）的操作法，同时为了促进酒醅发酵，又独创出堆积工艺。这一系列创新，使得茅台酒的生产周期比其他白酒都要长，原料和工时成本更高。而不同轮次的酒体香型均有差异，通过精妙的勾兑，终而形成了最为复杂醇厚的酒体特征。

在酒窖上，不同于汾酒的陶缸和泸酒的泥窖，茅台酒匠先后采取了碎石窖和条石窖。巧合的是，茅台当地的紫色砂页岩土壤酸碱适度，孔隙度大，特别有益于酒醅发酵，并可促成多种微量元素的转移。

在蒸煮工艺上，汾酒是清蒸二次清，泸酒是双轮底发酵，而茅台酒是九次蒸煮、八次发酵、七次取酒，并一反低温入窖、缓慢发酵的做法，而是高温堆积、高温摘酒[①]。

每一种名酒的酿造流程都与节气有关。汾酒地处北方，采取的是"立冬始酿，止于惊蛰"。茅台镇的传统则是"端午制曲，重阳下沙"，这又与当地的气候条件和赤水河有关。

端午前后，田里的小麦成熟，同时云贵高原进入雨季，赤水河开始泛红，茅台人举行祭麦仪式，然后脱壳碾米，踩曲制块。到了九九重阳，高粱进入成熟期，而赤水河的河水逐渐变得清澈，正可以用来取水酿酒，于是开窖下沙。

在气候上，重阳以后的茅台河谷，气温从 30 多摄氏度降至 25 摄氏度左右，正是酒醅发酵和微生物生长的最好温度区间。茅台酒的投料要分两次，前后间隔一个月。这其实也没有什么神秘之处，当初的原因是：种在

---

① 摘酒，指根据工艺要求截止接取蒸馏出的酒。

大山里的高粱因海拔不同，成熟时间有差别，农历九月，河谷高粱先垂穗，再过一个月左右，才轮到山冈上的高粱成熟。正因为这一遵时顺势的做法，茅台酒的酒醅具有了更丰富的层次感。

叠加型创新的产物

所有产品创新，通常有三种路径模式。

第一种是技术型创新，即科学家发明了某项技术，从而启蒙和推动一项新产业的应用。人类商业文明史上，几乎所有的重大进步都与此类创新有关，比如电话（1876 年）、内燃机车（1885 年）、无线电（1895 年）、飞机（1903 年）、计算机（1939 年）、核武器（1945 年）、互联网（1983 年）、Wi-Fi（无线通信技术，1998 年）等。

第二种是模式型创新，即由企业家从市场需求出发，进行技术的微创新和要素的重新配置，从而诱发产业的效率提升和洗牌。此类创新大量发生在服装、电器、食品、百货零售、互联网应用等领域。

第三种是叠加型创新，即商业从业者在先行者的基础上，对产品的生产工艺及流程进行再造，从而创造出一种新的产品形态，并使之成为自己的特征及核心竞争力。

茅台酒匠在白酒技艺上的变革，是一次非常明显的叠加型创新。

硅谷投资家彼得·蒂尔在研究美国 IT（信息技术）产业的创新史时发现，很多伟大的产品创新，都是叠加的结果。他举了四个典型案例：苹果计算机的原型是施乐公司帕洛阿尔托研究中心的奥托（Alto）个人计算机；微软的视窗（Windows）操作系统是仿照苹果麦金塔（Macintosh）计算机的图形用户界面改良设计的；谷歌的搜索引擎是对英克托米（Inktomi）公司和 Alta Vista 的迭代；特斯拉电动车诞生前，通用汽车就研制出了电动汽车 EV1。

这四家公司都取得了先行者无法企及的成功，原因正在于它们在原有技术上进行了叠加型创新，在优化中实现了超越。

细致梳理茅台酒的历史和酿造的每一个环节，我们都可以清晰地分解出茅台人独特的创新点，它们都不是凭空发生的，而是因地制宜的产物。

"佳酿天成"，这个"天"指的既是天工开物，又意味着先人传承，以及后人的精进。

茅台镇能出绝世好酒，是因天时地利，老天爷赏酒，有它的神秘性和偶然性，同时，更是茅台人敢于突破旧制、自我革命的结果。这些流传百年的规矩和一系列的技艺创新，到底是哪几个茅台酒师完成的，到今天已经无法考证，但它应该经历了几代人的持续探索、口传心授。

03　华家与王家

外交礼节，无酒不茅台。

——20 世纪 20 年代贵阳报纸

1862 年：成义烧房

就在茅台酒的工艺趋于成熟的 19 世纪 50 年代，一场战乱从天而降，把茅台镇摧毁成了一片废墟。

1855 年，贵州的白莲教信徒发动起义，史称"号军起义"。农民军与清兵在茅台几度激战，镇上房屋焚颓，商贸中断，所有烧房都毁于战火。

1860 年，一位姓华的 27 岁读书人来到了茅台镇，他看到的是一个"断垣残壁、满目荒凉"的村子。他这一次来，是为了实现 90 岁老祖母的一个心愿：祖母突然很想念少女时候喝过的那杯茅台酒。

这位老太太姓彭，叫什么名字，已经不可考了，不过她的孙子是一个显赫的人物，名叫华联辉（1833—1885）。

华氏祖籍江西临川，康熙年间来贵州经商，定居遵义团溪，数代以贩盐为业，终成当地望族。到了华联辉这一代，华联辉读书中了举人，跟仕宦沾上了关系。很多年后，华联辉的孙子华问渠在《贵州成义茅酒（华茅）纪略》一文中，讲述了华家造酒的起源：

> 一天在闲谈中，高祖母偶然回忆起年轻时曾喝过茅台烤的酒，觉得味道很好，嘱先祖前去采购，她还想再尝尝这种酒。先祖前去时，战时遗迹，仍随处可见。过去酿酒的作坊，已夷为平地，但屋基尚存。由于作坊主人下落不明，这片土地已收为官产。恰好这时官府正将官产变卖，于是先祖出名购得该地。同时也找到了旧日酒师，就邀他合作，在原址上建立起简易作坊，试行酿制。酿出的酒经高祖母尝试，她肯定年轻时喝过的正是这种酒。于是，酒房就继续酿制下去。

这段口述透露了两个信息：其一，从 1855 年到 1860 年前后，茅台酒的酿造和销售遭战乱摧毁，已全然中断，在遵义府已买不到酒；其二，华联辉从购地建坊到出酒，起码需一年时间，老太太喝到新酒的时间应该是 1861 年年底或 1862 年年初，这也是茅台酒恢复生产的时间。①

老太太到 1865 年就去世了，华家在茅台的烧房却一直经营了下去：

> 最初酿制的酒只作家庭饮用，或馈赠、款待亲友。亲友交口称誉，纷纷要求按价退让。高祖母逝世后，求酒者更接踵而至，先祖才决定将酒房扩建，增加酒的产量，正式对外营业。原来酒房没有什么固定

---

① 原黔军将领、国民党少将吕新民是华家的远房亲戚，他的四舅母是华问渠的妹妹。据这位四舅母回忆，当年华联辉在旧酒窖内曾发现一块石碑，上刻有康熙五年在此建作坊埋碑纪念等字样。如果此说属实，则意味着在 1666 年，茅台村已经出现了有一定规模的烧房。（吕茂廷，《茅酒沧桑曲》，贵州民族出版社，1994 年）

名称，这时才定名为成义酒房，酒定名为"回沙茅酒"。[①]

成义烧房在赤水河的右岸，迄今遗址尚存，就在茅台酒厂第一车间的旁边。我去实地走访时，碰到一位当地的老人，他告诉我，当年这一片叫湾子头。

华家把"回沙"直接植入品牌的名字，显然是为了突出自己的酿造特色。这可能是妙思偶得，也是当时酒匠对工艺的自信。在市场营销的意义上，这就是通过重新定义工艺和流程，建立新的品类认知。

成义烧房的产量一直不高，早年只有两个窖坑，每年出酒 3500 斤，后来规模稍有扩大，也仅维持在 8000~9000 斤。它的特点就是：在原料上不惜工本，务求酒好。"华茅"的出酒率为 6∶1，即 1 斤酒要消耗小麦和高粱 6 斤，是当时全国烧酒中最为耗粮的一种，甚至高过今天的茅台酒。

根据华问渠的回忆，"华茅"在原料上的比例是，七成高粱做主料，三成小麦做曲料。这一配比，跟今天茅台酒的高粱与小麦 1∶1 的配比并不相同。事实上，后来的"王茅"和"赖茅"，在原料配比、酒曲成分等方面，也各有差异。

第一代"茅粉"：周省长

成义烧房创建的最初十多年里，华家在茅台并没有太多的生意，直到光绪二年（1876 年）之后，情况才发生变化——华联辉突然成了镇上最大的盐商。

这一年，贵州人丁宝桢出任四川总督。当时，因战乱日久，赤水河的

---

① 华问渠，《贵州成义茅酒（华茅）纪略》，《贵州文史资料选辑》（第四辑），贵州人民出版社，1980 年。

推行"官运商销"新盐政
的四川总督丁宝桢

第一代"茅粉"周西成

盐道已经颓坏，丁宝桢效法张广泗，展开了第二次修治工程。这一工程耗银两万两，历时三年。随着水路的畅通，茅台镇再次热闹了起来。

为了整顿盐业，丁宝桢推行"官运商销"的新盐政。华联辉亦仕亦商，被聘任为四川盐法道的总文案。

每一次政策改革其实都是蛋糕重新分配的过程。新盐政颁发新一批的特许经营执照，华联辉近水楼台，一举拿下仁岸的两块牌照。当时茅台镇上共有四家特许盐号，分别是华家的永隆裕、永发祥，以及陕西人控制的协兴隆和义隆盛。"华茅"常年通过永隆裕在茅台和贵阳的盐号进行总经销，从来没有建立自己的营销渠道。

华联辉去世后，其子华之鸿继承家业，家产积累过百万两白银。当年贵阳有民谚曰："华家的银子，唐家的顶子，高家的谷子。"由此可见华氏的一时之富。民国创建后，华之鸿先后担任贵州商务总会会长、军政府财政部副部长和贵州银行总理，俨然是一省商贾的总首领。

华家的产业除了盐业，更涉足金融、房产、教育和物流，还拥有西南最大的印刷厂，酿酒只是其诸多家族生意中的一小块，甚至都算不上生意。所以，成义烧房出品的"华茅"，成本和质量从来都是最高的。华联辉和华之鸿父子，用它款待川贵的军政阶层，它也渐渐成了当地最受欢迎的高档烧酒。

民国时期的贵州执政者中，对成义烧房的茅台酒最为狂热的是周西成。他是仁怀北面的桐梓县人，1926—1929 年出任贵州省省长。这是一个 30 多岁的青年军阀，任用的官员都是沾亲带故的桐梓老乡。日常行政之余，每席必饮酒，每酒必茅台，上行下效，茅台酒成了贵州官场的"通行货"。贵阳当地报纸用一副对联讽刺这一景象：

> 内政方针，有官皆桐梓；外交礼节，无酒不茅台。

据华问渠的讲述，"周西成作省长，茅酒成为他对外交际的重要手段，每年都将上千瓶的成义茅酒作为礼品送给南京政府及川、桂、粤等省的要人"①。由此可以推断，茅台酒由民间走向政要，从贵州影响全国，青年军阀周西成无意中成了一个推动者，他应该算得上是第一代不折不扣的"茅粉"。

1879 年：荣和烧房

如果说遵义的华家把茅台酒做成了权贵人家的礼节媒介，那么真正把它当生意来经营的，是土生土长的仁怀王家。这个家族的发家之人叫王振发。

为了调研这段历史，我专程去了一趟仁怀的水塘村，陪同我的是王家后代的一个女婿老邱。

水塘村在仁怀城外约 10 公里，是一处被群山环抱的小村落。近年，新修的蓉遵高速绕村而过，交通便利了很多。王振发的墓在一个马蹄形的半

---

① 华问渠，《贵州成义茅酒（华茅）纪略》，《贵州文史资料选辑》（第四辑），贵州人民出版社，1980 年。

山腰。当年贵州的富人家造墓，与其他地方很不同：墓前有几个平台，就代表有几房子孙。王墓从山脚到墓地，其间有五个平台，代表五房子孙，每个平台都有祭祀的香炉、拜台和华表神兽，很是恢宏气派。但如今平台形貌全失，从山脚往上望，墓碑被荒草淹没，竟已看不清楚。

我们拨开重重荒草杂树，气喘吁吁地攀爬到墓前，只见碑斜砖塌，很难想象当年的奢华了。墓碑已经开始风化，隐约可见"奉政大夫王公讳振发府君之墓"的字样。老邱说，当年的碑后刻有墓志铭，现在一个字也分辨不出来了。

这一路上，老邱跟我讲了很多老王家的旧事。王振发早年是一家张姓客栈的伙计，他的发家史跟罗斯柴尔德家族的故事颇有点相似：某日，一位从四川来的信使行色匆匆投宿客栈，接待他的王振发在攀谈中得悉，四川的官盐马上要涨价，这位信使正赶赴云南传达文告。他当即建议张老板，以付定金的方式锁定镇上所有盐铺的食盐存货。过不多久，果然盐价大涨，张家暴得大利。张老板见王振发如此机灵，便把独生女嫁给了他。

19世纪20年代，王振发创办天和盐号，同时不断购买土地，竟成了仁怀县最大的地主，号称"王半街"。茅台下渡口便是王家私渡，1935年红军三渡赤水时，正由此过河。王家在观音寺黑箐子一带建了一个大庄园，在靠近河面的地方挖了两个酒窖，酿酒自用。这一旧址迄今犹在，老邱陪我去看了一趟。如水塘村的墓地形制所示，王振发育有五子，幼子王用兵又生独子王立夫（即王泽履，1858—1931），他便是"王茅"的创始人之一。

1879年，或许是受成义烧房的刺激，王立夫与石荣霄、孙全太合伙，各出银200两，创办了荣太和烧房，招牌是从石、孙二人的名字和天和盐号中各取一字。两年后，孙全太退股，遂改成了荣和烧房。在业务上，王立夫管生产和销售，石荣霄管账目。

荣和的选址就在成义的旁边，也在湾子头。酒窖起初是两个，后来增

我站在被草木吞噬的王墓前，墓碑上的字已经不甚清晰

老邱陪我去黑箐子庄园的老烧房，我们身旁堆着二次发酵的干曲。这座老房子可能几年后就被拆除了

加到了六个，年出酒量达到两万多斤，成了镇上最大的烧房。早年的茅酒包装是用一种叫"厄子"的容器，它用竹片编成，再用土石灰加糯米、紫红窖泥、猪血和匀，糊在竹篓上而成，每个约重 50 斤。这种厄子比较柔软，在远程运输中不会破碎漏酒。周山荣收集到两个，我在他那里见到了实物。

"王茅"创始人王立夫

王立夫构建了一个销售网络，荣和的茅酒不但通过遵义和贵阳的各家盐号经销，他还委托重庆的稻香村向四川及周边地区销售。茅台酒的区域性市场开拓，应是从荣和开始的。

因为耗粮多、酿造时间长以及产能有限，所以成义与荣和出品的茅台酒从一开始就采取了高价策略。据华问渠的讲述，19世纪70年代末，"华茅"和"王茅"一斤售价为生银九分，比当地的其他高粱白酒贵了五六倍。到1902年，每斤卖生银一钱一分。再到后来，物价上涨，酒价也随之提高，民国初年稳定在1~2银元。按照当时的物价，一斤茅台酒可以换40斤大米。

老邱的岳母曾经对他回忆说，她当年从仁怀去遵义女中读书，带一瓶自家的茅酒，可以换一个月的口粮。

与国内的其他白酒相比，茅台酒的售价一直排在第一。到民国初期，茅台酒已经远销到华北和东北等地。我查阅《哈尔滨市志》，在20世纪20年代，该市的茅台酒市场价为每瓶1银元，汾酒为0.55银元，其他普通白酒为0.14银元左右。

全球的高端消费品产业有"三高"特征，即高耗材、高定价和高毛利。当年的贵州地偏民穷，然而出品的茅台酒却已符合这三条。

1862 年始建的成义烧房全景

成义烧房旧址。1985 年，茅台酒厂在原址上改建成制酒一车间生产房，是一座台梁式小青瓦顶仿古建筑，大门上有"茅酒之源"四个大字

茅台酒厂制酒一车间生产房的后面是原成义烧房生产茅台酒时所用的杨柳湾古井，它是茅台酒早期的酿酒水源

荣和烧房踩曲房、烤酒房
旧址

荣和烧房干曲仓始建于
1879年。1935年，红
军长征经过茅台镇时
曾在此宿营

早年的茅台酒包装"厄子"

1915 年: 在巴拿马万国博览会上获奖

进入 20 世纪之后, 清王朝风雨飘摇, 人心思变。那些年, 华之鸿在贵阳政坛颇为活跃。他参与创办了公立南明中学, 还是《黔报》的主要出资人。1907 年, 他被推选为贵州商务总会会长。1909 年, 清廷尝试宪政改革, 贵州成立谘议局, 华之鸿是 39 名议员之一。在政治立场上, 他属宪政党, 与鼓吹革命的自治党人亦分亦合。

1911 年, 辛亥革命爆发, 贵州兵不血刃实现了光复。华之鸿被推为新政权的财政部副部长兼官钱局总办。那段时间, 他很少有精力去打理成义烧房的生意。

这些时局的诡谲突变, 对蜗居在黑箐子庄园里的王立夫来说, 似乎是一些十分遥远的事情。荣和的茅酒越卖越好了, 1910 年 10 月, 南京举办南洋劝业会, 那是近代中国的第一次大型博览会。"王茅"被贵州的农林署推送参选并获奖。1914 年, 王立夫的独生子王承俊出生。

到 1915 年年底, 王立夫被告知, 荣和的茅酒又获奖了, 这一次得的是巴拿马万国博览会的奖。他应该不知道巴拿马是什么, 博览会又是在哪里举办的, 不过说的人多了, 他觉得, 这件事可能挺重要的。

博览会是工业革命的产物, 它通过商品集中陈列的方式, 展示一个时代最先进的技术和一个国家的经济实力。用今天的话说, 这是一个"秀肌肉"的地方。

全球的第一场工业品博览会是 1851 年的伦敦万国博览会。英国政府为此专门建造了恢宏的水晶宫。在博览会上, 人们看到了最新发明的纺纱机、抽水机和拉线机, 这些不同的机器通过锅炉房产生的蒸汽, 一起被驱动。这一场景展示了工业革命的伟大动力。

1904 年, 美国在圣路易斯举办了世界博览会, 那时美国的钢铁总量已

1915 年美国巴拿马万国博览会中国馆正门牌楼

美国巴拿马万国博览会开幕式现场

经超过英国。爱迪生亲自来到电气馆，用无线电拨通了与芝加哥的电话。140 辆来自美国底特律和英、德各国的汽车，让人们大开眼界。清政府派出一支由溥伦贝子领队的代表团，也搭建了一个中国馆，这是中国第一次参与国际性的博览会。在众多的参观者中，就有正在酝酿革命的孙中山。

1915 年的巴拿马万国博览会，是美国为了纪念巴拿马运河开通而举办的一场盛会，地点在旧金山市。它从2月开展，到12月闭幕，展期长达9个半月，总参观人数超过1800万，创下了历时最长、参加人数最多的博览会纪录。

北洋政府早在两年多前就接到了参展的邀约，当时的实业总长是著名实业家张謇，他委派陈淇担任筹备局长，积极筹划参展事宜。在各省的热烈推选下，筹备局一共组织了10万件参展商品，在上海港装了1800个大木箱，它们基本上代表了当时中国实业界最为精良的水准。

那么，是谁把小山沟里的茅台酒送了出去？

根据周山荣的考证，贵州人乐嘉藻在其中起到了不小的作用。他时任直隶商品陈列所所长，并负责全国名优产品的选拔。当时从贵州送去的参展物品，除了仁怀的茅台酒，还有一个科技教学仪器"乘方积木"。

赴赛通知由农商部发到贵州巡按使公署，再由仁怀县公署转达给县商会。因为"烧房"的称谓与国际惯例不相协调，北京的筹备局便使用了"茅台造酒公司"和"贵州公署酒"的名号。

中国在巴拿马万国博览会上共获得1211个奖项，是参展的31个国家中得奖最多的国家。其中，中国的酒类商品获奖颇丰，"贵州公署酒"也在此列。

后世有一则逸事流传很广：在展馆陈列时，茅台酒包装粗陋，并不为人关注。直到有一次，工作人员在搬酒时灵机一动，怒掷酒瓶，一时酒香四溢，引来人们的围观。

烧房打官司，省长和稀泥

茅台酒在国外得了奖的消息传回贵州后，被当地报纸纷纷报道，而烧房的主人们也都意识到了它的广告价值。然而，一个问题就出现了：被送去参展的，到底是成义的酒还是荣和的酒？

当时两家烧房的酒瓶跟川贵一带的高粱酒瓶并没有太大的区别，是一个圆形鼓腹的土陶瓶，小口短颈，瓶上部施黄釉，瓶口以木塞封闭，外加猪尿包皮盖封，瓶颈再用细麻绳拴紧。瓶身用红纸木刻印制，居中印黑字"某烧房回沙茅酒"。在那个年代，照相技术还没有传到仁怀，信息也很闭塞，所以谁也弄不明白"贵州公署酒"到底是哪一家的。

于是，两家开始打官司。

官司先是打到仁怀县商会，但小小县商会一是无法判定，二是哪家也得罪不起，只得呈文县公署。县知事收到状纸后也束手无策，于是又一纸呈文将矛盾交到了省长公署。

这场官司拖泥带水地竟然打了两年多，到 1918 年 6 月，省长刘显世做出了裁决：是两家共同选送的，以后都可以拿来宣传，不过奖状和奖牌只有一份，就留存在县衙门了。"裁决令"的原文如下：

贵州省长公署指令

令仁怀县知事覃光銮：

呈一件。呈巴拿马赛会茅酒，系荣和、成裕①两户选呈，获奖一

---

① 省长公署指令和后文的县公署函中，"成义"都误作"成裕"。

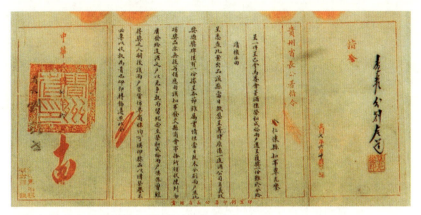

1918年贵州省长公署关于茅台酒获奖纷争的裁决书

份，难予分给，请核示由。

呈悉。查此案出品，该县当日征集呈署时，原系一造酒公司名义，故奖凭、奖牌谨有一份。据呈各节，虽属实情，但当日既未分别两户，且此项奖品亦无从再颁，应由该知事发交县商会事务所领收陈列，勿庸发给造酒之户，以免争执，而留纪念。至荣和、成裕两户俱系曾经得奖之人，嗣后该两户售货仿单、商标，均可模印奖品，以增荣誉，不必专以收执为贵也。仰即转饬遵照。此令。

中华民国七年六月十四日

省长刘显世

县里接到省上的"裁决令"，长舒一口气，马上以县公署名义致函县商会：

省长指令：据本署呈巴拿马赛会事，荣和、成裕两户选呈，获奖一份，难于分给，请核示一案。奉令开：呈悉云云等因。奉此，除将奖品函交商会事务所领收陈列，以资纪念，并分令荣和、成裕烧房知照外，合行转令仰该荣和、成裕烧房遵照，迅赴商会将奖品模印于售货商标，以增荣誉，是为至要，切切！此令。

令茅台村荣和、成裕烧房遵照。

这份和稀泥式的裁决，自然让两家烧房主人颇为满意，从此不再争执。华家和王家分别在县商会和茅台镇设宴招待各界人士，以示庆贺。

这一场官司也打出了烧房的品牌意识，两家分别去申请了商标，成义的商标印有三束红色的高粱，荣和则印有三束鹅黄色的麦穗。酒标用纸也改成质地更好的道林纸，在背标上，说明本酒取杨柳湾天然泉水、运用传统工艺酿造而成，特别强调曾在巴拿马万国博览会获奖。

在中国近代商业史上，1915 年的巴拿马万国博览会因参展品数量和获奖较多，一直被学界颇为看重。中国近代博物馆事业的开创人之一严智怡认为，这可能是中国作为一个民主国家首次在世界舞台上与列强面对面。

成义烧房酒标（左）、荣和烧房酒标（中、右）

在茅台酒的发展史上，巴拿马万国博览会也有标志性的意义。通过参展及后来的那场官司，茅台人上了一堂具有现代意识的品牌课。也许他们仍然不明白"巴拿马"到底是什么意思，但是这个陌生的舶来词及其带来的传播效应，令他们隐约触摸到一个更辽阔的世界。

茅台酒的现代基因，便在这次糊里糊涂的获奖中确立了下来。

04 "毛泽东由此渡河"

雄关漫道真如铁，而今迈步从头越。

——毛泽东，《忆秦娥·娄山关》

1935 年：三渡赤水在茅台

我站在娄山关上，印象最深的居然是山间的桂花树。

那是 9 月初，盛夏刚去，暑气犹在，黔北大山中的桂花却已早早地开了，比杭州的起码早了将近一个月。幽幽的桂花香从某个岩角散出，让人有种猝不及防的惊喜。

在中国的军事关隘名录上，如果没有发生在 1935 年的那两场战斗，娄山关可以说是微不足道的。它地处遵义与桐梓的交界，素称"川黔咽喉"。站在山顶眺望，此处山陡岩多，地势狭隘，攻防双方一旦打起来，几乎谈不上什么高明的技战术，拼的全是一股不怕死的狠劲儿。

1934 年 10 月，因第五次反"围剿"失败，中央红军主力被迫长征。第二年 1 月，红军攻克遵义，中共中央召开遵义会议，事实上确立了毛泽东在党中央和红军的领导地位。其间红军两次攻占娄山关，歼灭黔军600余人，取得红军长征以来的首次大捷。毛泽东写下荡气回肠的名篇《忆秦娥·娄山关》：

> 西风烈，长空雁叫霜晨月。
> 霜晨月，马蹄声碎，喇叭声咽。
> 雄关漫道真如铁，而今迈步从头越。
> 从头越，苍山如海，残阳如血。

当时的红军命悬一线，后面有蒋介石的中央军死咬不放，周遭是黔军、川军和滇军的围追堵截。毛泽东展现出惊人的军事才华，他力排众议，在黔北大山里机动作战，四渡赤水，最终摆脱"追剿"，跳出包围圈，由黔入滇，先过金沙江，再渡大渡河，在泸定翻越雪山，进入川西草地，最终抵达陕北。

万里长征历时一年，中央红军在贵州境内的4个月，是中国共产党人的生死攸关时刻。正是在这个时期，毛泽东确立了党内领导地位，并与周恩来、朱德形成"铁三角"。因此，在党史和军史上，"遵义会议"和"四渡赤水"都为重要的标志性事件。

红军第三次渡赤水河，便是在茅台镇。毛泽东渡河的具体地点，是荣和烧房王家的下场口私渡。今天，在那里的黄桷树下立有一块石碑，上书"毛泽东由此渡河"。

酒入钢铁肠，百转酿豪气

红军攻占茅台镇，是在1935年3月16日清晨。就在前一天，红军与黔军在20公里外的鲁班场刚刚激战一场，因伤亡过大，毛泽东主动下令撤出了战斗。①

当红军开进茅台镇后，四架敌机随之飞临，十多枚炸弹落在商会、武庙和衙门，烧着了好几栋民房。红军忙着跟乡民们一起救火，有两位战士在鼓楼和卡房（监狱）附近被炸牺牲。②据记载，在当时的战斗中，还发生了红军用机枪打下一架飞机的奇事。《红星报》报道："蒋敌黑色大飞机一架低飞至长坝槽，被我警卫营防空排射弹八十五发，击落在茅台附近。"这张报纸至今还保存在遵义会议纪念馆里。

红一军团教导营营长陈士榘接到一个特殊任务，就是指挥教导营和军委工兵营联合在茅台镇架起两座浮桥。陈士榘勘察地形，最后选定了浮桥架设地址，一座在朱砂堡，另一座在观音寺。朱砂堡是王家"天和号"的私家渡口，而观音寺则靠近荣和烧房。

红军进入茅台镇，禁令扰民。这时，"天和号"掌柜王立夫已病故，家业由独子王承俊掌管。王承俊思想开明，曾和周林（地下党，新中国成立后曾担任贵州省省长）是同学，听说红军进镇，立即安排工人挑了两担酒前去犒军。

1979 年，仁怀县政府在茅台镇下渡口建纪念碑，碑正中书"茅台渡口"

---

① 袁泽光，《中央红军过仁怀》，中央文献出版社，2012 年。

② 同上。

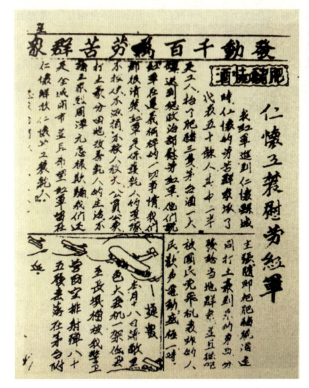

1935年4月5日的《红星报》刊载了歼灭敌机的消息以及《仁怀工农慰劳红军》文章

傍晚时分，毛泽东等人从下场口的浮桥过河。背毛泽东过浮桥的是老船工赖应元，毛泽东给了他一副银手镯以作酬谢。1958年，当年的警卫员陈昌奉回茅台调查，拿出照片辨认，赖应元这才知道，自己当年背过浮桥的人，居然是一位影响中国历史的大人物。[①]

红军在茅台镇的驻扎时间前后不足三天，一直在紧张地应战、动员和备战，军情十分凶险，死亡如阴影尾随不去。不过，将士们回忆起那几天

———————————

① 《赤水河边寻觅红军脚步》，《现代快报》，2006年10月12日T8版。

的时候，总是会说到茅台酒。以至在后来的很多年里，"茅台回忆"成为万里长征中极少有的带有轻快和浪漫主义色彩的话题。

警卫员陈昌奉回忆，主席的马夫老于用个长竹筒把中间打通以后装酒，抬着走，就像抬机枪，数他带的酒最多。那时仁怀的群众还没怎么走，因此可以买到大量的酒。主席还跟他们谈到茅台酒为什么那么有名。[1]

聂荣臻在茅台镇休息的时候，为了品味一下举世闻名的茅台酒，便和罗瑞卿叫警卫员去买些来尝尝。结果酒刚买来，敌机就来轰炸。于是，他们又赶紧转移。[2]

耿飚将军回忆："这里是举世闻名的茅台酒产地，到处是烧锅烧房，空气里弥漫着一阵阵醇酒的酱香。尽管戎马倥偬，指战员们还是向老乡买来茅台酒，会喝酒的细细品尝，不会喝的便装在水壶里，行军中用来擦腿搓脚，舒筋活血。"[3]

李志民将军在加入红军前当过小学校长，他还写了一首名为《茅台酒》的打油诗："没有月亮没有星，踏过沙河爬山岭，公鸡啼叫天发亮，红军走过茅台镇。眼发花来头发晕，人在梦里夜行军，想喝一口茅台酒，解解疲劳爽爽心。"[4]

随军作家成仿吾回忆："茅台镇是茅台名酒的家乡，紧靠赤水河边有好几个酒厂与作坊。政治部出了布告，不让进入这些私人企业，门都关着。大家从门缝往里看，见有一些很大的木桶与成排的水缸。酒香扑鼻而来，熏人欲醉。地主豪绅家都有很多大缸盛着茅台酒，有的还密封着，大概是

①《贵州社会科学》编辑部、贵州省博物馆，《红军长征在贵州史料选辑》，1983年。

② 聂荣臻等，《伟大的转折：遵义会议五十周年回忆录专辑》，贵州人民出版社，1984年。

③ 耿飚，《耿飚回忆录》，中华书局，2009年。

④ 李志民，《李志民回忆录》，解放军出版社，1993年。

多年的陈酒。"①

　　成仿吾所提到的政治部的布告，是 1935 年 3 月 16 日中国工农红军总政治部以主任王稼祥、副主任李富春的名义发布的关于保护茅台酒的通知，全文如下：

　　　　民族工商业应鼓励发展，属于我军保护范围。私营企业酿制的茅台老酒，酒好质佳，一举夺得国际巴拿马金奖，为国人争光。我军只能在酒厂公买公卖，对酒灶、酒窖、酒坛、酒甑、酒瓶等一切设备，均应加以保护，不得损坏。望我军将士切切遵照。②

　　1936 年，红军抵达陕北后，美国记者埃德加·斯诺到延安采访，毛泽东倡议全军写回忆文章，总政治部在很短的时间里征集到 200 多篇、约 50 万字的回忆录，编成《红军长征记》（又名《二万五千里》）一书。其中，很多将士都在文中提到了茅台镇和茅台酒。红一军团教导营的熊伯涛的文章标题就叫《茅台酒》，他写到了很多当年的细节：

　　　　鲁班场战斗，军团教导营担任对仁怀及茅台两条大路的警戒。在这当中，除了侦察地形和进行军事教育以外，时常打听茅酒的消息——特别是没收土豪时。但是所得到的答复常是"没有"。……茅台村，离此只有五六十里了。……追到十多里后，已消灭该敌之大部，俘获人枪各数十和枪榴弹弹筒一，并缴到茅台酒数十瓶，我们毫无

① 成仿吾，《长征回忆录》，人民出版社，2006 年。

② 高爽，《红军总政治部张贴布告保护茅台酒 须公买公卖不得损坏设备》，中国共产党新闻网，2016 年 7 月 12 日，http://dangshi.people.com.cn/n1/2016/0712/c85037-28547140.html。

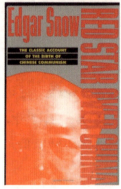

《红军长征记》（上）是关于长征的最原始的记录，其底本是埃德加·斯诺创作的《红星照耀中国》（下）的重要来源

伤亡。战士……欣然给了我一瓶，我立即开始喝茅台酒了……"义成老烧坊"是一座很阔绰的西式房子，里面摆着每只可装二十担水的大口缸，装满异香扑鼻的真正茅台酒。封着口的酒缸大约在一百缸以上，已经装好瓶子的，约有几千瓶。空瓶在后面院子内堆得像山一样。[1]

"能战善饮"——上马呼啸杀敌，下马豪气饮酒，从来是人们对古之名将的一种想象。即便没有读过多少书的人，都背得出唐代诗人王翰的那首《凉州词》："葡萄美酒夜光杯，欲饮琵琶马上催。醉卧沙场君莫笑，古来征战几人回。"

度过后有敌兵穷追、空中有敌机轰炸的战斗岁月，那些红军战士百战归来，回想起当年赤水河畔的那一口烈酒，酒入钢铁肠，百转酿豪气，自然终身回味不尽。

周恩来为什么偏爱茅台酒

在翻阅老军人的回忆文字时，我突然有一个发现，很多人在说到茅台酒时，除了酒香劲足，

---

[1] 刘统，《红军长征记：原始记录》，生活·读书·新知三联书店，2019年。

更津津乐道的，居然是能用它来搓脚和疗伤。

成仿吾在回忆录里便说："我们有些人本来喜欢喝几杯，但因军情紧急，不敢多饮，主要是弄来擦脚，恢复行路的疲劳，而茅台酒擦脚确有奇效，大家莫不称赞。"[1]

萧劲光将军回忆："我们在茅台驻扎了三天，我和一些同志去参观了一家酒厂。有很大的酒池，还有一排排的酒桶……有些同志还买了些用水壶装着，留着在路上擦脚解乏。"[2]

新中国成立后曾任中央档案馆馆长的曾三也有类似的回忆："长征路上，我深深感到脚的重要。道理很简单：长征是要走路的，没有脚就不能行军，没有脚就不能战斗。大家不是听说过'红军过茅台，用酒洗双脚'的故事吗？这不是假的，因为用酒擦洗是最好的保护脚的办法。"[3]

还有人参加战斗时挨了一枪，拿茅台酒洗过伤口很快就好了。茅台酒在长征路上立了大功，没有酒精之类的，用茅台酒疗伤也管用。

秦含章（1908—2019）是新中国成立后的第一代白酒专家，曾任第一轻工业部发酵工业科学研究所所长。20世纪50年代，他与邓颖超在一起开"两会"，便问邓大姐："长征时周总理路过茅台镇，闻香下马，是不是从那时开始就喜欢上了茅台酒？"

邓颖超的回答颇出乎他的意料。"邓大姐说，喜欢是喜欢，但并不是像大家以为的从那时就喜欢喝。"邓颖超深情地回忆道，长征时部队一路走一路打仗，伤病员很多，而部队缺医少药。到了茅台镇，芳香扑鼻的茅台酒确实吸引了周总理，得知茅台酒的酒度有65度，他当即决定用茅台酒替代

① 成仿吾，《长征回忆录》，人民出版社，2006年。

② 肖劲光，《肖劲光回忆录》，解放军出版社，1987年。

③ 周山荣、龙先绪，《贵州商业古镇茅台》，贵州人民出版社，2006年。

药水，为伤员杀菌疗伤。茅台酒为保证红军及时上路做出了很大贡献，这是茅台酒的光荣历史。[1]

这些私人回忆文字，都清晰地透露出一个事实：在军事战争最为艰难的时刻，茅台酒曾起过"疗伤救命"的作用。对于那些从硝烟战火中幸存下来的人，这构成了一种终身难以忘怀的记忆，日后的喜爱、饮用和讲述，实际上是对已经逝去的激情岁月的回味和共情。

周总理一生之中，难得不顾"总理威仪"，放情忘我，也与茅台酒有关。

1958年10月，志愿军战士从朝鲜凯旋时，周总理亲自去车站迎接。随后，总理在北京饭店举行盛大宴会慰问志愿军战士代表。那天，他特别高兴，一开始，他就满怀激情地说："要请大家喝庆功酒，要动真格的，喝我国的名酒——贵州茅台。"谁也没数周总理喝了多少杯酒，几乎所有的代表都和他碰了杯。第二天，周总理醉卧了一天。[2]

新中国成立后，很多高级将领是茅台酒的"死忠粉"，特别是许世友将军，非茅台酒不饮，去世之后，随葬物中还有两瓶茅台酒。[3]

那个写《茅台酒》的熊伯涛，1955年被授少将军衔。有一个时期，他遭到错误批判，连降两级，有一位老战友在关键时刻却没有施以援手，两人因此有十多年互不来往。有一年，熊伯涛突然收到两瓶茅台酒，一查，是那位老战友寄来的。熊将军仰天一笑，两人冰释前嫌。好男儿的铁血情谊，无须一言，尽在酒中。[4]

茅台酒一度有"军酒"之称，在20世纪50年代的抗美援朝、70年代

---

[1] 秦含章，《希望所有的人民都能感受到茅台酒的好处》，《世界之醉》，2003—2004年合订本。

[2] 纪录片《周恩来外交风云》，中央新闻纪录电影片厂，1998年。

[3] 刘良，《与酒相伴的许世友》，《四川党史》，2001年02期。

[4] 熊伯涛，《熊伯涛回忆录》，解放军出版社，2004年。

1950 年，中国人民解放军 139 团解放仁怀、赤水、习水县。抗美援朝开始后，部队从仁怀开赴朝鲜参战。图为茅台人民欢送 139 团赴朝

的对越自卫反击战中，茅台酒常常成为冲锋前的壮行酒和战斗结束后的庆功酒。深究其中的原因，很重要的便是那份浓烈而自豪的长征情结，它成为中国军人集体记忆的一部分。

"是假是真我不管，天寒且饮两三杯"

红军到达陕北后，"两万五千里长征"成了一个传奇。特别是 1937 年，美国记者埃德加·斯诺出版《红星照耀中国》（中文版曾译为《西行漫记》），蜚声中外，大大提升了共产党的声誉。同时，国民党及右翼报纸则极尽诽谤之能事，其中一例，便是有人嘲笑红军没有文化，竟然把茅台酒用来洗脚。

1943 年，大律师沈钧儒的儿子、画家沈叔羊在重庆举行画展，有一幅

题为《岁朝图》的水墨画，绘了几朵秋风中的菊花、一个茅台酒壶、两只酒杯。民主人士黄炎培在画上题诗云：

> 喧传有客过茅台，酿酒池中洗脚来。
> 是假是真我不管，天寒且饮两三杯。

到 1945 年，为了推动国共两党谈判，黄炎培、章伯钧、梁漱溟等六位国民参议员组团飞赴延安斡旋。正是在那次访问中，黄炎培与毛泽东在窑洞里促膝对谈，讨论如何走出"其兴也勃焉，其亡也忽焉"的历史周期率，有了著名的"窑洞对"。

在枣园的会客室里，黄炎培意外地看到，沈叔羊的那幅《岁朝图》居然悬挂在黄土壁上，一问，是董必武购回送到了延安，黄炎培大为感慨。

新中国成立之后，黄炎培以民主人士身份出任政务院副总理兼轻工业部部长。1952 年冬天，他去南京调研，陈毅以茅台酒设宴款待他。席间，陈毅感叹道："当年在延安，读先生《茅台》一诗时，十分感动。在那个艰难的年代，能为共产党说话的，空谷足音，能有几人。"酒酣兴起，陈毅即兴步韵赋诗：

> 金陵重逢饮茅台，万里长征洗脚来。
> 深谢诗笔传韵事，需在江南饮一杯。

黄炎培随即和诗一首：

> 万人血泪雨花台，沧海桑田客去来。

当年的渡口处立有一石碑，上书"毛泽东　　调研时，我常住的"茅台人家客栈"
由此渡河"

消灭江山龙虎气，为人服务共一杯。①

　　在茅台酒厂的档案室里，有数百份史料和口述文件，记录了当年的
种种逸事。它们构成了茅台酒与国家记忆之间的微妙关系，让品牌具备了
难以复制的势能和历史资产。在后来的市场竞争中，它们无法以广告的方
式呈现，却通过书、文章及口口相传，成为茅台酒文化价值最重要的组成
部分。

---

① 丁亮春，《诗酒传情　共谱佳篇：记陈毅元帅与黄炎培先生的一段交往故事》，《中国
　　统一战线》，2001 年 09 期。

为了写《茅台传》，我在三年时间里二十余次来到茅台镇。前几次住的是茅台国际大酒店，后来就有意选镇上的民宿住，我想在日常的生活中接触这个小镇更多的真实细节。

有一次，我住的"茅台人家客栈"就在茅台镇的半山腰，沿着盘山路往下走，便是当年的下渡口。如今，那里被拓展成了红军广场，在红军架浮桥的水面上，修了一座铁索桥，桥的两侧挂满五角红星。到了夜间，红星通电发光，别有一番英雄主义的浪漫。

那天黄昏时分，我站在河畔的黄桷树下，望着"毛泽东由此渡河"的石碑，许久之后，忽然若有所悟。写这句话的人应该有他的深意，这个"河"，既是眼前的赤水河，又是当代中国的历史之河。

夜晚亮灯的红军桥

05 赖茅十三年

我会勾酒。

——赖永初

遍地都是"茅台酒"

红军三渡赤水之后，茅台镇又恢复了旧有的秩序。在后来的那些年里，华家和王家都发生了一些变化。

随着传统盐业的萧条，华家的商业版图缩小了很多。晚年的华之鸿专心礼佛，生意都交给儿子华问渠打理。而华问渠是一个书生，只对文通书局感兴趣，十多年里从来没到过茅台镇，"华茅"的年产量一直维持在8000~9000斤。

华问渠在后来的回忆资料中记叙了一件跟扩产有关的事情：

> 1944年，我在重庆文通书局料理出版事务，忽接成义酒房经理电报，谓酒房被焚，地面建筑大半烧毁，幸酒窖因储酒不多得以保存。我惊愕之余，当即复电指示，迅速筹款修复，并借这个机会扩大生产设备，以年产十万斤为指标。酒厂

依此进行了扩建，但由于条件限制，不能大量采购原料，结果年产仅增加到四万斤。但这个数字，已是成义数十年来的最高纪录了。①

王家的情况稍稍复杂一点。王立夫在 1931 年去世，独子王承俊继承家业，他是一个喜欢穿西装的新派人物，对土而又苦的酿酒兴趣寥寥。烧房的生意交给石荣霄②家族打理，石荣霄的孙子王泽生在很长一段时间里把持荣和，1936 年，他逼退王承俊，独占了全部的股份。荣和的年产量维持在 2 万~4 万斤。

如果在民国中后期开一家酿造茅台酒的烧房，一年的盈利会有多少？

在《茅台酒厂厂志》里存有一份资料，是 1939 年荣和烧房的掌柜给东家的账目报备，细目如下：

> 收入项：该年酿酒 2 万斤，每斤售价 1 银元，合计收入 2 万银元。
>
> 支出项：购粮 12 万斤，每斤购进价 0.0167 银元，共 2004 银元；耗燃料 13 万斤，每斤 0.011 银元，共 1430 银元；用酒瓶 2 万个，每个 0.05 银元，共 1000 银元；开销工资 780 银元。以上各项开支共 5214 银元。
>
> 烧房一年的毛利 14 786 银元。

荣和烧房创建时，三家股东共投入 600 两白银（1 银元约折合白银 0.7 两），以后每年若有固定资产投入，比如新开酒窖和建酒仓，投资也非常有

---

① 华问渠，《贵州成义茅酒（华茅）纪略》，《贵州文史资料选辑》（第四辑），贵州人民出版社，1980 年。

② 石荣霄本姓王，少时被过继给石家，后来归祖回籍，后代亦姓王。王立夫与石荣霄没有血缘关系。

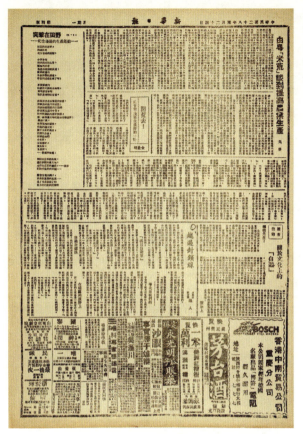

1939年"王茅"在《新华日报》上刊登的茅台酒广告：快买真正贵州茅台酒，美味村独家经理，如假罚洋百元

限。比较难计算的是纳税额，民国时期，税种复杂，各类苛捐杂税加起来，总税率为30%～40%。

这笔账算下来，做茅台酒的投资回报率和利润率都非常惊人，就投资而言，基本一年就可回本，而此后的年利润率则为50%～70%。

正因为有那么高的获利率，随着茅台酒的名气越来越大，贵州省内出现了很多做茅台酒的人，在20世纪30年代，先后冒出20多个品牌，比如贵阳泰和庄、荣泰茅酒等。在福泉有一个厂，直接就起名叫"贵州茅酒厂"。

四川古蔺县的二郎镇，距离茅台镇约 40 公里，在张广泗疏浚赤水河之后，这里也成为一个繁荣的盐岸码头。1904 年，一个叫邓惠川的人开办絮志酒厂，一开始采用的是泸州的杂粮酿制法；到 1924 年，见茅台酒名气大了，他便全部参照茅台工艺，给酿的酒起名"回沙郎酒"，酒厂的名字也改为惠川糟房。1933 年，木材商人雷绍清集资创办集义酒厂，也用茅法酿酒，有一年，成义烧房发生了一场大火，酒窖俱毁，雷绍清乘机把成义的郑姓总酒师——当时称为"掌火师"——挖来二郎镇，所酿的酒起名为"郎酒"。根据《四川经济志》记载，抗日战争前，郎酒的每斤售价为 0.6~0.7 银元，虽略低于成义和荣和，但每年的出酒量却有 40 吨左右，远远超过了茅台镇两家烧房的总和。

到 1936 年，一个叫赖永初的人涉足茅酒，终于把茅台镇的酿酒业带到了一个新的高度。

赖茅的诞生

在民国贵州商界，赖永初是继华联辉之后名气最大的实业家。1980 年，他曾口述《我创制"赖茅"茅台酒的经过》，相关史料较为翔实。

赖永初祖籍福建，他的父亲在贵阳大南门开了一间叫"赖兴隆"的杂货店。1924 年，赖永初接手店铺生意，转型专营银钱业务。他很有商业头脑，钱庄生意日隆。后来他涉足鸦片，把云贵的货通过"潮州帮"贩卖到汉口、上海、广州等地，他的钱庄生意也随之辐射到了云南、广西和四川。在不长的时间里，赖永初积累了 30 多万银元的资产，成为贵州青年一代商人中的翘楚。不过他的名声不太好，贩卖鸦片就是贩毒，很多人鄙视他发的是缺德财和国难财。

1936 年，一位叫周秉衡的商人找赖永初合作。周有两摊生意，一是在三合县有一个锑矿，二是在茅台镇有一间衡昌烧房。衡昌烧房"年产约一二万斤，质量也很差，与当地和贵阳一般酒比较，质量高不了多少，因而推销不开"[①]。

赖永初一心想要洗刷名声，觉得做实业是新的出路。权衡再三之后，他决定与周秉衡合资成立贵阳大兴实业公司，他出资 6 万银元，周以衡昌作价1.5 万银元、锑矿作价 5000 银元，总股本 8 万银元。五年后，赖永初又出了1 万银元将周秉衡劝退，把衡昌更名为恒兴，开始花精力来做酒。

与"华茅""王茅"是民间的一种俗称不同，"赖茅"从诞生的第一天起就是一个注册品牌。在口述文章里，赖永初讲述了当初萌发灵感的故事：

> 一天，我去馆子吃饭，忽然别桌打起架来，把桌子都掀翻了。我去察看，双方是为了猜拳，一个说他输了拳不吃酒耍"赖毛"，还把酒淋在他的头上……回来后我想，吃酒、打架、赔钱为的是"赖毛"，"赖毛"二字使我联想到姓赖的茅台酒，不也是"赖茅"二字。将"赖茅"做商标正好合用，又特别引人注目。想好之后，就计划做商标，经过研究，酒厂仍叫恒兴，酒名就叫"赖茅"，以示区别其他茅酒，再印上"大鹏"商标，以示远大，并加上科学研究等字。

> 为了慎重，我当时在香港有钱庄，把样品寄去，交他们在香港印20 万套来贵阳。把原来的茅酒重新换商标。我仍不放心，怕又有人伪

---

① 赖永初，《我创制"赖茅"茅台酒的经过》，《文史资料选辑》（第十九辑），中国文史出版社，1989 年。

造，就找当时贵阳有名的律师马培忠当法律顾问，由他登报申明，如察觉伪造"赖茅"，律师出面，追究法律责任。[1]

赖永初的这一段口述十分生动和具体。从灵机一动到注册系列商标，再到去香港定制酒标，以及请律师维权，这一系列娴熟的操作，表明他已经具备了现代商业运营的基本素养。

赖永初从香港印回来的酒标采用套色印刷，无论是用纸还是创意设计都比成义和荣和大大地高出了一个境界。在"赖茅"字样下出现了拉丁字母拼音"RayMau"，"大鹏"商标则以地球为背景，也配以英文"TRADE MARK"（商标）。在酒瓶的背标上，除了注明来自茅台镇"产酒名区"，更强调"依照回沙古法参以科学改进，一经出窖则芬芳馥郁质纯味和，不但其他国产名酒难以媲美，即舶来佳酿众将相较逊色"。

在后来的一次商标改进中，赖永初特别要求，把"用最新的科学方法酿制"单独突出，以示与王茅、华茅的"传统工艺"相区别。我曾问季克良，赖永初有什么"最新的科学方法"，他笑言："就是一个广告的说辞吧。"

赖永初还认真研究过酒瓶的材质：

> 出厂必须用土瓶包装，虽不美观，但是久不变质，可保酒味香醇，若改为玻璃瓶包装虽然美观，缺点是遇阳光晒后，蒸发变味。这是我们多年未能改装之故。[2]

---

① 赖永初，《我创制"赖茅"茅台酒的经过》，《文史资料选辑》（第十九辑），中国文史出版社，1989 年。

② 同上。

1　赖永初（1902—1981）

2　1985 年，茅台酒厂将恒兴酒厂旧址改建为一车间 2 号生产房，大门上刻有"茅酒古窖"四个大字

3　20 世纪 30 年代的恒兴酒厂大门

4　民国时期的赖茅商标

5　新中国成立后的赖茅商标

在酒瓶设计上，赖永初则进行了大胆的改革。"赖茅"一改鼓腹形状，采用了柱形陶瓶，小口、平肩，瓶身呈圆柱形，通体施酱色釉。这一造型圆润饱满，极具识别度，奠定了茅台酒瓶的基本形状，后世称之为"茅形瓶"。新中国成立之后，茅台酒厂改用景德镇生产的乳白瓶，而造型则沿用了"赖茅"的经典瓶形。

赖永初设计的瓶形奠定了茅台酒瓶的基本形状，后世称为"茅形瓶"

赖永初：一个懂兑尝的商人

有一次，我与周山荣谈论茅台酒的早期历史，说到华、王、赖三家创始人，我们的一个共同感觉是，赖永初是唯一研究产品的人。事实上，终其一生，他只到过一次茅台镇，但他对品质的态度是极其认真的。

他在口述实录中说：

> 当时贵州土匪甚多，路途不便，我就通知葛志澄（经理）、郑酒师把我厂出的新酒、老酒、爆酒三种各运十斤来贵阳，我亲自研究。经过两三个月的研究、兑尝，又请很多吃酒的友人试尝品评之后，决定叫葛志澄和郑酒师照我的办法去做，并要他们照此法先运 1000 瓶来贵阳试销，果然不错，以后他们都是照我的办法兑酒。[①]

赖永初品酒有自己的门道，他总结说："要不爆不辣，必须用嘴尝试，以口舌品达，若能达二十几下都还有味，方为合格。"[②]

茅台酒厂的第一任技术副厂长郑义兴，当年便是"赖茅"的总酒师。他曾经回忆，赖永初把他叫到贵阳试酒分级，有一批次的新酒赖很不满意，评为次等，郑义兴就回去用老酒重新勾兑了一遍，第二天再让赖尝试，他评为优等，竟没有喝出就是昨天的那批酒。郑义兴用这个故事说明勾兑的重要性，也从侧面透露出，赖永初当年的确参与了赖茅的品质管控。

赖永初对自己的勾酒能力一直非常自信。1979 年，晚年的他给政府打报告，提出重新回到茅台酒厂参与工作。贵州省轻工业厅委派了三个人去

① 赖永初，《我创制"赖茅"茅台酒的经过》，《文史资料选辑》（第十九辑），中国文史出版社，1989 年。
② 同上。

他家里了解情况，其中一个人就是季克良。三人问赖永初，他对酒厂的哪一方面比较熟悉。赖永初脱口而出："我会勾酒。"

在季克良看来，赖永初会勾酒，显然是一种业余的说法。不过，回到20世纪40年代的恒兴酒厂，大老板对酒的品质如此重视和要求严苛，自然会影响到经理和酒师的工作态度。后世学者基本认同，当年，"赖茅"的质量略逊于"华茅"，而明显好于"王茅"。

"赖茅"在酿制工艺上，与"华茅"和"王茅"略有不同。在用粮上，烤一斤酒，用高粱二斤，小麦三斤，出酒率是5：1，低于"华茅"的6：1。在造曲的时候，"赖茅"加入了药料。据赖永初的记录："小麦造曲，由酒师对（兑）放药料，酒师各有祖传药方，我们的药料内要放肉桂、巴岩香等。"后世的茅台酒去除此节，异于前辈。

在机场和电影院推广茅台酒

赖永初全资控制恒兴后，把酒窖数量从6个增加到23个，年产量从2万斤逐渐增加，极盛的1945年，年产量达到13万斤。那年，成义的产量约为1万斤，荣和大约为6000斤，恒兴俨然成了茅台镇最大的酒厂。

在市场营销上，赖永初长袖善舞，进行了很多新鲜的尝试。茅台酒在20世纪40年代后期被贵州以外更多的消费者了解和接受，"赖茅"起到了最大的作用，甚至一度"赖茅"就是茅台酒的代名词。

在恒兴之前，成义、荣和的销售基本上都靠盐号和书局搭销。前者的市场主要在遵义和贵阳，后者推广到了重庆和长江中游的一些地方。赖永初则为"赖茅"搭建了一个独立的销售网络，他在贵阳设立总号，在汉口、长沙、广州和上海等十多个城市设立子号（自营店）和签约代理商，由贵阳派往各地的经理人数曾多达160多位。

为了推广"赖茅",赖永初率先在报纸上刊登广告,并在中心城市进行"买一送一"的促销活动。他还经常有一些别出心裁的创意,比如,拍了宣传短片在电影院里放映,还专门灌装了一批小瓶赖茅酒,在全国各地的机场、码头等地赠送试喝。当年,读报纸、进电影院和去机场的,都是城市里的知识分子和中产阶层,赖永初主攻这些渠道,显然是精准地找到了自己的目标消费群。

也正因此,尽管茅台酒出自当年十分贫穷偏远的贵州山区,由一群不识字,也从来没有去过机场、进过电影院的农民酒匠酿制出来,但是在品牌形象上,却保持了现代感和高贵性,维持了"全国烧酒价格之王"的地位。1947 年前后,"赖茅"在上海市场销售达 2 万斤,占到了其总销量的六分之一,每年在香港的销售也有 1000 多斤。

在 20 世纪 40 年代中后期,赖永初当上了贵阳市参议员,还出任贵州银行的总经理,出资创办《贵州商报》和永初中学。他竭力在党政军界推广"赖茅",是继军阀省长周西成之后最不遗余力的人。

我找到了一份恒兴酒厂 1947 年的账表,数据显示,这的确是一家很赚钱的企业:

> 那一年,恒兴酒厂产酒 6.5 万斤(是那几年产量最低的一年),每斤酒的市场售价 1.2 银元,产值为 7.8 万元。所用高粱 450 石,计值 5590 元;小麦 430 石,计值 6450 元;煤 50 万斤,约值 6000 元;酒瓶 6.5 万个,约 5850 元;固定资产折旧 800 元。全厂固定工人 26 人,全年工资总额 3282 元(包括伙食),管理费 4750 元。
>
> 以上合计成本 2.8772 万元,毛利 4.9228 万元。[1]

---

[1] 贵州省工商联合会,《贵州茅台酒史》(见《工商史料 1》,文史资料出版社,1980年)。此处所载合计成本疑似有误,但因明细已不可查,保留原文数字。

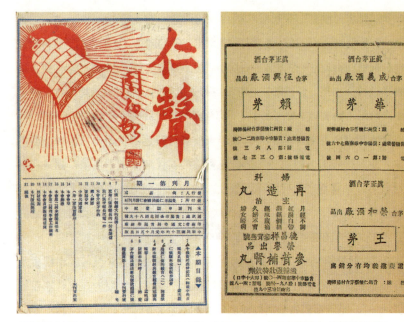

1947年《仁声》月刊上刊登的"三茅"广告。在同一页上，三家都自称为"真正茅台酒"

1941年，赖永初从周秉衡手中全盘接过酒厂，先后总计花了2.5万银元，其后用于基建投入的钱无法核实，应该不到5000银元。也就是说，赖永初用一年时间就可以把全部投资收回，还绰绰有余。

"历史的时间"在别处

那天，我问自己，如果撰写清末到民国的中国企业史，会把茅台酒写进去吗？仔细想了一下，应该不会。

自洋务运动以后的一百多年里，中国商业进步的主题是进口替代、拥抱工业化。毛泽东曾说，中国的实业不能忘记四个人——重工业的张之洞、轻工业的张謇、化学工业的范旭东和交通运输业的卢作孚。[①] 他们都让各自的产业实现了脱胎换骨般的变革，并形成了与外来资本对抗的能力。

即便在酒业，我们看到的景象，也是新产业的引入、公司治理模式的更新，以及新技术的探索。

1892 年，南洋侨领张弼士投资 300 万两白银，在烟台创办张裕酿酒公司，引入葡萄酒产业。在 1915 年巴拿马万国博览会期间，北洋政府派出一支由 30 多人组成的"中华游美实业团"，便是由张弼士任团长。实业团受到美国总统威尔逊的接见，还举办了一场由 1500 人参加的中美商业领袖午宴会。张裕公司送去参展的四种葡萄酒全部获得了甲等大奖章。

1900 年，俄国商人在哈尔滨创办乌卢布列夫斯基啤酒厂，把啤酒这一新品种引入了中国。1903 年，英国和德国商人在青岛创建日耳曼啤酒青岛股份有限公司，年产能力 2000 吨。随后几十年间，北京、广州和上海都相继出现了啤酒厂。

在民国时期的大都市和时尚的年轻知识阶层里，葡萄酒、啤酒以及咖啡，显然是更具现代气质的新式生活标配。在我查阅的《哈尔滨市志》里，茅台酒的每瓶 1 银元售价远高于汾酒和其他高粱酒，不过相较于洋酒，还是有点逊色：法国香槟酒每瓶 5.17 银元，法国白兰地每瓶 3.50 银元，英国威士忌每瓶 3~5 银元，德国黑啤酒每瓶 0.67~1 银元，日本清酒每瓶 2.20 银元。民

---

① 《时代呼唤张謇精神》，人民政协网，2019 年 12 月 6 日，http://www.rmzxb.com.cn/c/2019-12-06/2480860.shtml。

国时期的哈尔滨是一个国际化都市，从酒的牌价看，洋酒显然更为尊贵和主流。

在传统的白酒产业，山西的汾酒也开始了现代化的蜕变。1919 年，汾阳当地最大的酒厂"义泉泳"发起组建晋裕汾酒公司，设立了股东代表大会、董事会和监事会，一改陈旧的东家模式。这是中国酒业的第一家股份有限公司。酿酒大师杨得龄总结出"二十四诀酿制法"，将汾酒的全套工艺进行了规范化的梳理。到 20 世纪 40 年代末，山西汾酒的年产量达到 300 吨。

还有一些在当年并不起眼的事情正在发生。

在比利时和荷兰学习菌种选育的方心芳（1907—1992）研究白酒中的酵母菌，写出了制曲酿酒的第一批科学论文。1933 年，他与孙学悟在杏花村蹲点多日，完成《汾酒用水及其发酵秕之分析》《汾酒酿造情形报告》，这是西方化学科学与东方传统酿造技术的第一次衔接。中国的民族化学工业开拓者范旭东评价说："方心芳先生心目中的微生物，决不比一条牛小，他是一个忠实的牧童。"[1]

在德国柏林大学发酵学院专修啤酒工业的秦含章，归国后在江苏、四川和南京等高校任职授课，培养了第一代发酵食品专业的科技人才。1948年，他在无锡的私立江南大学创办农产品制造系，并担任系主任，这里成为中国食品科学与工程学科的重镇。

东北的周恒刚（1918—2004）在抚顺酒厂研发成功"麸曲酿酒生产工艺"，用麸曲代替大曲，在东北实现了烧酒生产的规模化。

四川的熊子书（1921—2019）调查泸州小曲，展开"淀粉质制造酒精选用微生物的试验"。

---

[1] 《方心芳——我国现代工业微生物学的开拓者》，《光明日报》，2006 年 12 月 7 日，https://www.cas.cn/xw/cmsm/200612/t20061207_2696402.shtml。

这些接受了现代科学训练的年轻人，从全新的视角研究中国烧酒，日后他们将重新定义和改造这个千年产业。

法国历史学家费尔南·布罗代尔提出过"历史的时间"这一概念。在他看来，在一张简化了的世界地图上，某些地点发生的事件代表了当时人类文明的最高水平。这个概念适用于人类文明，也适用于地缘国家或产业变革。如果把这些同期发生的事实放在一起，就可以清晰地发现，在20世纪的上半叶，"历史的时间"并不在茅台镇。

无论是华联辉、王立夫还是赖永初，他们都是一只脚踩进了现代文明，而另一只脚仍留在旧秩序中的人。赖永初采用了全新的营销方式，但是从来没有试图完成"赖茅"的公司治理变革，他畅想用最新的科学方法酿制茅台酒，但可惜仅仅停留在酒瓶的背标上。

时间还将继续往前行走，它是缓慢而曲折的。中国的命运将进入另外一个叙事逻辑，它所带来的变化让所有的人措手不及。

20 世纪 50 年代茅台酒包装现场

1951
1978

中部
酒厂时代

06 三房合并

时间开始了。

——胡风，交响乐式长诗《时间开始了》（1949）

革命袭来时的不同命运

1949 年 11 月 15 日，贵阳解放。赖永初与永初中学的学生们一起，自制了一面红旗去迎接解放军。这一场面被摄像机拍摄了下来，成为历史资料。

在半个多月前，即将出逃的国民党贵州省政府主席谷正伦派人找到赖永初，敦促他把贵州银行的所有黄金运送到台湾，为此还专门留了一架飞机在兴仁县等候。赖永初以种种借口推宕，最终还是选择了留下。

华问渠办文通书局，聘任和联络了很多国内知识界的名家，包括竺可桢、茅以升以及左翼作家臧克家、茅盾等人。他一直倾向革命，与贵阳当地的地下党频频接触。

解放军入城几天后，赖永初和华问渠等贵阳商界人士得到了第一任贵州省委书记苏振华的接见，苏书记要求与会的商人"放手经营，解除顾虑，恢复经

华问渠

1949 年 11 月 17 日《人民日报》关于贵阳解放的报道

济"。在接下来组建的新政府里，华问渠被任命为贵州省人民政府委员、贵州省工业厅副厅长，赖永初则是贵阳市政府财政经济委员会委员。

1950 年 9 月，贵州组织了一个赴京的国庆观礼团，赖永初把 50 瓶赖茅用飞机送去了北京：

> 我赴京参加国庆观光，在怀仁堂礼堂见到用"赖茅"编成两个五星摆在那里。这次毛主席、朱总司令、周总理接见了我们西南代表团。朱总司令亲自招呼我们喝酒，他说："我知道你们西南来的喜欢喝茅酒，我这里有。"立即叫服务员拿来茅酒招待。在座的向朱总司令介绍我，这就是赖永初先生，他就是"赖茅"的老板。朱总司令亲切地问："为什么叫'赖茅'？"我说："因为原来贵州办茅酒的多，有真有假，因此我就把我办的茅酒改名'赖茅'，防止冒充。"朱总司令笑了一笑说："你叫'赖茅'，人

家还称我叫'朱毛'。"……大家听了都笑了起来，他又招呼我们喝酒，然后才离开。[①]

华问渠和赖永初都是贵州商学界名流，而且在政治立场上倾向新政权，因此都受到了相当的礼遇。而相比之下，从来没有离开过仁怀县的王家则遭遇了不同的命运。

解放军进入仁怀是 1949 年 11 月 27 日，当时仁怀县政府在中枢镇。到了第二年的 1 月，仁怀发生叛乱，上千名匪徒攻击茅坝镇、鲁班镇及茅台镇的坛厂等乡镇。平叛先后持续了一年多，发生了大小 300 多场战斗。1951 年 2 月，在剿匪的尾声阶段，荣和烧房的东家、王泽生的儿子王秉乾因担任过茅台镇的伪镇长，以"通匪罪"被枪决于银滩坝。

华、赖、王三姓在解放初期的不同际遇，也造成了三家烧房合并的时候，出现了估值不同的情况。

"开国国宴"用的谁家酒

中华人民共和国的开国国宴用的是什么白酒？这是白酒界争论了很多年的话题。主角其实就两个，汾酒和茅台酒。我去这两家企业调研，总是绕不开这件事情，而且双方各有各的证据。

先说在汾阳看到的资料。

汾阳是 1948 年 7 月解放的，当月，在义泉泳和德厚成两家酒厂的基础上组建了国营山西杏花村汾酒厂。到 9 月中旬，酒厂恢复了生产。

---

① 赖永初，《我创制"赖茅"茅台酒的经过》，《文史资料选辑》（第十九辑），中国文史出版社，1989 年。

1949 年 6 月，开国大典筹委会副主任、北京市委书记彭真批示："要将国内外享有盛誉之汾酒运到北京，摆在第一届政治协商会议的宴会上。"酒厂分四批次，把 500 余斤汾酒运抵北京。

其后的 7 月 8 日，政务院机关事务管理局局长余心清将一份《关于接待工作今后的改进办法》呈送周恩来总理，其中第四条关于用酒部分的建议是："酒用国产葡萄酒、绍兴酒、啤酒、烟台张裕公司制的白兰地，北京大喜公司制的香槟酒，如需用烈性酒，则用汾酒。"总理在这一条下面批示："汽水亦需用国产，酒不要多。"[1] 在文件的首页，他又用几行大字强调："一切招待必须是国货，必须节约朴素，切忌铺张华丽，有失革命精神和艰苦奋斗的作风。"[2]

茅台方面，则拿不出北京发来的电报或批文，因为开国大典举办的时候，贵阳还没有解放。不过通过一些当事人的回忆可以确认，茅台酒是出现在了北京开国大典期间的酒席上的。

宽泛而言，能够被算作"开国国宴"的场合，其实有三次。

其一，1949 年 9 月 30 日晚上的中国人民政治协商会议第一届全体会议的闭幕晚宴。

在那次会议上，通过了定都北平（北平改名为北京）、《义勇军进行曲》为国歌、五星红旗为国旗等立国大策，同时选举毛泽东为中央人民政府主席，诞生了第一届中央人民政府委员的组成名单。当晚的国宴在北京饭店举办，毛泽东等 662 名代表全体与宴。

根据北京饭店老厨师的回忆，这次宴席以淮扬菜为主，用的酒是绍兴酒、汾酒和竹叶青。不过，也有人回忆喝到了茅台酒，据秦含章的一次口述：

---

[1] 以上均根据王文清，《汾酒源流》，山西经济出版社，2017 年。

[2]《我们的周总理》编辑组，《我们的周总理》，中央文献出版社，1990 年。

毛主席在北京召开第一次政治协商会议，招待会上用茅台酒来敬酒，我的亲哥哥就在场。①

其二，1949 年 10 月 1 日开国大典前的国宴。

这场宴会在怀仁堂大礼堂举办，由毛泽东、周恩来等"五大书记"宴请观礼的国际友人、民主人士和各界代表。

曾任毛泽东保健医生的王鹤滨写过回忆录，记录了当时的情形：

在怀仁堂大厅里已经摆好了宴会的餐桌，一瓶一瓶的中国名酒，茅台白酒和通化红葡萄酒也都已摆放在餐桌的一角，正等待着招待嘉宾……

为了保证中央五大书记的健康，要消除由于健康原因不能登上天安门的因素。在国宴开始时，站在怀仁堂东南角过道入大厅口处的汪东兴（中央警卫处处长）和李福坤（副处长），把我叫到他们的面前。李福坤低声地嘱咐说："鹤滨同志，不能让中央领导同志因饮酒过多，而不能登上天安门，无论如何不能醉倒一个。你要想想办法！"

我没有时间再考虑，因为宴会就要开始……

办法终于逼出来啦。事不宜迟，用茶水代替葡萄酒，用白开水代替白酒，给参加宴会的首长们喝，保证不会"醉"倒一个；于是，我将我的"发明专利"向汪东兴、李福坤作了紧急报告，又经过首长杨尚昆的首肯后，就执行了……我们利用刚倒完的空酒瓶子，迅速地装满了几瓶"特制"的"茅台"和"通化葡萄酒"并马上和几位卫士长当起"招

① 秦含章，《希望所有的人民都能感受到茅台酒的好处》，《世界之醉》，2003—2004年合订本。

待员"来，把我们的"特酿好酒"斟进了首长们的高脚杯中……^①

王鹤滨的这段饶有趣味的"解密"，证明开国大典前的那场国宴，白酒用的是茅台酒，不过领袖们喝的，都被他临时换成了白开水。

其三，1949 年 10 月 1 日开国大典之后的国庆晚宴，举办地在北京饭店，毛泽东没有参加，由周恩来主持招待。

一位负责保卫第一次政协会议和开国大典安全的将领记得，在北京举行开国大典时，庆祝中华人民共和国成立的当天晚上，国宴大会上喝的就是茅台酒，他参加了当时的欢庆大会。

这些当事人的回忆都表明，开国大典期间，汾酒和茅台酒在不同的国宴场合出现，或者也可能在同一个场合出现。

建厂日

开国大典的礼炮，并没有在贵州的上空响起。如果说，1915 年的巴拿马万国博览会获奖让茅台镇的人莫名地兴奋，那么，成为开国国宴用酒这件事情，在很多年里却是一个秘密，而且似乎与茅台人并没有什么关系。

1950 年的仁怀是混乱的。一方面，匪患未除，随时处在战斗状态；另一方面，则要根据上面的政策指示，展开种种的变革。政务院相继颁布了《私营企业暂行条例》《全国税政实施要则》等法规，对全国的私营企业进行所有制改造。其中，烟酒产业被列为国有独家专营，全国的烟酒企业均以赎买或没收的方式国营化，流通渠道则实行从中央到地方的垂直专卖，由国家税务总局管辖，业务归属轻工业部。

---

① 王鹤滨，《走近伟人：毛泽东的保健医生兼秘书的难忘回忆》，长征出版社，2011 年。

到 1951 年，随着剿匪工作的结束，政府着手对茅台镇上的几家烧房进行国有化改造，先是在这一年的 11 月，以 1.3 亿元的价格向华问渠购买了成义烧房。档案资料显示，烧房恢复生产是在 10 月 18 日，到第二年的 1 月，总共消耗高粱 34.7 万斤，实际出酒 10.23 万斤。

到 1952 年 2 月，政府以 500 万元购买了王家的荣和烧房。

按当时的币值，1 万元相当于民国的 1 银元。如果换算一下，对成义的收购定价约等于其一年的毛利，而对荣和的收购则几乎等于没收。

对规模最大的恒兴酒厂的收购，则在 1953 年 7 月才完成，作价 2.23 亿元。在此前的"三反""五反"运动中，赖永初于 1952 年 2 月被判入狱 10 年。

重组完成的企业全称为：贵州省专卖事业公司仁怀茅台酒厂。

所以，茅台酒厂的建厂时间，官方说法是 1951 年，而实际上真正完成三房合并是在 1953 年 7 月。

在管理体制上，茅台酒厂的业务归属于贵州省专卖事业公司，行业归口为贵州省工业厅，行政管理则隶属遵义市和仁怀县政府。

当这种新的治理结构形成后，茅台酒厂发生了两个前所未见的变化。

其一，私人资本被彻底清退，华家、王家和赖家退出历史舞台。

其二，市场销售完全专卖化。这意味着三家烧房之前的流通销售渠道被全数清理，酒厂从此只作为一个生产单元存在。这一状态要一直持续到 1987 年。

有一个事实需要特别提出来：1951 年启动国有化计划的时候，茅台酒的生产其实已处在停顿状态。

早在 1948 年，西南诸省遭遇恶劣气候打击，粮食歉收，国民党贵州省政府下令所有酒厂停产，包括已经发酵下窖的酒醅都要封存。1949 年年底，川贵滇相继解放，粮食供应一度十分紧张，主政西南局的邓小平提出"首先求得拿到粮食"，耗粮巨大、非必需的酿酒业不在鼓励生产的范畴。再加上局势动荡，匪患未绝，因此茅台镇的烧房在那几年的大多数时间里，几乎都处在停产状态，酒匠回乡种地。1952 年政府接收荣和烧房的时候，窖坑已经被用来存放盐巴。

在档案室里，仍然保存着当年接收时各家烧房的物资清单——

> 成义的资产：土地 1800 平方尺，酒灶 2 个，酒窖 10 个，马 5 匹，部分工具、桌椅板凳、木柜等。
>
> 荣和的资产：厂房土地 1753 平方尺，酒灶 1 个，酒窖 6 个，骡子一匹。
>
> 恒兴的资产：生产房和曲房 33 间，酒灶两个，酒窖 17 个，马 12 匹，猴子一只。

三房合并之后，茅台酒厂建筑总面积约 4000 平方米，共有酒窖 41 个，酒灶 5 个，甑子 5 口，石磨 11 盘，骡马 35 匹，部分工具，以及锅盆碗筷杂什物件。

在酒厂的档案室资料里，有一段对当时厂区环境和设备状况的描述：

> 厂区内间插农田菜地，农民养的猪牛羊鸡狗在厂里东跑西窜。厂房是俗称"千根木头落地"的青瓦屋面大棚，工人的住房和厂办公室基本上是土墙搭木头结构，有的是用废酒瓶堆砌成墙再糊上黄泥，部分房顶盖的是杉树皮和油毛毡。全厂没有一间像样的厕所（土坑上搭木板）……没有生产供水系统。……六月炎热天没有通风设备。……生产用粮、煤等全靠工人们肩挑背驮，有时还要开荒种地。

这意味着，新诞生的酒厂是在一张皱巴巴的旧图纸上重建起来的。

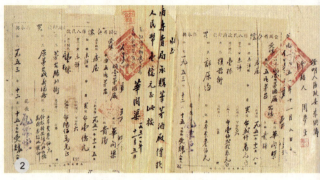

1　1951 年茅台酒厂会议记录及华茅、王茅资产情况表

2　1951 年 11 月收购成义时的契约

3　1952 年接收恒兴的请示报告

4　1954 年茅台酒厂营业执照

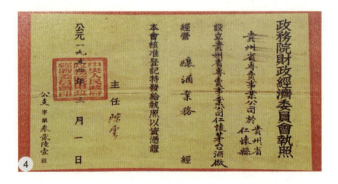

茅台酒厂第一任厂长张兴忠
（左）与警卫员合影

第一任厂长："张排长"

　　从留存下来的照片看，张兴忠（1921—2003）浓眉大眼，一看就是一个来自北方的汉子。他是山东东阿县人，26岁参军，参加过淮海战役和渡江战役，是一个神枪手。1950年7月，他随部队到仁怀平叛，然后就转业留在了地方的县盐业分销处工作。他在部队的时候当到了排长（其实当时已是副营长），所以大家都习惯叫他"张排长"。

　　张排长性情豪爽，据说酒量还特别大，在山东老家的时候，曾跟一个朋友一顿喝了11斤当地的土酒。他从来没有管过企业，但这并不妨碍他成为一个尽职的管理者。

　　1953年茅台酒厂完成三房合并时，首批员工仅39人，有酒窖41个、酒甑5口、酒灶5个。

　　成义烧房恢复酿酒的时间是1951年10月18日。在酒厂的档案室里，第一份原始资料是关于这一年的12月组织了一次评薪评级的会议。

　　张兴忠到酒厂的时间是1951年12月，他来了之后的第一项工作就是接收荣和烧房。

　　在一份给上级的报告中，张兴忠汇报说，工人"任意取拿原料和燃料，不经过一定的手续。发料、开支上更是乱。单据百分之七八十以上是自己写的白条子。做账也没有领导签字盖章。猪吃粮食，保管员都不知道"。总之，"过着无组织

茅台酒厂首批员
工名单

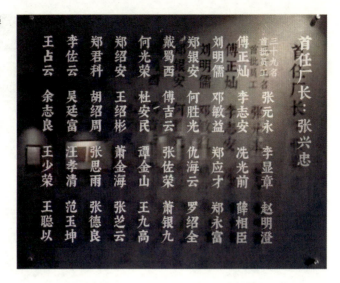

首任厂长：张兴忠

三十九名首批员工名单

王占云	李佐云	郑君科	郑绍安	何光荣	戴蜀西	郑明儒	刘明儒	傅正灿	张元永	李显章	赵明澄
余志良	吴廷富	胡绍周	萧金海	王绍彬	郑银安	何胜光	邓敏益	李志安	冼光前	薛相臣	
王少荣	汪孝清	张思雨	谭金山	杜安民	傅吉云	仇海云	郑应才	郑永富	罗绍全	萧银九	
王聪以	范玉坤	张德良	张芝云	王九高		张佐荣					

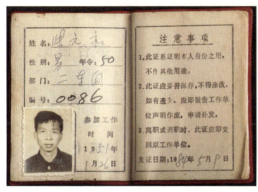

姓名：张元永
性别：男　年令：50
部门：三车间
编号：0086

参加工作
时间
1951年
1月26日

注意事项

1. 此证系证明本人身份之用，
　不作其他用途。
2. 此证应妥善保存，不得涂改。
　如有遗失，应即报告工作单
　位声明作废，申请补发。
3. 离职或调职时，此证应即交
　回原工作单位。

发证日期：1984年5月 日

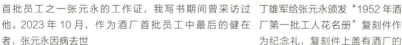

首批员工之一张元永的工作证，我写书期间曾采访过他。2023年10月，作为酒厂首批员工中最后的健在者，张元永因病去世

丁雄军给张元永颁发"1952年酒厂第一批工人花名册"复刻件作为纪念礼，复刻件上盖有酒厂的第一枚公章

20 世纪 50 年代，酒厂工人人工搬运曲块、择曲出仓。当时物质条件极差，工人劳作时打赤脚，穿旧军装或打着补丁的衣服，没有统一的工作服

的生活，糊糊涂涂地进行生产"。

在烧房时代，经理与工人是两个阶级，一个长衫布履，一个短襟草鞋，关系往往紧张且对立。酒厂虽然很赚钱，但是工人的收入却非常低，三家烧房的烤酒工一个月的工资是 1 银元，只够买 3 斗米，而劳动强度却很大。一个工人一天必须踩曲 50 斤，烤 7 甑酒，每甑的时间需 1.5 个小时，算下来，每天的劳动时间长达 13 ~ 14 个小时。

撰于 1979 年的《贵州茅台酒史》访谈了很多当年的老酒匠，它的描述应该是真实的："住家远的工人只有住厂里的猪栏马圈，和牲口睡在一起。在烤酒的时候，工人们要到深夜才能把活做完，往往回不了家，就几个人挤在一个斗笠里。绝大多数的人，铺的是草垫，盖的是秧被，很多工人一直

20 世纪 50 年代，酒厂成立之初的家属住房

就没有穿过棉衣，穿的单衣也是补巴摞补巴，终年没有鞋穿。"在 1947 年，成义和恒兴都发生过"丢围腰"①的罢工讨薪事件。

张兴忠当了厂长，就把共产党军队的官兵平等作风带到了酒厂。他跟工人穿一样的衣服，同灶吃饭，有的时候还到窖房里学习踩曲、烤酒。夏天高粱熟的时候，他跟大家一起去四乡八寨背粮。他当过兵，力气大，一次背的粮比其他人还多几十斤。

平日里，张兴忠就组织工人读报学习。老工人大多不识字，常常听着听着就打瞌睡了，他还是照样大声读报，然后让每个人发言谈心得。20 世

---

① 围腰是烤酒工的工作用衫，"丢围腰"即罢工不干的意思。

纪 50 年代初的新生中国，洋溢着激昂的政治热情，张兴忠的工作作风让暮气沉沉的酒厂焕发出了前所未见的朝气。他在一份报告中说："每一次政治学习念完文件或《人民日报》的文章，年轻干部浑身充满了使命感。"

为了推动酒厂的变化，县里先后委派了十多名干部进厂工作，还从社会上招募了一些年轻人，他们大多有高小文化水平。张兴忠组建了团支部和党支部，第一任团支部书记叫李兴发（1930—2000），他是茅台镇当地人，读过两年新式小学，1952 年年初被招进酒厂当烤酒工。正是这个李兴发，在 1964 年发现了茅台酒的三种典型体。

酒厂一年里的头等大事之一，便是征粮。烧房年代，每到出粮期，三家烧房就公开角力，往往打得头破血流。王家是当地的大地主，用粮从来不愁，其他两家就辛苦很多。赖永初接手恒兴后扩大产能，成义就跟荣和联起手来，抬高收购价，以至于很多年后赖永初口述回忆，还对这件事情耿耿于怀。

1952 年，为了完成当年度的酿酒任务，酒厂需要高粱 34 万斤、小麦 42 万斤。张兴忠初来乍到，一时不知道去哪里弄那么多粮食。县政府得知后，进行了全县动员。在档案室里，我看到一份当年 6 月 2 日由县长王卿臣签发的"征粮令"：

> 各区仓库将所存小麦全部运交茅台仓库，统一借给茅台酒厂，各区公所、各仓库立即组织力量调运，在 6 月 14 日前完成工作任务，不得拖延时间。

这种由政府统一征调、运粮不开工资、粮款可以赊账的事情，在从前是根本不可能发生的，它体现了地方政府的动员能力。到了年底，酒厂又缺装酒的容器，省工业厅于是一次性运来了 120 个铁桶。

20 世纪 50 年代，仁怀县组织的马车队。马车、牛车在当时茅台酒厂的运粮运煤中发挥了很大作用

    1952 年，茅台酒厂有 54 名职工，开了 3 个酒窖，产酒 10.23 万斤，耗高粱 34.76 万斤，用煤 41.54 万斤，总产值 19.7 万元，企业盈利 0.8 万元，上缴税利 4 万元。[①] 张排长交出了一份还算合格的成绩单。

---

① 此处的金额已按后来的人民币口径换算。

07 "最特殊"的茅台酒

在日内瓦会议上帮助我们成功的有"两台"。

——周恩来

茅台成了"国家名酒"

茅台酒在重阳前后下沙，到第二年1月中旬开始第一轮取酒，酒厂从此进入繁忙的烤酒季。

1952年年底，正当张兴忠在烧房里忙得不可开交的时候，在北京举办的第一届全国评酒会上，茅台酒被评为"国家名酒"。不过颇令我意外的是，在档案室里，我居然没有找到当年的获奖电报或报纸简报，甚至在当年的工厂年度报告中，张兴忠也没有提及此事。

时年25岁的辛海庭是那次评酒会的执行人之一，后世相关的史料，大多来自他晚年的一份口述回忆。

评酒会是在1952年秋末举办的，地点在供销总社办公的大佛寺。当时召开全国酒类专卖会议，各地专卖公司上报了103种酒，其中包括白酒19种、葡萄酒16种、白兰地9种、配制酒28种、药酒24种、杂酒7种。在此之前，传统粮食酿制酒称呼各异，有的叫"烧酒"，也有的叫"高粱酒"，正是在此次评酒会上第一次被统一称为"白酒"。

这次评酒会并没有设立评委制度，而是定了三个评选标准：一是传统工艺，二是市场信誉，三是独特风格。有创新的是，评酒会开始用定量的方式进行数据检测分析。辛海庭把这些酒送到北京的一家实验厂进行样品化验，递交了一份《中国名酒分析报告》。

评酒会共评出了八种"国家名酒"，包括黄酒一种，葡萄酒三种和白酒四种，分别为绍兴鉴湖加饭黄酒、烟台张裕玫瑰香红葡萄酒、张裕金奖白兰地、张裕味美思酒、山西汾酒、贵州茅台酒、四川泸州大曲酒和陕西西凤酒。

这次评酒会虽然匆忙且并不严谨，比如啤酒居然没有被列入候选，但是却成为中国酒业史上一个划时代事件。首先是"八大名酒"中，白酒占据四席，显然已替代黄酒成为市场的主流消费品类，其次是四款白酒分别来自山陕和川贵，白酒业的南北两大流派隐约形成。

由于参与品评的都是来自各地专卖公司的人员，评选结果对市场的影响是巨大的。我看过一些当年零售渠道的进货清单，排名靠前的基本就是这四款白酒，而茅台因为价格最高，往往排在第一位。这对它的品牌和口碑传播，产生了长期的认知影响。

与1915年的巴拿马万国博览会获奖不同，1952年的这次评酒会带有国家意义。对偏远而贫穷的贵州而言，那年全省的工业产值只有3亿元，在当时的全国工业系统中完全没有存在感。茅台酒成为国家名酒，几乎就成了贵州工业的名片，这也为日后企业的发展创造了良好的客观条件。

20世纪50年代到70年代，在关于中国名酒的早期广告上，几乎都会出现茅台酒

				各种酒类			
编号	产地	品 名	规格	单位	批发价	零售价	备注
一-1-1	贵州	白瓶茅台酒	1斤55°	瓶	3.81	4.80	
2	黑		1＊55°	＊	3.81	4.30	
3	＊	特制茅台酒	1＊55°	＊	4.42	5.00	
4	陕西凤翔	特西凤酒	1＊65°	＊	2.43	2.75	
5	＊		0.5＊65°	＊	1.36	1.54	
6	陕西宝鸡	西凤酒	1＊65°	＊	2.12	2.40	
7	＊		0.5＊65°	＊	1.06	1.20	
8	山西太原	汾酒	1.2＊65°	＊	2.87	3.24	
9	＊		1.1＊65°	＊	2.63	2.97	
10	＊		1＊65°	＊	2.39	2.70	
11	＊		0.6＊65°	＊	1.43	1.62	
12	＊		0.5＊65°	＊	1.19	1.35	
13	＊		0.875＊65°	＊	2.09	2.36	
14	四川泸州	大曲酒	1＊60°	＊	2.48	2.80	
15	＊		0.5＊60°	＊	1.24	1.40	
16	＊	特曲酒	0.97＊62°	＊	2.58	2.91	
17	＊		0.5＊62°	＊	1.33	1.50	
18	＊	头曲酒	0.97＊62°	＊	2.41	2.72	
19	＊		0.5＊62°	＊	1.24	1.40	
20	＊	二曲酒	1＊62°	＊	2.04	2.30	
21	＊		0.5＊62°	＊	1.02	1.15	
22	四川宜宾	五粮液酒	1＊58°	＊	2.70	3.00	
23	＊		1.125＊58°	＊	3.04	3.36	
24	＊		0.5＊58°	＊	1.37	1.55	

1973年，北京市糖业烟酒商品牌价表中茅台酒的进货价为3.81~4.42元一瓶，高于西凤酒的2.12元、汾酒的2.87元

"部里最关心两个酒"

在梳理茅台酒厂早期历史的时候，有两个谜团一度让我有点费解。

其一，它的价格相对来说比较高，为什么会出现这样的景象，到底哪一个群体是它的消费主力？

1955 年，茅台酒的出厂调拨价为 1.31 元一瓶，京津地区的专卖零售价为 2.25 元一瓶。当年度国家机关普通行政人员的月薪为 18~30 元，猪肉每斤售价 0.3 元。相比薪水和普通食品物价，茅台酒无疑是名副其实的高价商品。

其二，自 1952 年以来，茅台酒厂一直坚守"质量本位"，从来保持着高粮耗、高品质的酿造工艺，这又是如何做到的？

尤其是第二点，耐人寻味。

在整个计划经济年代，特别是"文化大革命"期间，几乎所有的政府和企业事业单位都经历了一轮又一轮的"打倒"、清算和批斗，正常的管理体系遭到自毁性的破坏。很多工厂常年处在"停产闹革命"的状态，连生产制造都无法维持，质量管理更是无从谈起。

而茅台酒厂，似乎是一个"孤岛"般的存在。

你很难用企业经营者的主观意志来解释这一现象——事实上，他们也多次发生过动摇。所以，一定有一股"神秘"而难以挑战的外部力量在支撑着茅台酒厂的"质量本位"战略，那么，它又是什么呢？

一位长年从事经济管理工作的老领导回忆，在国家名酒中，茅台酒的地位最为特殊，当时的轻工业部最关心两个酒，一个是贵州的茅台，一个是山西的汾酒。新中国成立以后几十年，汾酒历来是白酒老大，产量、利税都是。茅台酒产量小，还连年亏损，但是，它又是中央要求一定要保障供应、保证质量的唯一一种酒。

这段话说出了计划经济时期茅台酒的特殊和尴尬：企业小，名气大，价格高，质量好，连年亏损。这种状态的出现，在正常的商业经济中是难以想象的，它完全不符合企业与资本的正常逻辑，但是却真的在很多年里发生在茅台酒厂身上。

一般认为，茅台酒的特殊，是因为领导人或高级将领喜欢饮用，或者类似全国人大、全国政协开会需要用酒。不过在深入调研之后，我发现，这可能只是原因的一部分，更深层的因素则在于两个"外"。

一个是外贸，另一个是外交。

1 吨酒换 40 吨钢材

新中国成立后，由于受到西方国家的经济封锁，共和国的外汇一直捉襟见肘，十分紧张。国库里的外汇储备常年只有 1 亿美元左右，今天看来，简直难以想象。20 世纪 50 年代，外贸部把接收的所有驻外商业机构，包括银行、保险公司等都改造成了综合商社，从事出口商品的贸易。

但是，绝大多数外贸商品因为质量低下等问题，都没有什么竞争力，需要国家对企业进行补贴。人民币兑美元的汇率长期固定在 2.42∶1，这 2.42 就是平均的换汇成本；而实际上，外商用外币购买中国商品，往往会高于这个汇率水平，其间的差价就需要国家对企业进行补贴。

在所有的出口货物中，茅台酒是极少数换汇成本低于官方汇率的商品，也就是不但不亏本，还有盈利。在 20 世纪 50 年代，茅台酒卖给外贸公司的结算价为每吨 1 万元人民币，外贸公司的出口价格为 7000 美元左右，每吨可获利 3000 美元。正是在这个背景下，能换外汇而不必补贴的茅台酒，就成了中国外贸领域的"宠儿"。

从 20 世纪 50 年代到 60 年代，茅台酒每年的出口数量在 50 吨到 100 吨之间，占到全年产量的三分之一甚至一半。其后 20 年，这个数量一直在增加。曾经负责茅台酒专卖业务的相关人员回忆了相关数据：

　　按轻工业部核定的计划，茅台酒厂每年出厂700吨 ①，500吨销国内市场，200吨供应外贸出口。其中，美国、日本和香港地区三大市场每年120吨，转销台湾地区20吨，其他特供给外轮运输等对外窗口。

　　在外汇极度短缺的年代，茅台酒每年为国家创下可观的外汇收入。当年有一张宣传画，中间是一瓶茅台酒，四周是可以换回的紧俏物资，其中

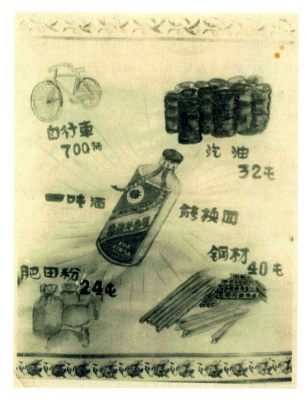

20 世纪 50 年代末期茅台酒换物资的宣传画

---

① 这个数据是20世纪70年代的中间值。

标明，出口 1 吨茅台酒，可以换回 40 吨钢材、32 吨汽油、700 辆自行车或 24 吨肥田粉。

除了出口到境外，茅台酒在境内的特殊渠道销售也能为国家创造外汇。

20 世纪 70 年代中期之后，随着中美关系的解冻，中国开放了外国游客和港澳人士的入境，为此在中心城市设立了特殊商店——友谊商店和华侨商店。境外人士在境内消费时，用外币按官方牌价换购外汇券或侨汇券，可以在这两个商店里购买到最优质的国产商品。

在友谊商店、华侨商店里，茅台酒是最受欢迎的名贵商品之一。我拿到了一份 1986 年广州友谊商店的购物清单，一瓶茅台酒的零售价是 8 元人民币，同时要加 120 张侨汇券。如果有人买了回去，倒到外面的黑市，一瓶的价格是 140 元人民币，这相当于当年一名广州中学老师两个半月的工资。

由此可以发现，茅台酒的高价锚定，成为国家增加外汇收入的手段之一。

酒瓶创新与飞天商标

从 1953 年开始，中国粮油食品进出口总公司（以下简称"中粮"）垄断经营茅台酒的出口业务，这一状况一直持续到 20 世纪 90 年代末。茅台酒的质量管控和一些工艺改进，都与外贸部门的督促和协助有很大的关系。

每当茅台酒的质量出现下滑，尖叫声最响、反应最为强烈的便是外贸部门的各个驻外公司。它们甚至在一些极细微的细节上也会提出改进要求。

1954 年，因生产房窖底渗水，影响茅台酒质量，上级主管部门进行了直接的干预。

1956 年 11 月，酒厂收到了来自中粮新加坡分公司的电函，建议说："茅

台酒外以木箱包装，但瓶与瓶之间只隔些稻草，一经震荡，动辄有破损。希望研究改进。"

12 月，酒厂又收到来自中粮菲律宾棉兰分公司的电函，这一回抱怨的是酒瓶质量："酒罐采用陶土制品，但粗糙高低不平，有裂痕及凸点，可见并非上等陶瓷。另因破漏关系，罐外包封草纸多已玷污，即罐口木塞上面一层纸亦有玷污，饮用时令人感觉不够整洁。"

一家地处偏远山区、员工大多不识字、没有任何机械设备，甚至连发电机都没有的小酒厂，接到这些电函时的无奈心情是可以想象的。

不过幸运的是，正因为小酒厂承担了创汇的大任务，来自渠道的要求被上升到政治任务的高度，必须解决。1953 年，国家拨款 10 万元，1954 年，国家又投资 8 万元，用于酒厂的扩建。1954 年 4 月，茅台酒厂安装了仁怀县的第一部电话机。

1956 年，酒厂筹建化验室，有了第一名中专毕业的化验员。同时，北京的部里还专门发来通知，要求延长茅台酒酒龄，必须储存三年后才准许勾兑出厂。这一酒龄储存制度被一直坚持了下来。

1957 年，贵州省工业厅从景德镇请来了两位八级工陶瓷师傅，研究开发石粉成型的新工艺，生产出了第一批乳白色的陶瓷酒瓶。1959 年，仁怀县把一家公私合营的陶瓷厂划归茅台酒厂。酒瓶的工艺改进项目一直进行了将近 10 年，到 1966 年，茅台酒包装保留"赖茅"的造型，材质全部改为乳白色玻璃瓶。这一风格延续至今。

另外值得记录的是商标的迭代。

1951 年，成义烧房国有化之后，接管人员就放弃了"双穗牌"，并进行了新的商标设计和注册。最初的注册商标为"贵州茅苔牌"，至于是哪个人、为什么把"台"改成了"苔"，我在写书时已找不到任何说明资料。"茅苔牌"一直使用到 1956 年 3 月，才重新改回成"茅台牌"，它的图案是工农携手，左右两边有麦穗和波浪线。[1]

1953 年，茅台酒开始出口，注册商标为"金轮牌"，图案由一颗红五星和金色麦穗、齿轮组成。麦穗在外，醒目的红五星居中，喻示工农联盟的新中国执政理念。[2]

---

[1] 在检索民国时期一些旧资料时，我也发现了"台""苔"并用的情况，比如在一份 20 世纪 40 年代重庆报纸的广告上，便出现了"贵州仁怀县茅苔村荣和烧房谨启"的字样。

[2] 1966 年，"金轮牌"改为"五星牌"，成为茅台酒内销商品的主标，"文革"期间还一度改成"葵花牌"。

1969 年的木箱装茅台酒,目前收藏界唯一一箱 20 世纪 60 年代的茅台酒,内存十余瓶。此酒的原主人曾任贵州省军区副司令,据其家人回忆,此酒是当年的春节福利,没舍得喝,所以保存了下来

1956 年成立的茅台酒厂化验室

1951年茅台酒厂的商标
注册申请文件

在当时的国内，以麦穗、齿轮和红五星构成商标图案的比比皆是。然而，当茅台酒印着这一标贴在国际市场销售时，却意外地碰到了阻力。外贸人员发现它的意识形态色彩太过鲜明，有些渠道不愿或不敢摆出来售卖。

这个问题一直被反映了好几年。到1958年在广州举办中国进出口商品交易会（广交会）期间，中粮在香港最大的代理商行五丰行一再地提出改进要求，茅台酒厂与中粮最终达成协议：改用新商标，由中粮设计和注册，酒厂负责印刷制作。

很快，香港的设计师借鉴敦煌壁画的灵感，设计出"飞天牌"商标。

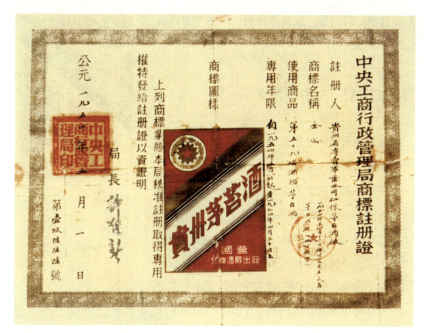

1954 年经中央工商行政管理局核准的商标注册证，商标名称为"金轮牌"，酒名为"贵州茅苔酒"，生产厂家为"国营仁怀酒厂"

图案为两个飘飞云天的仙女——她们分别是大乘佛教中的天歌神乾闼婆和天乐神紧那罗，其职能为散花传香和奏乐起舞——合捧一盏金杯，寓意"飞天仙女临河赐酒"。

　　这个商标在今天看来，也没有多么新奇出格，但是在革命气氛浓烈的年代，飞天仙女是封建迷信的余孽，严禁出现在任何出版物上，现在居然公开印在酒瓶上，显然是一个例外。1971 年，茅台酒厂"革委会"宣布用"葵花牌"商标替代"飞天牌"，到 1974 年再度改回。

　　因此，在相当长的时间里，内销"五星茅台"，外销"飞天茅台"。

　　谁也没有料到，这件皆大欢喜的事情，到 20 世纪 90 年代之后，因为商标权的归属问题，成为茅台酒厂与中粮矛盾激化的导火线之一。

"MOUTAI"与中国外交

说完茅台酒的外贸价值，再来说说它与中国外交事业的关系。

茅台酒第一次在外交舞台上大放异彩，是在1954年4月至7月的日内瓦会议上。

此前的1953年7月，朝鲜停战协定签订。当时苏联、中国、美国、英国、法国以及其他十多个相关国家，在日内瓦召开了为期三个月的会议，讨论和平解决朝鲜问题。中国委派周恩来为团长，组成了一支最高级别的代表团。这是一次重要会议，新中国首次以五大国之一的地位和身份参加讨论国际问题，与会的不少国家当时还没有跟中国建立外交关系。

为了亲和各国领袖，细心的周总理带去了两件中国礼物，一件是越剧电影《梁山伯与祝英台》（以下简称《梁祝》），另一件就是茅台酒。

担任中国代表团新闻办公厅主任的熊向晖有一段很有趣的回忆。由于外国人对《梁祝》完全不了解，熊向晖组织人写了十多页的英文说明书。周总理看到后很不满意，说："这就是一个党八股，谁会为看一部电影读那么长的

1-3 金轮牌、葵花牌、飞天牌

4 1955 年茅台酒背标，在巴拿马赛会获奖被写在背标文字中

5 1967—1982 年，内销五星茅台的背标，背标文字体现出当时"开展三大革命运动"的时代背景

6 1983—1986 年的内销五星茅台背标，这个时期着重介绍了茅台酒酱香突出等产品特点

7 20 世纪 80 年代，用于出口的飞天茅台采用了中英文对照的背标文字

8-9 20 世纪 90 年代初的茅台酒标及背标，背标上繁体书云："茅台酒为中国名酒，在国内外享有盛名。茅台酒产于中国贵州省仁怀县茅台镇，建厂于公元一七〇四年。……"从 1989 年开始，飞天茅台的背标由简体字改为繁体字，直到 2001 年才重新用简体字。这一细节也是鉴定茅台酒真假的暗记之一

说明书？你只要写一行字，'请你欣赏一部彩色歌剧影片——中国的《罗密欧与朱丽叶》'。"熊向晖觉得没把握，总理说："照这么办，保你万无一失，如果输了，我输一瓶茅台酒给你。"熊向晖依言行事，果然大受欢迎。最后是总理奖励了熊向晖一瓶茅台酒。[1]

相比有点文化隔阂的《梁祝》，茅台酒就不需要写任何"说明书"了，一杯烈酒入口，宾主热情燃起，茅台很快成了日内瓦最受欢迎的中国产品。有一次，总理设宴款待英国首相希思和南斯拉夫总统铁托，两位政治家对茅台酒赞不绝口，到宴会结束的时候，竟不约而同地伸手去拿桌上那瓶已经快喝光了的酒。

会议期间，美国喜剧明星卓别林专程来日内瓦拜访周总理，总理请他看《梁祝》、喝茅台。卓别林很喜欢《梁祝》，说电影很具有民族性，而民族性就是世界性。至于茅台酒，酒量惊人的卓别林说："它以后会成为我的嗜好。"[2]

在为期三个月的漫长会议期间，周恩来捭阖纵横，展现出令人惊叹的外交才华，西方媒体评论："苏联人把外交变成科学，而中国人把外交变成艺术。"中国在这次会议上实现了全部的外交任务，归国后，周总理在总结会上风趣地说："在日内瓦会议上帮助我们成功的有'两台'，一台是'茅台'酒，一台是戏剧《梁山伯与祝英台》。"[3]"两台外交"成为当代中国外交史上的一段佳话。

自此以后，茅台酒成为外交部接待各国元首和使节的最高规格用酒。它如同一个极特殊的液体媒介，在不同的年代和时刻，成为国家礼节的一

---

① 熊向晖，《我的情报与外交生涯》，中共党史出版社，1999年。
② 季克良、郭坤亮，《周恩来与国酒茅台》，世界知识出版社，2005年。
③ 吕茂廷，《茅酒沧桑曲》，贵州民族出版社，1994年。

部分。在这个意义上，"醴"回到了千年前的"禮"（礼）的本义。

外交部礼宾司原司长鲁培新在回忆文章中说："1963 年我进入礼宾司时，基本上招待外宾的宴会都用茅台酒，50 年代，我想也应该是这样。"[1]

资深外交官、曾出任古巴和秘鲁大使的陈久长，对茅台酒的外交作用说得更具体：

> 茅台在中国外交中的使用是很频繁的，国际外交界比较高层的官员都知道茅台，"MOUTAI"成了大家共同的语言和词汇，很多大使都会说这个词，对他们来说是外来语，但也是一个世界语……他们未必记得在中国使馆吃过鱼翅、海参等高档食品，但唯独茅台，他们一辈子都记忆犹新。从这个角度，茅台成了中国文化的象征。喝过中国使馆的茅台酒，就算有点私交了，最少有茅台酒作为话题。[2]

我有一个不知是否合理的推测：在所有的行政官吏中，外交官是最为矜持和需要保持理性的一类人，要让他们彼此之间亲密起来或打开心扉，是极其困难的事情。而烈性的茅台酒则似乎起到了奇妙的"卸妆"效果，50 多度的酒精能够让人们在最短的时间里冲破理性的控制，稍微放下世俗的矜持和防范。在国际关系十分复杂和微妙的日内瓦会议上，周总理用《梁祝》展现中国的柔和与优雅，用茅台酒卸去了领袖们的意识形态盔甲。

中国的外交部门用茅台酒作为交际的媒介，似乎正是继承了总理这个极隐晦而聪明的策略。外交官们相聚一堂，几杯茅台下肚后，几乎人人都

---

① 汤铭新，《国酒茅台誉满全球：老外交官话茅台》，南海出版社，2006 年。
② 同上。

会不由自主地快乐起来，言语神态和举止的外包装很快被抛之云外。茅台酒的香味又极其独特，令人牵挂而难以忘却，当喝过它的外交官再次相聚的时候，便又会重新回到愉悦的"茅台时间"。

极为严苛的品控体系

在人类商业历史上，有一个奇特的现象：千百年来，在各个国家、种族之间，最受欢迎的流通性食品，往往不是生存必需的粮食，而是那些"可有可无"的成瘾性商品——茶叶、香料、烟草、咖啡和酒，它们构成了跨国贸易中价值最大的那一部分。

根本的原因是，人类归根到底是一种审美性生物，他们愿意为快乐支付更多的成本，而这些成瘾性食品带有很强的地域性和独特性，因此显得更加珍稀。尤其重要的是，它们不带任何意识形态色彩，能够成为语言和文字之外的、形成亲密关系的隐性媒介。

在新中国成立以后的很多年里，茅台酒在外贸和外交两个领域扮演了十分特殊的角色，正因如此，对它的高品质要求从来没有被放弃过。这在某种程度上成为企业的内在基因。

有一篇回忆文章记录，周恩来总理甚至亲自参与了茅台酒的酒杯设计：

解放初期在北京盛茅台酒的杯子是普通酒杯，有点头重脚轻。有一次，周总理接待外宾，服务员不小心把杯子碰翻了，小姑娘急得哭了，总理不但不批评，脑子里还在构思一个新的杯子，既要稳又要美观。据董总介绍，现在人民大会堂用的茅台酒杯是总理亲自审定的，杯子上的花纹是总理亲自要求添上去的。[①]

文内的董总，是 20 世纪 80 年代北京西苑饭店的总经理，这段逸事由他亲口告诉季克良。由此可见，当一国总理对酒杯的造型都如此重视，上行下效，茅台酒的质量一旦出问题，将是一个多么严重的政治性事件。

在封建时期，皇族所用之物由各地特别供给，是为"贡品"。一些制造工艺复杂的奢侈品则由中央的内务部门直接设立官营机构，并委任监造官员管控品质。比如在明清两朝，丝绸特供有苏州、江宁（今南京）和杭州的织造局，陶瓷特供有景德镇的御器厂。这些产品在生产过程中，往往只求精巧，不惜工本，所制产品很少流入民间。因此，这些官营机构成为当时工艺水平和品质的最高代表。

尽管时代更迭，茅台酒的品控却基本维持极度严苛的标准。

这家地处贵州偏远河谷的小厂，从新建的第一天起，就被套上了"质量本位"的"紧箍咒"，承担起连它自己也不知分量有多重的"国家任务"。在未来的许多年里，将有不少人为之付出代价，而更多的人则因此赢得荣光。

---

① 季克良，《季克良：我与茅台五十年》，贵州人民出版社，2017 年。

08 在传统中"挣扎"

不能是依葫芦画瓢，拿来就用，而要揣摩其理，否则
境遇略有变化，则技不能复用。

——陈寅恪

1954 年：师徒制的恢复

三房合并后，在长达一年多的时间里，茅台酒厂
在生产工艺上陷入了一番争吵。三家各有自己的掌火
师，他们在酿酒上各有秘法，难免暗自较量，造成了
技艺上的混乱。1954 年，在郑义兴的推动下，酒厂恢
复师徒制，尝试工艺传承的公开化和统一化。

郑义兴出生于 1895 年，从留存的照片看，他中
等身材，面宽额高，嘴角留有两缕白须。郑家祖居四
川古蔺县水口镇，此镇的东面正与茅台镇隔赤水河相
望。家族世代为酒师，最早有记录的是郑第良，传到
郑义兴这一辈，已是第五代。他 18 岁到茅台镇的成
义烧房当学徒，因勾酒天赋极高，很快出人头地，为
各家烧房争相聘用，先后在成义、荣和和恒兴以及遵
义的坑集烧房担任掌火师。

1953 年之后，郑义兴与师弟郑银安（当时是

20世纪60年代，茅台酒厂品评会现场，中间站立者即郑义兴，右二为副厂长王绍彬

"华茅"的掌火师）、郑永福等人相继入职酒厂，已经57岁的郑义兴担任主管生产技术的副厂长。他向张兴忠提议，在全厂范围内恢复之前的师徒制。

茅台档案室资料记载，师徒制是在1954年3月开始执行的。不过在档案室里留存着的"师徒合同"原件，最早一批是1955年6月签下的。其中王绍彬与许明德签订的原文如下：

为了祖国的建设，我厂不断拓建的需要，积极培养技术人才和建设人才，提高技术管理水平，经双方同意特订立师徒合同，条件于后：

（一）老师意见：有一切酿茅酒技术绝不保留，会全部向徒弟交代，多说多谈。保证徒弟学懂学会学精学深，能单独操作并爱护徒弟。

（二）徒弟保证尊敬老师，虚心向老师学习全部技术，学懂学会学精学深，能单独操作后仍亦永远尊敬老师。

（三）学习内容包括酿茅台整个操作过程，如发原料水、蒸水、下亮水、酒糟温度、下曲、酒糟下窖、上甑、摘酒、踩曲、翻曲等，一一教学清楚。

（四）老师保证全部技术限56年6月1日教会徒弟，徒弟保证全部技术限56年6月1日学会。

（五）此合同自立之日起全部教学会，能单独亲自掌握为有效，但尊敬老师一项要永远执行。

（六）师徒保证尊敬全体老师，共团结全厂职工。

（七）证明是党委、行政、工会。

立合同：

老师　王绍彬

徒弟　许明德

公元一九五五年六月一日

这份师徒合同中的老师王绍彬，是两个月前刚刚新任命的烤酒副厂长，许明德后来也成为一名酿酒大师，担任过副厂长的职务。有意思的是，就在同一批次的拜师合同中，许明德又以老师的身份与郑炳南结成了师徒关系。现在已经没有完整的资料显示当初结了多少对师徒，不过像许明德这样既当徒弟又当师傅的情况，应该不是孤例。这意味着，此次实施的师徒制带有一定的梯级性和普及性。

到 1958 年，茅台酒厂已有 20 多名酒师开业授徒，100 多名青年工人拜师学艺。这一制度在 20 世纪 60 年代被迫中止，到 1980 年重新恢复。

目前，在茅台酒厂的技术职称上，共有四位首席酿造师，分掌制曲、制酒、勾兑和品酒四大环节，其下有特级、一级、二级和三级职称。日常工作中，首席仍有带徒弟的责任。这一制度为茅台酒厂培养了一代又一代的优秀酿酒技术人才，成为酒质保障的第一道，也是最重要的防线。

尤其值得记录一笔的是，在后来的很多年里，茅台酒厂历经大大小小的政治运动，甚至在"文革"中有短暂的军管时期，厂级领导更迭六七次，唯一没有遭到过冲击的是技术副厂长，酒师制度也一直延续至今。

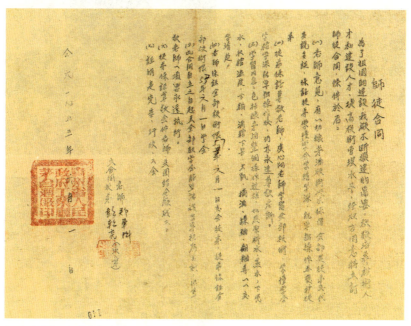

1955 年茅台酒厂恢复师徒制后的第一批"师徒合同"之一

1960 年，酒厂建立技工学校，设酿造班、制曲班、陶瓷班等，学制三年。图为1963 年茅台酒厂第一期技术训练班学员毕业合影

20 世纪 70 年代，酒厂组织"传帮带"活动，老酒师为工人讲授茅台酒酿造知识

师徒合同上的徒弟许明德（左）已成为经验丰富的酒师，正在量质摘酒

"张排长"为什么被撤职

张兴忠是一个勤勉的厂长，但他还是被撤职了——先是在 1956 年 6 月被降为副厂长，第二年就被调走了。

有一份"1955 年管理费用明细清单"，可以证明这位军人出身的年轻厂长有多么精打细算、勤俭节约，他简直把工厂的行政管理成本压缩到了最低的限度。清单所列的 24 项开支中，从电话费、笔墨费、书报费、印刷费、差旅费到灯火薪炭费，合计只有 1103 元。其中，最大的开支是电话费，为每月 10 元；全年工厂只买了 4 瓶墨水、6 支笔和 3 盒大头针。[①]

他跟厂里工人的关系也很融洽，经常拿自己的工资买烟到窖房里发给大家抽。有一次，他还亲自为一个患病的老酒师洗脚。

1955 年，酒厂完成生产任务 208 吨，是新中国成立前三家烧房之和的 3.5 倍，全厂职工 75 人，人均产酒近 3 吨，这个人均纪录到 2009 年才被打破。

这么一位"好厂长"被撤职的理由只有一个：他差点把茅台酒改造成了二锅头。

在过去的几年里，随着酿酒量的连年提高，销售不畅一直是酒厂最为苦恼的事情。1952 年酿出 10 多万斤酒，有一半左右没有卖出去；到 1953 年 4 月，库存上升到了 13 万斤。工厂没有直接卖酒的权力，只有不断地恳请各地的专卖公司帮忙推销。1954 年最大的单次提货是因为北京召开第一届全国人民代表大会，运走了 6000 瓶。

茅台酒难卖的最大原因，当然是成本太高、价格太贵。1950 年，全国国民人均收入仅为 77 元，而茅台酒的每瓶出厂价为 1.27 元，零售价格为

---

① 当时仍为旧币，为了方便阅读，我换算成了新人民币的币值，后同。

2.5 元左右，普通的民众只能望酒兴叹。当时的中国已经消灭了资产阶级，也没有外国游客，而且全国人民正在勤俭建国，茅台酒的存在似乎本身就是一个悖论。

张兴忠面临的挑战，从一开始的提高生产积极性，突然变成了尽快消化库存。否则，酒酿得越多，积压就越大，资金完全转不起来。

为了解决酒厂的困局，有关部门也算是尽力了。1953 年，贵州省工业厅、专卖事业管理局、税务局联合发出了一份通知，要求解决茅台酒积压 13 万斤的问题。通知非常具体地给出了执行方案：酒的运费由烟酒专卖机构先行垫付，产品调出结账后分期缴税，厂方无资金购储酒容器时由专卖处负责垫付。

这些办法，其实都是在流通和储存环节帮助酒厂降低支出，解决不了根本问题。张兴忠心里很明白，茅台酒贵是因为耗粮成本全国第一，一斤酒要用掉五六斤粮食。要真正把成本降下来，只有改变工艺一条路。

当时，全国正在掀起轰轰烈烈的增产节约运动，张兴忠怎么想都觉得茅台酒厂应该响应国家的号召，把成本降下来。于是他在厂内提出，学习二锅头工艺，降粮耗，多出酒。

张兴忠的老家在山东聊城地区的东阿县，那里除了出著名的阿胶，传统也出二锅头酒，当年武松打虎的景阳冈，就在旁边的阳谷县。他就从老家请来几个老酒师帮忙降成本，几个月下来，真的把耗粮降到了 3 斤多。

查阅原始档案资料后，我整理了张兴忠任职期间（1952—1956 年）每斤酒的耗粮数字，分别是 5.97 斤、5.06 斤、4.21 斤、4.05 斤、3.90 斤，出现了非常明显的逐年下降。

在多出酒上，张兴忠也找到了办法，那就是"沙子磨细点，一年四季都产酒"。

在茅台酒的传统工艺中，用整粒高粱当原料叫"坤沙"，它的出酒难度大，出酒率极低；把高粱打碎叫"碎沙"，出酒周期短，出酒率高。前者的质量远高于后者，当年的"华茅""赖茅"等，之所以酒品好、价格高，都是因为用的是"坤沙"，而其他的高粱土酒则大多用碎沙。

使用这些新办法之后，酒厂的粮耗降下来了，出酒率提高了，而且生产不受季节限制。张兴忠特别兴奋，把新酿出来的酒叫作"新窍门酒"。

但最大的问题也出现了，那就是，质量发生了同比例下滑。1956 年，茅台酒的产品合格率只有 12.19%。

酿酒这个行当，就是一门时间的生意，今年犯下的错误，要到第二年乃至第三年、第四年才会显露出来。1955 年以后，贵州专卖局就不断接到各地专卖公司的反映函："茅台酒品质极差，香味度数均不够，以致影响销路，前调散酒万斤，因色味较差难以脱售。"一些地方要求减少订货量，四川甚至直接发来电报，要求"请停发货"。

这样的抱怨同时出现在外贸渠道。有关部门在对东南亚市场的调研中发现："自 1955 年 11 月份以后，陈酒出空，新酒出口，国外一再反映品质渐次，纷纷停止订货。"

顾保孜是一位军旅女作家，她曾发表过一篇题为《红色将帅与酒的故事》的文章，其中讲述了一个细节：

> 20 世纪 50 年代，党中央号召全党开展增产节约运动。当时，贵州茅台酒厂厂长是个从部队下地方的山东人。他想，山东二锅头劲大，耗粮少，不像茅台酒五斤多粮还烤不出一斤酒来，存放时间又长。于是，他把增产节约的主意打在茅台酒的传统工艺上。这事让朱德知道了。……他拨通了贵州省委书记兼省长周林的电话："我觉得茅台酒质量下降了，包装也土里土气，外国人看了不顺眼。"

1958 年,《大公报》刊登了一则对茅台酒厂的"通告批评",认为酒厂在现代化建设中的浪费是"一个教训"。与之形成鲜明对比的,是这则"批评"下面对永川酒厂勤俭办企业的表扬。通过两篇报道,可以感受到 20 世纪 50 年代增产节约的热潮

周林回答:"我们正在研究改进,不过现在开展增产节约运动,茅台酒耗粮特别高……"

朱德说:"你们不要片面强调增产节约。节约一度电、一吨煤、一吨水也是增产节约嘛,不要在茅台酒的传统工艺上打主意。一定要按传统工艺,一定要保证茅台酒的质量,不能损害茅台酒的声誉。"①

顾保孜是朱德女儿朱敏所创作的《我的父亲朱德》的执笔者,这段史料应可采信。

———————————

① 顾保孜,《红色将帅与酒的故事》,《湘潮》,2005 年第 11 期。

1956 年 3 月，遵义地委专门发文，对茅台酒厂进行了严厉的申饬：

"前接省委通知中央电示，茅台已正式列入世界四大名酒之一。因此县委对保证茅台的质量问题，必须当政治任务来完成。主要的一环是加强对职工的政治思想教育，使其认识到茅台质量的好坏是国际影响问题，故必须充分发动职工开展劳动竞赛，在现有的基础上力争进一步提高质量，为名副其实的名牌货而努力。据反映，去年下半年茅台酒质量很差，影响很坏，今后决不允许此类似情况发生。"[1]

这个文件的直接后果便是酒厂领导班子的调整。

就这样，"好厂长"张兴忠成了茅台酒厂历史上第一个因质量问题被撤职的人。接替张兴忠的是仁怀县税务局局长余吉保。到 1958 年，余吉保上调到遵义去管酒精厂，28 岁的县供销社主任郑光先被派到了酒厂。

不在主流的趋势中

写这本书的时候，张兴忠已经去世，我无法知道他当年内心的真实感受。

一个很难回避的事实是，从 20 世纪 50 年代到 90 年代的漫长时期里，降低粮耗、降低酒精度、探索新式酿酒法，一直是中国白酒业的主流趋势。

无论是汾酒还是茅台酒，都是用传统的固态发酵法酿酒。它们受到粮耗、节气等诸多因素的限制，而且成本居高不下。所以，在物资短缺的年代，找到更廉价的酿酒原料，以及使用酒精勾兑生产白酒，是白酒业的两大变革方向。

1954 年，周恒刚在山东省黄台酒精厂尝试添加酒精糟液来制造麸曲，

---

① 胡腾，《茅台为什么这么牛》，贵州人民出版社，2011 年。

起到了节约制曲原料的效果。1955 年，地方工业部组织 10 多位专家，由周恒刚带队进行著名的"烟台试点"，总结出一套"薯干原料、绿曲酵母、合理配料、低温入窖、定温蒸烧"的"白酒工作大法"。这一试点成果迅速在华北地区得到了推广。

几乎就在同时，四川和上海的另外一些专家将玉米和薯类蒸馏出高纯度酒精，然后采用"三精一水"的酿制方法，即用酒精、香精、糖精加水稀释配成白酒。相对于传统的"固态法白酒"，它被定名为"液态法白酒"。

1955 年 11 月，地方工业部主持召开全国第一届酿酒会议，全力推广"烟台试点"经验，提出"全国节约粮食 12 万吨，保证第一个五年计划顺利完成"的口号，并明确指出，未来五年的工作目标是"逐渐利用薯类、果品等代替稻、麦、杂粮酿酒，在保证质量的前提下提高出酒率，节约粮食"，"加快酒精兑制白酒的研究试验，以便将来推广人工合成酒"。

这些政策导向，给传统白酒工艺带来挑战，与会的国家名酒工厂的代表们惴惴不安。在相关领导的建议下，会议还是在决议通报中注明了国家名酒应恢复与维持原来原料、用量及时间，方法不变，以保证质量，名酒要有一定的陈贮期。

辛海庭是这次会议的参加者。2006 年，他在接受采访时回忆说，这几条指示，都是针对茅台酒的。

尽管领导的建议被写进了通报，然而，它显然并不构成会议的主流精神。有一个事实颇能证明：这次酿酒会议也进行了名酒的评选。部里组织了一个由 23 人组成的评酒委员会，采用秘密投票制，对 36 款白酒进行打分评选。结果，得分排名第一的是江苏的双沟大曲，第二名是辽阳一家酒厂的高粱糠烧酒，第三名是威海的一款甘薯干白酒，汾酒排在第四，西凤酒排在第六，茅台酒和泸州大曲则排在第十和第十五。三年前的四大"国家名酒"齐齐跌出前三。

政策制定者的导向意图其实已经十分明显了。这次全国性评酒因为排名实在诡异，在后来的酒史中很少被人提及。

张兴忠去北京参加了这次酿酒会议，并随团前往烟台学习。档案室里保存着一本他当年的笔记簿，上面密密麻麻地写满了会议精神和学习心得。在烟台参观的当天，他写道："根据这次地方工业部召开的全国第一届酿酒会议的精神，以及烟台介绍的经验和我们亲眼看到的部分，认为烟台白酒制造经验是一个先进的经验，是一个成功的经验，也是有科学技术根据的一个经验。这不能有任何怀疑。"回到茅台后，他大搞技术变革，发明"新窍门酒"，便是此次学习后的实践。

传统的"然"与"所以然"

研究一家企业的发展史，始终离不开时代和产业的背景。

茅台酒厂的第一任厂长张兴忠其实陷入了他那一代人无法跳出的两难陷阱：如果要降低成本、提振效率，就必须改变传统工艺，可是，这样做的结局便是质量下滑；而如果固守传统，则成本肯定下不来。

两全其美，实则是一个"不可能完成的任务"。

在经历了一段时间的彷徨和挣扎后，茅台酒厂陷入了长达16年的亏损期。如果没有外贸和外交的特殊需求，这家企业要么真的走上"二锅头之路"，要么就悄无声息地破产消失。

在这个意义上，茅台酒厂是一个极其幸运的异数，它居然数十年坚守传统，并在此基础上不断地发现自我。而真正的拯救者，其实是经济繁荣、消费升级的国运。张兴忠等人过早地出局，而季克良熬到了那一天。

把茅台酒在传统与变革之间的挣扎，置于中国百年现代化的宏大叙事之中，你会读出强烈的典型意义。

事实上，在很多年里——可以说自五四运动"打倒孔家店"之后，"传统"便是一个贬义词，它意味着固守过去、拒绝进步，意味着与火热时代的背道而驰。

在语义表达中，"传统"常常与"革命"相对立，前者代表停滞不前，后者代表大破大立。在汉语的本义中，"传"就是传承，"统"是道统，它们分别代表了一个事物的历史沿革和价值观。因此，"传统"是过往的所有沉淀之总和，既有包袱和糟粕，也有坚守和精华。对它的扬弃，一直是中国近现代思想界的一个巨大争论。关于是否需要保留传统的讨论，议题涉及范围是如此广泛，从中医的科学性到汉字的出路，从旗袍、裙子之争到北京城墙的存废，因每个人对时代与理性的认知差异，迄今都未有统一的结论。

在白酒业，有一个很传统的工序——踩曲，一直以来便有存废的争论。

在所有的知名白酒中，茅台的曲块最重，约有 5000 克。其他如泸州老窖为 3200 多克，五粮液为 2800 多克，汾酒为 1800 多克。小麦磨碎拌料后，要经过一道踩曲的工艺，每一块的踩曲时间约为 1 分钟。到今天，茅台酒厂在生产中仍然坚持采用女工踩曲的传统工艺。

而早在 20 世纪 60 年代，机械化的压曲成形机就已经诞生了。很多人认为，人工踩曲特别是指定由女性去踩曲，不但成本高、效率低，更是一件极其荒唐的事情。有人甚至做过一个统计：一个正常人一年平均要掉 3 公斤皮肤，平均每天要掉 50~60 根头发，分泌将近 500 毫升脚汗，这些物质都可能被踩进曲块里。

茅台酒厂曾在 1967 年自主研制出了一台制曲机，尝试机器压曲，但是到 1986 年，酒厂再次全面恢复人工踩曲。到我写作这本书的时候，酒厂共有 7 个制曲车间，有 3000 多名踩曲工，其中 80% 为女工。首席酿造师（制曲）任金素是 1988 年进厂的，人称"任妈妈"。她告诉我："每一个曲块都是有'生命'的，人工踩曲的优点是让曲块的不同部位承受不同的压力，在发酵质量上就是与机器压曲成形不同。"

在茅台酒的制曲工艺中，有两个被称为 A 级控制点的重点工序，分别是磨碎拌料的比例控制和对翻曲温度的控制。它们的微妙掌控全凭制曲师的多年经验，都无法用机器替代。任金素仅用肉眼观察，就能精确判断拌料比例，对曲醅厚度的掌握可以精确到毫米。她还有一门绝活，就是用手摸曲，对温度的判断误差不会超过 1 摄氏度。

在关于传统工艺的坚持上，有几个必须被解答的课题。

第一，如何扬弃：什么应该坚持，什么应该放弃，什么应该改良？

第二，什么是"知其然"：所坚持的传统工艺的规范化描述。

第三，什么是"知其所以然"：所坚持的传统工艺的底层逻辑和理论依据。

为了完整地解答这三个课题，从 1951 年算起，茅台人花了整整 50 年时间。

1957 年：第一套"茅台酒的生产概述"

张兴忠在厂里大张旗鼓地推广二锅头经验的时候，郑义兴固执地提出了自己的不同意见。他尤其反对放弃"坤沙"用"碎沙"，在他看来，这一定会导致酒质的下降。在一份呈给上级的报告中，郑义兴被认为是一个"思想较古，有守旧意识，对新事物认识较差"的老古董。

张兴忠的激进试验还是失败了。1956 年 11 月，贵州省工业厅、省工业技术研究所派出一支"恢复名酒质量工作组"进厂，同时投资 130 万元用于制酒、制曲、粮库、酒库和化验室的扩建。在后来的两年多里，茅台酒厂完成了第一次扩建工程，在赤水河边建起一排砖混结构的办公楼，在橘子园建成第三车间，厂区面积增加了10倍。厂里安装了发电机，通上了电灯，还建了茅台镇上的第一个水泥篮球场。

更重要的事情，当然是恢复茅台酒的传统工艺。

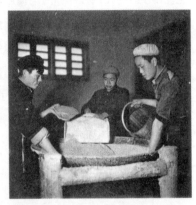

20 世纪 50 年代，人工踩曲、拌曲、择曲，以及蒸馏过程中人工搅拌降温。虽然踩曲工人大部分为女性，但一直以来也有少量男性踩曲工

酿酒这个行当，舌头是"最后的上帝"，张兴忠事件让所有的人都意识到，也许回到祖训是最安全的。郑义兴重新得到了任用。他做了一项破天荒的工作：以传统酿酒技艺为基础，制定出了第一套茅台酒生产的操作流程。这也让他在很多年后仍然被人念念不忘。

在烧房时代，酿造工艺由酒师独家掌握，向来秘不示人，若带徒弟，也是口传心授，不留文字。其结果自然是悟性决定酒质，工艺同中有异，代代相传，偏差极大，很难有稳定而长期的质量保证。

郑义兴率先打破祖传陈规，把传统酿酒技艺形成文字，整理成册。在这一手册的基础上，茅台酒厂制定出了一套完整而系统的工艺操作规程。它分为"茅台酒的生产概述"、"茅酒制曲操作法"、"包装组操作规程"和"原料、半成品、成品之分析"四个部分。它们分别完成于1957年的5月和7月。

"茅台酒的生产概述"开明宗义地写道：

> 茅台酒为我国宝贵之民族遗产，具有其特殊之酿造方法，如发酵周期长、尾酒泼沙泼窖等操作，均为继承前辈之实践经验之精华。由于历史悠久，操作复杂，兼之又缺乏操作之文字记录，所以关于茅台酒之制造向为口述传授。今为加强生产，积极培植人才，以应发展之需要，特拟定"茅台酒的生产概述"以供请参考，惟因进一步摸索尚属不够，故此概述之中遗漏之处，是所难免，亟须上下一致继续钻研，不断摸索与总结，逐步修正与补充，以为今后正式制定"茅台酒制造工艺操程"奠下基础。

在创作这本传记的时候，茅台酒厂对我开放了几乎所有的文件，唯独这份六十几年前的资料，高层斟酌再三，给我的回复是："有资料，但是属于内部文件，保密比较严，还是不能全部拍照外传，可以下次来茅台的时候查看。"

2022 年 4 月，我被带进一间资料室，终于看到了这份在中国白酒界十分著名，且从来深藏柜中的手册。保管员颇严肃地对我说："您是这几十年来第一个看到这份原始档案的外来人。"

这个世上仅存一份的手册为手刻蜡印，纸张脆弱，字迹大多已经斑驳。在 20 世纪 50 年代，偏远山区的用纸都很简陋，薄且粗糙，任意翻开一页，

1957 年的"茅台酒的生产概述""茅酒制曲操作法"手稿

似能感觉到书写者们的认真神情和他们的呼吸声。

"茅台酒的生产概述"涵盖了茅台酒酿制的全部流程细节，对每一个步骤均进行了详细的描述。它对过去几年的工艺争论进行了一次正本清源式的规范，比如制曲，三房之一的"赖茅"有添加药材的传统，而在此次的"茅酒制曲操作法"中，明确规定只用小麦。

一些用料和流程参数，由于当时的技术局限，有的与后来有所出入，更多的则仍然处在模糊的经验阶段。

比如关于小麦的淀粉含量，手册规定为54%，而后来的茅台酒标准为60%；再比如"第六步·堆积"，手册的记载是："蒸沙堆、堆积时间、温度等由车间负责人根据气候季节灵活掌握，如以鼻闻有糊香、微酒气时开始发酵，可以下窖。"其中，对堆积的具体时长、温度区间并没有具体的指示，而这一切都将在未来的数十年里，一一地提出并规范。

无论如何，这一套茅台酒的工艺操作规程，在白酒业乃至中国传统工艺产业，都是一件具有主动历史意识的现代性事件。它是对传统的一次完整而系统性的继承，同时也是一次告别，意味着一代人创新的开始。

时年62岁的郑义兴，作为手册的主起草人而成为茅台酒历史上的一个标志性人物。在那年年底，他连升三级工资，还得到了一件皮大衣作为奖励。

09 "搞它一万吨"茅台酒

> "钢铁是元帅，茅台是皇帝。"
>
> ——周林

杜甫草堂的对话

在周林的记忆中，他的整个童年岁月都飘着一股茅台的酒香。很多年后，他对女儿周芳芳说，"我是喝着酿造茅台酒的水，闻着茅台酒的香长大的。"

1912 年，周林出生在仁怀县的县衙所在地——中枢镇，这里距离茅台镇约 10 公里，他的姑妈家便在茅台镇上场口。十几岁的时候，他入读遵义的贵州省立第三中学，同学里就有"王茅"的子弟。中学毕业后，周林考入北京一所大学，成为一名进步青年。20 世纪 30 年代，他先是在上海从事工会运动，后来加入新四军，成为陈毅手下的军法处处长。1949 年新中国成立后，周林先后担任徐州市委书记和上海市人民政府秘书长，1951 年回到家乡，出任贵州省委第一书记、贵州省省长。用老乡们的话说，他是仁怀建县几百年来出的最大的官。

尽管对茅台酒有家乡亲情的记忆，不过在那些年，周林最操心的是交通建设。贵州山多谷深，架桥开路是第一治理要义。在日常工作中，他并没有太大的精力去关注这家小酒厂。不过，在1954年，朱德的那通电话让周林意识到它的非同寻常，而到了1958年，一次谈话又改变了一切。

那一年，中共中央在成都召开政治局扩大会议。会余，毛泽东参观杜甫草堂，周林随行陪同，两人有了一段对话。

毛泽东问周林："茅台酒现在情况如何？用的是什么水？"

周答："生产还好，就是用的赤水河的水。"

毛笑着说："你搞它一万吨，要保证质量。"[1]

回到历史的叙述中，一个有意思的问题就浮了出来：为什么很少饮酒的毛泽东会提出要搞一万吨茅台酒？

人们大多认为是主席关心民生消费，此外，也许还跟外贸换汇有很大关系。

1958年，正是中国力图"超英赶美"的"大跃进"年代。如果能有一万吨茅台酒，便可以换回40万吨钢材，几乎是当年一个中型钢铁厂的产能。

在茅台酒厂工作了45年的一位老员工在1983年去北京看望周林，谈及"一万吨"，周林回忆说："钢铁是元帅，茅台是皇帝，烤好茅台

1960年，贵州省省长周林

————————

[1] 茅台酒厂，《茅台酒厂志》，科学出版社，1991年。

酒出口创汇可以换来钢铁和技术。"①

在杜甫草堂谈话的当晚，周林就把相关精神传达给了遵义专署，一位副专员第二天就赶赴仁怀。当时，全国大炼钢铁，连农村的生产队都在垒土窑子炼钢。厂长郑光先汇报说，酒厂也正准备大批抽人兴建炼铁炉。周林得知后，立即制止了这个计划。他对酒厂下达指示："现在全省抓钢铁生产，是钢铁元帅升帐，可对于你们茅台酒厂来说，茅台酒是'皇上'，必须保证茅台酒的生产。"

有一年，周林安排他的夫人、时任贵州省轻工业厅副厅长宗瑛专门蹲点茅台酒厂。据周芳芳回忆："母亲住进酒厂，优化了领导班子，创办职工食堂，还带领一班人清扫厕所、道路和场坝。"②

2003 年，茅台酒年产量终于突破 1 万吨时，时任茅台集团董事长季克良写下回忆文章《万吨梦圆》

---

① 罗仕湘、姚辉，《品味茅台》，中国文史出版社，2015 年。
② 芳草后，《打开尘封的记忆：忆我的父亲周林》，南京大学出版社，2012 年。

"全省保茅台"

"天上没有玉皇，地上没有龙王。我就是玉皇，我就是龙王。喝令三山五岳开道，我来了！"这是1958年的一首安康民谣，散发着那一年战天斗地的自信豪情。[①]《人民日报》于1958年2月2日发表社论"我们国家现在正面临着一个全国大跃进的新形势，工业建设和工业生产要大跃进，农业生产要大跃进，文教、卫生事业也要大跃进。"

"大跃进"就要有"跃进"的指标，在这一年5月的中共八大二次会议后，国家提出总体指标是7年赶上英国，再加8年或者10年赶上美国。[②]分解到各个领域，就是翻番、翻番、再翻番。

在接到"一万吨"的指示后，茅台酒厂马上修正了发展规划，提出"在1959年扩建1200吨产能，1961年再扩建2000吨，1962年投产"。

在刚刚过去的1957年，酒厂酿酒283吨，在郑义兴等人的品质管控下，酒的质量是建厂以来最好的。到1958年，产量猛增到627吨，接下来的1959年为820吨，1960年居然逼近千吨，达到912吨。

如果把这组数据放在国家宏观环境的大背景下来审视，就读得出其中的残酷和荒诞了：

在近乎疯狂的"大跃进"之后，国民经济迅速陷入力竭而衰的巨大困境，从1959年到1961年，后世称为"三年困难时期"，国民经济陡然跌入空前的萧条低迷。

在那几年，最重要的事情是缓解粮食危机。酿酒业成为首先被要求减产甚至停产的部门，遵义地区的董酒厂是1957年恢复生产的，到1959年

---

① 匡荣归，《我来了》，《红旗歌谣》，红旗杂志社，1959年。
② 刘洪森、田克勤，《毛泽东为什么要提出赶超战略》，《党的文献》，2009年第4期。

就因为粮食紧缺而被下令停产了一年多。

然而，茅台酒厂成了仅有的例外。在酒厂的档案室里有一份 1959 年的工作报告，记录了当时"全省保茅台"的决心：

省政府从全省各地调集粮食支援茅台酒生产。具体数字是：遵义 11 万斤，毕节 29 万斤，铜仁 10 万斤，黔东南 12 万斤，贵阳 7 万斤，湄潭 1 万斤，习水 10 万斤，桐梓 10 万斤，安顺 1 万斤，赤水 4 万斤，务川 1 万斤，息烽 1 万斤，仁怀 20 万斤，共计 117 万斤。加上四川

三年困难时期，为保证茅台酒生产，省政府从各地区调集红粮运往酒厂。上图为 1959 年运粮途中的人力运输队

左图为 1959 年茅台仓库装粮运粮的繁忙景象

江津调来 70 万斤，保证了茅台酒厂当年的生产原料需求。

王民三是当年的贵州省粮食厅厅长，他在后来的回忆录里说："为保茅台，贵州做出了巨大牺牲。"他举了一个例子，在此期间，茅台酒厂急需高粱，省里就从四川协调调运 400 万斤高粱，四川的条件是用 400 万斤大豆换。这对贵州来说很不划算，因为大豆的价值和紧俏程度都比高粱高很多，并且这 400 万斤大豆也是从贵州农民手里再度征购的议价粮。

"800 吨土酒事件"

任何商业行为，都有其内在的运作规律，对之漠视和违背，都必将付出惨重的代价。中国不例外，茅台亦不例外。

在这个时期，担任酒厂厂长的是郑光先。他出生于黔北农村，因为在土地改革时表现积极而得到提拔，当上了县供销社的主任。跟张兴忠一样，他是一个有高度组织纪律性的干部，工作勤勉，为人忠厚。然而，在一个特殊的年代，他必须去完成自己的"使命"，这成了悲剧产生的全部理由。

1958 年，酒厂的扩建工程尚未完工，实际生产面积只有 1600 多平方米，设计生产能力为 200 吨，要完成三倍于产能的指标，郑光先只有鼓励工人加班加点。那一年，他一口气从仁怀和旁边的习水县新招了 500 名职工，他们大多是不识字的农民。根据上级的要求，郑光先提出"苦战三天三夜，工人全部脱盲"。

为了"放卫星"，郑光先喊出"突破千斤甑，闯进千吨关"的劳动口号，刚刚建立起来的操作规范又被彻底放弃。他发明了"边丢糟、边下沙"和"并窖下沙"等新工艺，还把夏季制曲的传统改成常年制曲。更要命的是，为了节约成本，郑光先决定把贮酒坛改用塑料纸包装。

这一系列的提效变革，导致的结果自然便是酒的产量火箭般地增长，而质量则以同样的速度下滑。1959年，专卖公司和外贸渠道对茅台酒的品质下降提出了强烈的意见，纷纷减少或取消订货。1960年酿造的912吨茅台酒，后来进行开缸质检，合格率只有12%，导致800吨酒无法入库，被当作土酒处理，酿成茅台酒历史上耻辱性的"800吨土酒事件"。

"全省保茅台"的农民血汗粮，最终没有成为企业和国家的资产。

到1960年的秋季之后，酒厂的生产秩序就处在了涣散的状态。因为极度缺粮，中央发出指示，要求各地群众"低标准，瓜菜代"，大搞代用食品。各地科研人员日夜攻关，相继"研制"出了"代食品"，如玉米根粉、小麦根粉、玉米秆曲粉、人造肉精、小球藻等。这些名词看上去很"科学"，其实就是把原本当肥料或喂猪的玉米、小麦秆子碾碎了当粮食吃。

茅台酒厂是仁怀县唯一有食品类实验室的企业，就被要求大力生产"人造肉精"。这种食物就是把一种叫白地霉的微生物菌种，在含淀粉的培养液中繁殖成为菌膜，然后收集菌膜晒干。茅台酒厂把全厂的酒糟水、食堂淘米水、煮菜水统统收集起来做培养液，第二车间的场地和设备全部用来生产"人造肉精"。

为了填饱肚子，郑光先自作主张，生产了11万多斤土酒自主销售，增加了2万余元收入，用于补充职工的粮食和副食；同时还用物资协作的名义，用1440斤茅台酒和2万斤次酒，换回了600多斤鸡蛋、100多头猪和毛线、皮鞋等物资。

1961年6月，中共中央下发《关于精减职工工作若干问题的通知》。到1963年6月，全国职工减少了1887万人，城镇人口减少了2600万。[①]

---

① 中共中央党史研究室第二研究部，《〈中国共产党历史〉第二卷注释集》，中共党史出版社，2012年。

根据上级指示，茅台酒厂职工保留 629 人，下放农村 220 人。到 1964 年，酒厂职工人数进一步减少到 406 人。

在 1961 年年底的酒厂工作报告中，我们读到了当时的混乱状况。

——浪费大：进仓不过秤，甚至袋数也不数；车间倾料经常发生差错，车间和供销科扯皮，包装成品一个人管，到处发现走私的茅台酒，用茅台酒换粮、换糖、换鱼甚至换马，51 个马达烧坏 13 个，烧坏了无所谓。

——事故多：经常停电影响生产，主要原因是没有检修制度，去年（1960 年）发生大小事故 24 次，今年 6 次。全厂重伤 4 人，死亡 1 人，轻伤 24 人。许多事故长期不处理，长期不明确。

——职工思想混乱：对职工进行思想教育方式简单，扣帽子多，耐心说服少。大会批评多，个别教育少，使职工不敢汇报问题。今年以来，已有 45 人逃跑，占职工总数的 6.3%，而且仍有人怀有想回家的思想。

在那一年，厂领导试图用劳动奖励重建工厂运作，设置了奖金制度，额度突破了工资 7% 的规定，结果很快被严厉叫停。

在后来的几年里，比酿酒更要紧的事情是吃饱肚子。当时酒厂的职工和家属加在一起有 1000 多号人，人们就在厂区旁边开辟了一个 200 多亩的农场，每年可以自给自足 14 万斤蔬菜。各个车间的工人们还在厂区的空地上开荒种地、搭棚养猪。由于养猪的人太多，工厂专门发出了一则规定：只能公家委托家属养猪，养"承包猪"，不准养"自留猪"。

厂区里到处是没有收尾的半截工程和各家各户自己开垦的小菜园。正常的班组劳动竞赛也停止了。动力车间由于设备维护不善，经常停电。有的班组一个工艺流程不按规定轮次烤完，把还可以生产的原料分了，背回家喂猪。1963 年，贵州省工业厅召开生产计划会议，酒厂遭到严厉批评：产量计划、产值计划、利润计划，统统完不成。

20 世纪 60 年代的茅台
镇俯拍照片，镇厂难分

1960 年茅台酒厂职工文
化学习现场

1960 年茅台酒厂春节墙
报，提出"开门红、日日
红、月月红"的口号

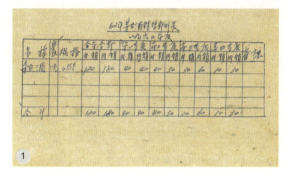

1 1962 年茅台内外销售计划表,外销占全年计划的 40%

2 飞天茅台出口到日本时,日本经销商为茅台酒制作的说明书,正面印有一只手拿酒杯的大熊猫,意思是:茅台酒和熊猫一样,都是中国的国宝

1 20 世纪 60 年代出口到日本的飞天茅台

2 20 世纪 60 年代出口到英国伦敦的飞天茅台。出口时保留酒瓶,但剪去了瓶口的飘带,酒标也被刮了,贴上了商号永利威的商标。这是因为永利威从晚清开始从事酒类对外贸易,在国际市场的某些地区,永利威的品牌背书要高于酒类生产品牌

3 20 世纪 60 年代的飞天茅台,中美建交之后出口到美国。瓶身上的酒标被英文说明书覆盖,官签为美国税签

4 外包装棉纸上印有年份的出口茅台。当时的国际惯例是酒瓶上不显示年份,而是印在棉纸上,或整箱出口时显示在外箱上。在二级市场,有棉纸的老酒要比没有棉纸的贵一倍

郑光先被免去厂长职务是在 1964 年 1 月，他被下放到车间当工人，这一干就是十多年。酒厂的领导班子除了三个技术副厂长，其他成员都被处分，职务一抹到底。柴希修和刘同清被调来出任党委书记和厂长，跟张兴忠和郑光先相比，他们在资历上都要高出不少。柴希修曾担任仁怀县委的宣传部部长和县委书记，后来被调到贵州省铝业公司当组织部部长，这次重新回到仁怀工作。刘同清则是 1942 年参加工作的资深干部，曾当过开阳县的县长。两位县团级的正职干部同时被委派到茅台酒厂，可以想见上级对工厂现状的担忧。

　　就在这次任免前的三个月，北京举办第二届全国评酒会，茅台酒在评比中名次靠后，引起了周总理的关注。

10 "茅台试点"

茅台酒中上千种的风味物质刺激味蕾，是有层次感的，像绽放的花蕾一层一层地展开，不就像开花一样吗？

——周恒刚

1963年：第二届全国评酒会

据卫士长成元功的回忆，周恩来是在吃饭的时候，听说茅台酒在评酒会上得了第五名。他觉得有点诧异，当即让秘书过问此事：

> 评酒结果是在吃饭桌上给他汇报，我听到的。总理就说，茅台酒是几种酒兑出来的，要放多少年，才是真正的茅台，拿刚出厂的茅台去评怎么行，要拿老茅台、真正的茅台去评比。他让秘书顾明去问一下。[①]

这一"问"，牵出了中国白酒史上最重要的一次技术大拐点。

---

① 胡腾，《茅台为什么这么牛》，贵州人民出版社，2011年。

1962 年，茅台酒与汾酒作为"中国名酒"出现在当年的日历广告上

茅台酒得第五名，是在 1963 年 10 月举办的第二届全国评酒会上。

与 11 年前的大佛寺评酒会相比，这一届评酒会的规模和规范性显然都提高了很多。主办方换成了轻工业部食品工业局。当时全国已经有 6000 多家国营酒厂，部里要求，各省自治区、直辖市提报的产品必须经省（自治区、直辖市）轻工业厅、商业厅共同签封，并且都要报送产品小样。经过层层选拔，最后入围参选的共有 196种酒，包括白酒 75 种、葡萄酒 25 种、果酒 20种、黄酒 24 种、啤酒 16 种、配制酒 36 种。

评酒工作由因"烟台试点"而名声大噪的周恒刚主持，共聘请全国评委 36 名，其中白酒组评委 17 名，俱是当时白酒业的扛鼎级专家。具体的评选办法是采用色、香、味百分制打分，所有的酒品密码编号，评委盲品并写评语，经过初赛、复赛和决赛三轮淘汰选拔。经过半个月的评选，在白酒类，最终评出八种"国家名酒"。

后世所谓的"八大名酒"，起源就是这次评酒会。按当时的得分高低，它们分别是：五粮液、古井贡酒、泸州老窖特曲、全兴大曲、茅台酒、西凤酒、汾酒、董酒。

在 11 年前的第一届全国评酒会上，来自山西和陕西的汾酒、西凤酒，与来自贵州和四川的茅台酒、泸州老窖，各占两席，平分秋色。而在这一次的"八大名酒"榜单上，川贵系一举夺得五席，另外增加了江淮系的古井贡酒，而山陕系仍为两席。以往的南北均势已然被打破。

由于是编码盲品，这个结果在事先无人可以干预，因此算得上公平公正。然而，得分排序出来后，还是引起了人们极大的震撼，原因是茅台酒排在第五，而汾酒则落到了第七。来自黑龙江的高月明是白酒组的评委，根据他的回忆：

> 评选结果出来后，周总理要求轻工业部到他那里做一个专门汇报。部里也很紧张，在汇报前特意重新召集评酒的原班评委们又搞了一次复评，结果还与之前是一样的。在听完了汇报后，周总理说，看来茅台需要帮助。[1]

正是在周总理的直接干预下，轻工业部组织两支专家队伍分赴贵州和山西，展开"茅台试点"和"汾酒试点"。汾酒组由轻工业部发酵工业科学研究所所长秦含章领衔，而被派到茅台的，就是这次评酒会的评委组组长周恒刚。

周恒刚的"倒插笔"法

周恒刚是 1964 年 10 月到的茅台。轻工业部从辽宁、黑龙江、河北、天津、河南以及贵州省轻工业科学研究所等处抽调了 20 多名科研人员，加上茅台酒厂的人，组成了一个规模不小的试点工作组。按照茅台酒的生产周期，试点分两期，分别是 1964 年 5 月到 1965 年 5 月，以及 1965 年 11

---

① 胡腾，《茅台为什么这么牛》，贵州人民出版社，2011 年。

月到 1966 年 4 月。当时的周恒刚 46 岁，正是搞学术研究最好的年纪。

他是学应用化学的，注重定量和理化分析。在白酒业浸淫了 20 多年之后，他已经意识到中国白酒的特殊性。在表征上，白酒是一种酒精，由淀粉转化为葡萄糖，进而转化为乙醇。早在 20 世纪 50 年代，他和方心芳等人已经测定其中大的化学元素分类，分别建立了总酸、总酯、总醛的参数指标体系。"液态法白酒"的研发成功，就是沿着这条技术路径跑出来的。

但是，对于像茅台酒这样的传统"固态法白酒"，这套指标体系很快碰到了瓶颈。茅台酒入口甘醇，它对人的嗅觉和味觉所产生的刺激作用来自极其复杂的呈香成分，而它们几乎无法被完全地定量识别出来，因而构成了实践经验与科学原理之间的模糊地带。这非常类似于中国的中药和经脉，在经典的西方科学体系中，它们似是而非，神秘莫测。

在过去的几年里，人们对茅台酒的生产工艺已经有了一定的研究基础。先是 1957 年，郑义兴整理出了第一套"茅台酒的生产概述"；1959 年 4 月，轻工业部牵头贵州省轻工业科学研究所和中国科学院贵州分院化工所等单位组成工作组，对茅台酒进行了生产工艺总结，写出《贵州茅台酒整理总结报告》（完成于 1960 年 8 月），并在此基础上制定了成品管理制度和材料管理办法。

在"茅台试点"中，周恒刚放弃了以往 20 多年的科学路径，转而尝试一种"倒插笔"的研究方法：悬置所有的理化分析框架，先进入生产现场，从产品的实物表征出发，而不是从发酵理论出发，由果推因，对比排除，反过来寻找出有利于产品特征发现的操作路线。

这一"倒插笔"法，看上去非常原始，带有田野调研的气质，甚至最终也未必能得出完备的、可以证伪及量化复制的体系性结果，但是，它显然符合中国白酒的特点，并意外地获得了若干个重要的发现。

举一个例子。在西方的食品工业领域，是没有"节气"这个概念的，所以，从教科书的角度，茅台酒"端午踩曲、重阳下沙"就很难进行定量的科学解释。但是，在实际的酿造生产中，这一传统工艺却似乎是有效的。试点组的"倒插笔"法，就是要倒过来论证它的成效原因。

再比如，堆积发酵是茅台酒独有的工艺，试点组要去研究它的必要性和可能发生的变化。

又比如，酒厂用来酿酒的水，一部分来自赤水河，一部分来自山泉水和井水，那么它们会不会使酒的质量产生差异呢？

"倒插笔"没有将公式或原理凌驾于传统工艺之上，而是回到工艺流程本身。周恒刚为试点工作拟定的目标是"做好总结，提出问题，培养干部，打下基础"。[①]

为此，周恒刚把参加试点的人员编排到各个班组，跟着工人们学习酿酒。在刚到茅台的前两个月，他自己也不住干部宿舍，而是搬到茅草屋里跟几个老酒师同吃同住同劳动。老酒师不停地讲，周恒刚就不停地记，每天晚上回到屋子还要重新梳理。看着周恒刚整理的一堆堆资料，老酒师们开玩笑地说，周恒刚把他们几辈人吃饭的秘诀全偷跑了。

正是这种以温情的姿态尊重传统的做法，让周恒刚在茅台取得了突破。

什么是"天人合一"

周恒刚的"倒插笔"法在实践中发挥奇效，并一直被后来的茅台酒师们传承运用。此法与埃隆·马斯克推崇的"第一性原理"（First Principle Thinking）似为同理。

"第一性原理"是物理学的一个专业名词，最早由希腊哲学家亚里士多

---

① 《贵州省茅台酒酒厂试点规划报告》，1964 年 10 月，茅台酒厂档案室。

1960 年，茅台酒厂成立科研室（含化验室），图为 20 世纪 70 年代科研室外景

德提出，指某些硬性规定或由此推演得出的结论。马斯克在研发特斯拉汽车的时候，将之应用于技术创新与突破。面对所有的攻关难题，他都要求自己"回溯事物本质，重新思考该怎么做"。

正是这种从事实发生的现场——而不是从既有的定律或经验出发的思维模式，让周恒刚和马斯克们找到了颠覆式创新的根本性路径。

在一年多的时间里，试点组的研究主攻两个方向：微生物和香味。

《关于空气中的微生物》是 1965 年 12 月由茅台试点办公室编印的试点学习资料，蜡纸刻印，字迹工整，连同封面总计 18 页。在这份资料中，周恒刚首次提出了一个观点：白酒生产，尤其是采用传统固态蒸馏工艺酿制白酒，利用的是环境中的微生物群，而不是单一微生物。

堆积发酵这一操作，就是网罗繁殖了微生物，弥补了大曲微生物品种和数量的不足。同时，生成了大量有益于酒体香味的前驱物质。

微生物群的数量多达上千种，这造成了定量分析的困难，同时也形成了复杂香型白酒的独特风味。为此，周恒刚为茅台酒厂建立了第一份微生物档案，当时分离出了 70 多种微生物菌株。

在《关于空气中的微生物》中，有这么一段陈述：

> 环境中的微生物群生长、繁衍及驯化，直接受环境影响。由于受海拔高度的影响，地势低凹的茅台镇，形成了一个相对封闭的自然生态圈：气候，冬暖夏热，风微雨少，加上数千年来经久不息的酿酒活动，山水、气候和土壤的"圆融"，为酿酒微生物群的生长、繁衍及驯化，营造了一个无可复制的自然生态环境。正是这些如小精灵般充盈于空气中的酿酒微生物群，无时无处不在地影响着酿酒活动，对茅台酒形成独特的复合香型，产生着非常重要的影响。

这是第一次从茅台镇地理生态及地质地貌的角度，阐述茅台酒与地域环境的关系。

中国的两个"国宝级"传统产品——白酒和茶叶，都是天人合一的产物。

所谓"人"，指的是专注此业的茶人和酒匠，他们"少而习焉，其心安焉，不见异物而迁焉"，数代传承，"相语以事，相示以巧"，终而艺绝天下，成就了华夏的茶酒文化。

所谓"天"，则指的是茶酒生产的自然生态。不同的生态环境决定了不同茶酒的风格和品质，从而形成了极其复杂的多样性。在这个意义上，顶级的好茶与好酒之间，其实很难有绝对的类比性，而只有个人喜好之异同。

最为微妙的是，自然生态又可分为"宏观自然生态"和"微观酿造生态"。前者包括水、原料、土壤和日照降雨等，后者则是环境中肉眼看不到的微生物等微量成分。

与西方的葡萄酒及烈酒酿造相比，中国白酒更注重和依赖对微生态的运用。西方酿酒是利用植物发芽实现先糖化、后发酵，或者直接利用糖分原料进行发酵的过程。而中国白酒——尤其是茅台酒的酿造——则有摊晾、堆积、翻造、踩曲等流程，利用自然环境中的微生物功能进行糖化和制酒，这是一个典型的边糖化、边发酵的过程。

在茅台试点中，周恒刚第一次把微生态纳入白酒科研的要素范畴之中。这一思考路径的开辟，启发了季克良等人。到2001年，季克良明确提出"离开茅台镇就生产不出茅台酒"的地域保护概念。

三种典型体的发现

在试点组的所有研究课题中，除了在微生物上的突破，另外一个重大的发现便是：茅台酒是由三种典型体构成的。

典型体的发现人是李兴发，他因此成为茅台酒历史上的一个传奇人物。

李兴发在品酒

他是茅台镇当地人，1952年"华茅"与"王茅"合并的时候就被招进了酒厂，因为表现积极，成了第一任团支部书记。1956年，26岁的他跟郑义兴和王绍彬一起被提拔为技术副厂长。王绍彬是荣和烧房的老酒匠，主管烤酒，李兴发主抓勾兑。郑义兴搞师徒制，收的第一个徒弟便是李兴发。

这个人年轻老成，不爱说话，为了勾酒，终生不吃一根辣椒，甚至在烧菜的时候也不放酱油。他是一个为酿酒而生的人。他的家就在厂区内，他常年泡在酒库里，把不同轮次和年份的酒进行勾兑和比较。

在所有的中国名酒中，茅台酒是唯一以酒勾酒、不加一滴水的。也正因此，茅台酒勾兑是历代酒师的不传之秘。在郑义兴所撰的"茅台酒的生产概述"中，唯独关于"勾兑"一项，无法用文字准确表述，只是笼统地说："成品经相当时间陈酿之后，可进行勾酒，将各种轮次及各段时期的酒适当掺和，经品尝认可后，再静置，方装瓶出厂。"

郑义兴教给李兴发的秘诀是"看花"：把酒在碗里晃动，根据酒液泡沫的大小，判断酒精度和酒的品质。酒花根据形状大小不同，分为"鱼眼花""堆花""满花""碎米花"等等。这种"看花"的本领，就全凭酒师的直觉和天赋了。

所以，勾兑工艺如果无法被定性和定量化，那么，白酒就永远处在经验阶段，是匠人型的手工业。

李兴发有做笔记的习惯，他在多年的勾兑试验中，记录了大量的酒样数据。在摸索中，他发现茅台酒的基酒可以按照感官指标分为三种，他把它们取名为：窖底香、醇甜香和酱香。

据老茅台人回忆，"酱香"这个词是大家闲聊时提出来的，就是"有一股酱油的味道"，之前并没有这个词。当时参与讨论的，有李兴发和检验员聂镜明等人。

李兴发按嗅味区分白酒呈香成分的办法启发了周恒刚，使之猛然意识到，"香味极有可能来源于功能微生物的代谢物"。

香味与代谢物这两个反差极大的领域，就这样被周恒刚捏到了一起。

大喜之余，周恒刚立即安排试点组的林宝林、汪华等人采用纸上层析法，对李兴发提供的三种典型体基酒进行理化分析，很快又有了重大发现。

在对窖底香酒进行层析的时候，他们发现己酸乙酯的含量比较突出。周恒刚随即提出，取来泸州老窖的样酒进行比对测试，结果出来，同样是己酸乙酯含量较高，而且单体气味相近。

周恒刚由此得出结论：泸型酒，即后来的浓香型白酒的主体香就是己酸乙酯。

"三种典型体"理论的提出以及己酸乙酯的发现，如同一道闪电刺破漫漫长夜，让白酒业向工业化大大地迈进了一步。

"汾酒试点"同步突破

就当周恒刚团队在赤水河畔主攻微生物和香味时，在北方的杏花村，秦含章团队也几乎在进行同一主题的攻坚。

试点组围绕汾酒的工艺、酿造化学分析等进行了 200 多个项目的研究，通过 3000 多次试验，得出了 2 万多个数据。在这一基础上，他们进行了开创性的尝试——首次剖析了汾酒的主要香气成分和口味物质 60 余种，最终确定汾酒的主体香为乙酸乙酯。

这一发现为汾酒酿造的质量定型和标准化——乃至十年后清香型白酒的提出——建立了终极性的理论基础。

毫不夸张地说，从 1964 年秋天到 1965 年秋天，是中国白酒现代史上史诗般的一年，其意义可以类比于人类历史上的文艺复兴和地理大发现。

在秦含章和周恒刚两位大师级人物的共识和默契之下，蒙在酒窖上空的那一层香郁而神秘的薄雾终于被拨开，百年传承却一言难尽的传统经验，与实验室分析的科学理性终于交融在了一起。东方式的阴阳感性，与西方的纯粹理性，这两套原本让人以为很难对话的知识体系，在实际的基石上达成和解。

就这样，白酒产业从"手摸、脚踢、眼观、嘴尝"的手工业时代挣脱而出，以全新的面目进入了大工业生产的新时期。

可惜的是，因为接下来爆发的"文化大革命"，白酒业如同所有的产业一样，进入了黑暗的"失去的十年"，茅台试点和汾酒试点的成果并没有迅速地转化为生产力。一直到20世纪80年代末，随着改革开放的开始及专卖制度的取消，白酒业才终于进入空前的高速成长期。

难忘的试点岁月

档案室里有一张试点小组合影，拍摄于1965年3月17日，共36人，周恒刚在前排中间，厂党委书记柴希修在最右边的位置。你会发现，参与试点的人都很年轻，其中还有8位女生。

在试点的一年多里，周恒刚天天跟小组的青年们以及李兴发等混在一起，镇小夜静，闲来就吃茶吹牛。

有一次，他问学生："喝茅台酒是什么感受？"

一个叫钟国辉的年轻人说："喝到嘴里就像'开花'一样。"大家顿时哄堂大笑。周恒刚说："小钟讲的也没有错，茅台酒中上千种的风味物质刺激味蕾，是有层次感的，像绽放的花蕾一层一层地展开，不就像开花一样吗？"

还有一次，他出了一道题目考大家："白酒蒸馏时，酒头往往出现黑色的渣子，究竟是怎么回事？"

他提到的这个现象，凡是下过烧房的人都见过，但是谁也没有往深里去探究过。周恒刚看大家一脸茫然，便一边嗑着瓜子，一边很得意地给出了自己的答案："蒸馏结束时，冷却器内残留有酒尾，而酒尾酸度较高，腐蚀冷却器材质——锡，形成醋酸锡或乳酸锡。酒头中又含有硫化氢，两者结合，产生硫化锡，故有黑色渣子出现。"

这些跟周恒刚在茅台镇夜聊闲谈的年轻人，日后大多成了中国酿酒界的显赫人物。那个叫钟国辉的青年后来担任过天津津酒集团的总工程师，他当时跟周恒刚住同一个房间，那是厂区办公大楼三楼图书室旁面对赤水河的一个小房间。在80岁的时候，钟国辉撰文回忆试点往事，记住的都是一些跟青春有关的细节：

> 记得当年过春节时，季克良、徐英（后来他俩结为百年之好）还有贵州轻工所的丁祥庆（后来当了所长），给我们做了醪糟（甜酒酿）煮鸡蛋，曹述舜工程师给他儿子做烧烤。

> 还有某日里，在赤水河畔的科研所前，周恒刚大师坐在藤椅上注视着前方一片油菜花在微风中摇摆。贯穿厂区东西的小路上，山民们背着背篓在奔波。这些情景还历历在目。[1]

年轻时的秦含章

---

[1] 钟国辉，《白酒情怀：论文、书信、回忆》，天津科学技术出版社，2017年。

1965 年 3 月 17 日，第一期茅台试点人员合影。一排右四为周恒刚，三排右七为季克良。时任厂党委书记柴希修坐一排右一，他照相时喜欢靠边坐，把中间的位置留给技术、业务岗的同事

1966 年 3 月 7 日，第二期茅台试点人员合影

11 "我们是如何勾酒的"

我们所要说的不是什么经验，而只是一个汇报。

——季克良

季克良来了

在 1965 年那张试点小组的合影里，我一眼就找到了季克良，他在第三排的中间位置，一脸未脱的年少稚气。

季克良是 1964 年 9 月来茅台酒厂报到的，他是酒厂历史上的第一个大学生。一个月后，周恒刚就奉命来搞试点了。在访谈中，季克良告诉我，其实当他离开江苏老家的时候，只知道自己是去贵州工作，而具体分配到哪里，却并不知道。

他是江苏南通人，"民国第一企业家"张謇的老乡，出生于 1939 年 4 月，本姓顾，是家中第五个孩子。三岁的时候，因家中贫穷不堪，父母把他过继给膝下无子的姑姑，从此改姓季。1959 年，季克良考入无锡轻工业学院，学习食品发酵。这所学校与秦含章当年在私立江南大学创办的农产品制造系（后改称为食品工业系）渊源颇深。

1964 年，季克良大学毕业，被分到贵州工作。他回忆说："我坐火车到了贵阳，就去省人事厅报到，他们给了我一个信封，打开来一看，是一封去仁怀茅台酒厂的介绍信。办事的人很逗，他说，你今天出发去，可以拿全月工资，晚一天就只能拿半个月的了，对于我这样的穷孩子家，就赶快跑出去报到了。"

跟季克良一起去酒厂的还有他的同班同学、与之正在热恋中的徐英，他们将相伴一生，终老茅台。

当时交通很不方便，我俩从贵阳到遵义，到了遵义后才知道，从遵义到茅台镇要三天才有一趟班车。在这样的情况下，我们在遵义住了两个晚上。

1975 年，季克良任生产科副科长时的工作证

第二天晚上出去吃饭，在饭馆里看到了茅台酒——三毛六分钱一杯。我们当时有一元多，于是买了一杯酒尝了一尝。这是我人生中第一杯茅台酒。

茅台酒厂给我的第一印象很差。一是路不平，我从茅台镇的公共汽车站一路走过来，全是泥路和石子路，高低不平。二是酒厂没有大门，连个大牌子都没有。三是生产车间很陈旧，特别是酒库，只是简单的砖木结构，显得很荒凉，厂区里也没什么人。

最大的问题是生产房有80%是闲置的，生产效益很差。产销大概都在200吨，亏损也比较严重。我记得1964年是亏损最多的一年，亏了80多万。

尽管条件比较艰苦，但没想到的是，我在这儿干了足足50年——我来茅台的时候不到26岁，退休的时候是76岁。

20世纪60年代酒库内景

这一段口述，摘录自复旦大学管理学院与《第一财经》对季克良的一段视频访谈，时间是 2019 年，他时年 80 岁，一头银发，仍然思路敏捷如壮年。

我第一次见到季克良是 2012 年的冬天，他来杭州参加一次企业家的聚会。他举杯穿梭于人群中，与每一位企业家欢言碰杯，俨然一个酒仙的模样。那一次聚会成立了浙商茅台"西湖会"。2022 年 3 月，为了创作这本传记，我在茅台镇再次见到季克良，说起那时的场景，他笑着说，那些年，为了推广茅台酒，他一年要跑数十个类似的场合。

在《管理的实践》一书中，德鲁克在第一章"管理的本质"中开明宗义地写道："在每个企业中，管理

2022 年，在茅台酒厂采访季克良

者都是赋予企业生命、注入活力的要素。如果没有管理者的领导，'生产资源'始终只是资源，永远不会转化为产品。在竞争激烈的经济体系中，企业能否成功，是否长存，完全要视管理者的素质与绩效而定，因为管理者的素质与绩效是企业唯一拥有的有效优势。"

德鲁克所提示的卓越管理者的"唯一性"，在茅台酒的历史上得到了生动的验证。它之所以成为传奇，并不完全是因为"天赋异禀"，还有教科书级的企业和品牌养成史。在这一过程中，几位主要管理者起到了为其"赋予生命、注入活力"的决定性作用。其中，季克良就是那个"关键先生"。

他看见了烧房里的微光

季克良到工厂的第一份工作，便是加入周恒刚试点组，他被分配到了微生物小组。

在当年的小组里，还有一位20岁出头的小姑娘汪华，比季克良小4岁，却早两年入厂当了技术员。她是安徽庐江人，1962年2月从贵州省轻工业学校食品专业毕业，被分配到茅台酒厂的实验室当化验员。在后来的几十年里，她与季克良一样，是茅台酒技术标准最重要的奠定者之一。正是这群刚刚走出校园不久的年轻人，跟周恒刚一起，开始了一场奇妙的白酒探索之旅。

很多年后，季克良回忆起那段试点时光，也跟钟国辉一样，充满了难舍的迷恋。2018年，周恒刚诞辰100周年，白酒界举办了一场追思会。年近八旬的季克良赶赴参加，在周恒刚的雕像前恭恭敬敬地鞠了三个躬。他对围观的媒体记者说："没有周工就没有季克良，就没有茅台。1964年我刚刚大学毕业参加工作，就在周工的领导下工作。茅台有今天，我有今天，

1981 年，技术人员品评茅台酒现场。左起：季克良、李大祥、余吉申、郑记恒、王绍彬、杨仁勉、李兴发、许明德、汪华

是他培养了我，教育了我，帮助了我。"

　　这位从锦绣江南的南通跑到西南山区的青年，日常所苦恼的，除了物质条件的艰难，更多的是知识世界的苍白和精神的苦闷。而周恒刚的到来，让他感受到了知识探索的乐趣，从而有一股难以名状的兴奋。那个灰暗阴沉的厂房突然发出光来，那些看不见的微生物如同精灵一般地在空气中飞翔，他仿佛捕捉到了酒神的翅膀。这种冲动和好奇，将伴随他未来漫长而曲折的50 年。

　　日后来看，周恒刚在 1964 年的到来，对于茅台和季克良的一生，都产生了极大的指引性。他确立了一个前行的坐标，并把现代的研究方法乃至话语体系带进了这个偏远小镇，它们构成了茅台的知识资产。

　　在茅台试点之前，茅台酒好喝，茅台镇能酿出绝世好酒，是一种缺乏定量分析的"感觉"。到 1957 年，郑义兴整理出了"茅台酒的生产概述"，算是百年以来迈出的一大步。不过，老酒师们知其然，而不知其所以然，知识的本质仍然是陈旧和传统的。

从感知到认知，再到知识系统，是一个必须经过体系化思考和定义的进化过程。周恒刚所提出的微生物和己酸乙酯等化学概念，构筑了一套全新的知识模型。在 1964 年的那几个月，它们被清晰地提了出来。而在今后的几十年里，季克良等人将在这一基础上继续前行，从而超越前辈，成就现代意义上的白酒茅台。

在中国的商业学术界，一直存在着一个颇为值得研究的课题：茶叶、中药和白酒，都属于发源于华夏，并形成了独特产品特质的传统产业，在 20 世纪之初乃至中期，它们的处境、技艺水平和产业规模都非常近似，然而，为什么只有白酒最终成长为市场规模超 5000 亿元的产业，并诞生了数家万亿市值的公司？

透过茅台案例，我们似乎找到了答案：与茶叶、中药相比，白酒最大的进步在于两点：

其一，出现了以秦含章、周恒刚、方心芳等为代表的一代技术专家。他们进行了长达半个多世纪的中西融合，并最终"以中为魂，以西为骨"，建构了具有中国特色，同时采用科学原理进行定量分析的学理基础。

其二，出现了以茅台、五粮液等为代表的现代型公司及一批优秀企业家。在他们的努力下，企业实现了规模化生产和品牌建设。

1965 年：一鸣惊人的勾酒论文

1965 年，全国第一届名酒技术协作会在四川泸州召开。茅台酒厂要递交一篇论文，柴希修就把这个任务交给了李兴发和季克良。李兴发只有小学

季克良提供的当年的论文资料《我们是如何勾酒的》

二年级学历，经验满腹，文不逮意，写作的任务自然就落到了大学生季克良的身上。他随着老酒师们在酒库调研了将近半年，写成《我们是如何勾酒的》。

这篇论文在协作会上被宣读后，引起了白酒业极大的轰动。这是茅台酒厂第一次向世人公开阐明茅台酒体的酱香、醇甜香、窖底香三种香型，并回答了茅台为什么要勾兑和怎样勾兑的问题。

季克良写这篇论文的时候，到酒厂刚满一年，是行业里菜鸟中的菜鸟，按烧房时代的规矩，连上甑烤酒的资格都还没有。然而，他在论文中展现出的技术深度和自信，却完全不会暴露作者的资历。

"我们所要说的不是什么经验，而只是一个汇报，有很多不足之处，请同志们指教。"这是论文开篇的第一段话，也是季克良在中国白酒界的第一次发声，言语之间充满了年轻人的笃定和谦逊。

季克良先是描述了百年以来勾酒的基本流程，这也是与会所有酒厂的现状：

> 勾酒顾名思义就是将各种不同的酒，混合起来，相互取长补短，构成独具一格的酒。可是今天由于理化指标尚未与感官指标统一起来，给勾酒造成了相当大的困难，全靠碰"运气"，过去我厂就是这样干的。
>
> 以前我们勾酒，专门由一个勾酒工人勾兑，将各轮次的酒选来，任意地打一点到杯子里混合起来，接着进行品尝，他认为可以了就大概按比例地勾到一个能内装三四百斤的坛子里边进行勾兑。然后将余下的酒再配再勾。勾好后虽经评酒委员会品尝，可是往往是"权威"人说了算，因此评酒往往流于形式，有时即便评出来说这酒不好，可是这酒已勾兑出厂了，成了马后炮。
>
> 显然这样勾酒是不合理的。

那么，茅台酒厂是如何改变这种现状的呢？季克良有条不紊地讲述了刚刚建立起来的勾酒体系：

——发现并确立了茅台酒的三种典型体；

——组建勾酒小组，苦练品尝基本功，建立出厂酒的标准；

——将酒按型入库，分别标明班次、酒次、入库时间、重量、酒型及简单评语；

——先小型勾兑，再大型勾兑，酒的品质可以精确到万分之五（1.5吨酒中如少加或多加了某种型的酒1.5斤，也能感到它的变化）。

在这篇论文中，茅台酒厂首次公开了茅台酒的三种典型体，并公布了它们含醇、含酚及含酸化合物的指标。

论文在会议上引起的轰动，是可以想见的。

自白酒诞生以来，勾酒工艺便是各酒厂最为核心的机密，勾酒房从不对任何外人开放，更何况具体的手法、配方。它几乎是一家酒厂的"生死牌"。而季克良的这篇论文居然打破了这一规矩。

三种典型体的提出，更是让所有的酒业人士耳目一新，这是一套前所未见的知识体系。在此之前，酒的"香味"各有风格，最多就是一句神秘莫测的"妙不可言"。现在，茅台酒把"香味"重新定义成"香型"，由味到型，一切似乎便可以定量定性。

"酒的品质可以精确到万分之五"，这也是一个让人大吃一惊的数据。在此之前，白酒如同茶叶，一批产品的好与不好，全部取决于年份、土壤和酿造（炒制）工匠的手艺，充满了种种或然性。而茅台酒的做法表明，技术、流程和制度将可能成为新的核心竞争力。

"靠天吃饭、靠人定夺"的时代就这样过去了，一场石破天惊的行业突变即将发生。

后来说到关于中国白酒业的历史性论文或书籍，1965年的这篇《我们是如何勾酒的》都是无法绕过去的文献。在1965年的秋天，很多人记住了季克良这个名字，这位26岁的年轻人就是以这种从天而降的姿态，出现在了中国白酒这个古老的行当里。

背了三年酒曲的大学生

从能够写一篇好论文，到成为一名合格的酒师，再到成为一位卓越的管理者，季克良要走的路还很长很长。在真实的人间世界，很少发生武侠小说里那般情节——一位少年在一个山洞发现一部武林秘籍，瞬间成为天下第一高手。

试点组走后，季克良被分到最基层的生产小组。那天我问他："那时主要的工作是什么？"他呆了一下，好像在回想当年的场景，然后突然笑了起来："我背了三年的酒曲。"

年轻的时候，季克良的体重只有108斤，一个酒曲大包的重量约150斤，他经常背到半路就摔跤，引来工人们的哄笑。有一次，他在背大包的时候摔进了三米深的窖坑里，腰受了伤，一时动弹不得，多亏师傅们把他背了出来。据说，看季克良摔跤，是厂里大家取乐的一景。

更多的时间，他在烧房里下沙和烤酒。比他大9岁的李兴发特别喜欢这个跟他一样爱琢磨的小老弟，就经常叫上他去酒库，两人一泡就是半天。几年下来，他只要用鼻子一闻，就能区分出不同年份、不同轮次、不同酒精浓度、不同香型的茅台酒。这份功夫，绝没有取巧的捷径，90%靠苦练，只有10%靠天赋。

与厂里其他工人不同的是，季克良的屁股后袋里总是卷着一个小本子，用来记录随时发生的数据。当时，与他一同到茅台酒厂的徐英被分到了实验室，他抽空就去那里，两人一起做各种实验。那些阃热虫咬的小镇夜晚，是他们60年爱情故事的一部分。

1966年5月，季克良又写出了一篇题为《白酒的杂味》的论文。

"提高白酒质量，主要是'去杂增香'，除去杂味干扰，相对地就提高了香味，但对酒中的杂味成分至今尚不清楚。"基于这样的难题，季克良进行了多次实验，得出了几个重点结论。

他发现新酒中含有硫化氢、硫醇、二乙基硫等多种挥发性硫化物，而贮藏一年之后的茅台陈酒"几乎已检不出挥发性硫化物"。而其他白酒，贮藏两年后，仍可检出硫化氢。这个结论隐约导向一个可能性：茅台酒在贮藏过程中，能够除去更多的低沸点物质。因为杂质减少，酒液对人体的伤害就相应减少，俗话说的"喝茅台不上头"，这是最根本的原因。

通过研究硫化氢在蒸馏中的变化，他发现，"流酒[①]温度高时，有利于硫化氢等物质排出。酒中硫化氢含量仅有酒醅中的 3% ~ 4%，说明蒸馏排出量是很大的。从这一点看，流酒温度不宜太低"。这一实验结论，将导向他日后大胆提出的茅台酒"三高"原则——高温制曲，高温馏酒，高温堆积发酵。

在论文中，他还提出了一项具体的工艺改造："出人意料的是，酒中及酒尾硫化氢含量比酒头大。流酒温度高者排出量多。"因此，"为了更有效地排出低沸点杂质，在冷却器流酒口上应安装排醛管，使之有效排出杂味物质"。

在后来的很多年里，季克良还将写出数以百计的类似论文，它们的风格都很相似：从实际问题出发，通过实验找到痛点，提出解决的方案。

一瓶茅台酒清澈如水，原料也仅有高粱、小麦和水三种，然而，却须经过 30 道工序、165 个工艺处理，处处都有值得推敲和改良的环节，其中任何一点的变化，都可能形成新的工艺和品质突变。茅台酒的历代酒师浸淫于此，功不唐捐，苦求寸进。

在 1964—1965 年的两期试点中，关于堆积发酵应该是"嫩点好"还是"老点好"，有过激烈的争论。最终，试点组在总结报告中得出了"嫩点好"的结论。1966 年，季克良通过对各种工艺参数的反复研究，提出堆积发酵还

---

① 此处的"流酒"即"馏酒"。

是"老点好"的观点。它被全厂酒师们认可，并纳入了茅台酒的生产操作规程。

任何一个行业，越是深入细节处，便越是枯燥乏味，而每拓进一小步，都将有不足与外人道的艰辛。在那些白天背酒曲、品酒型，晚上蹲化验室做试管实验的无数日夜，这个来自江南的年轻人渐渐地把自己的生命融入了茅台酒厂的事业里。

季克良告诉我，有一些论文的课题，比如茅台酒的"老熟与电导"，是他与徐英在化验室里一起磨出来的。也是在那一年，两人正式领证结婚了。他们到镇上买了一块被单，上面印着江南老家的荷花和锦鲤鱼，然后就欢天喜地地住在了一起。

20世纪70年代，季克良夫人徐英（左）在科研室内工作的场景

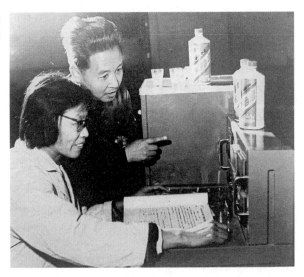

12　艰难的秩序恢复

只有那些懂得如何激发组织内各个层级人员学习热情和学习能力的领导者，才能傲视群雄。

——彼得·圣吉，《第五项修炼》

1972 年：尼克松访华

卢宝坤是中粮贵州分公司的一位科长，专门对接与茅台酒厂的特供业务。在他的记忆中，1972 年，是他一生中最为紧张和难忘的一年。

那一年，发生了两件震惊世界的外交大事：2 月 21 日，美国总统尼克松访华；9 月 25 日，日本首相田中角荣访华。美日最高领导人在同一年先后来到中国，意味着中国外交路线的重大转折和新的国际关系时代的到来。

春、秋两次的国宴招待，用的都是茅台酒，茅台酒厂分别勾兑了五吨酒送到北京。当年，对接业务的是担任质检科长的汪华。她回忆说，给尼克松的酒中勾进了三十年的陈年茅台，"那种老醇香，不可比拟"。当时的勾兑组组长叫王道远，人称"王连长"。

酿酒师傅们的用心，的确起到了微妙而令人快乐的效果。

王立是老资格的外交家，曾任中国驻芝加哥总领事，1972 年，他全程参与了接待尼克松的工作。在一篇回忆文章中，他记录了 2 月 21 日晚欢迎国宴上的生动细节：

> 国宴期间，周恩来向尼克松介绍说："这就是驰名中外的茅台酒，酒精含量在 50 度以上。"尼克松笑着说："听说有人喝多了，一点火他自己爆炸了。"周恩来听了开怀大笑。他当即叫人取来火柴，划着后点燃了自己杯子的茅台酒，他一面点火，一面向尼克松说："请看，它确实可以燃烧。"他还补充说，茅台酒虽度数大，但喝了不上头。
>
> 周恩来亲自点燃茅台酒，顿时把整个现场的热烈气氛都点着了。
>
> 尼克松接着问周恩来："听说总理的酒量很大？"总理回答说："过去能喝。红军长征时，我曾一次喝过 25 杯。年龄大了，医生限制我喝酒，不能超过两杯。"尼克松显然来中国前，做过关于茅台酒的"功课"，他说："听说红军长征时攻占了茅台镇，把镇里的酒全喝光了？"周恩来说："长征路上，茅台酒被我们看作包治百病的良药，洗伤、镇痛、解毒、治伤风感冒……当时我们缺医少药。"[1]

第二天，全世界最重要的报纸几乎都刊登了周恩来与尼克松举着茅台酒相谈甚欢的照片，这成了 20 世纪改变历史的经典时刻。

透过王立的这段实录，可以读出茅台酒对于当代中国的两层意义：作为最具中国特色的烈酒，茅台酒能让宾主双方迅速地抛开常规礼仪，达到亲近和欢愉的境界，而它与中国共产党革命历史的交集，又成为一个很可以交

---

① 王立，《周恩来与尼克松杯酒论茅台》，《品味茅台》，中国文史出版社，2015 年。

1972 年美国总统尼克
松访华用酒

流的、非正式的政治话题。茅台酒的物质性和精神性，在周恩来与尼克松的这次欢聚中得到了淋漓尽致的体现。

王立的文章还记录了一则发生在十多年后的，仍然与尼克松和茅台有关的趣事。

1987 年，担任驻美大使馆参赞的他前往纽约的尼克松寓所探访，这位前总统取出一瓶茅台酒招待中国客人。他小心翼翼地给每个人倒了一点点就停手了，然后不好意思地说："这是 1972 年周恩来总理送我的酒，现在只剩半瓶了，所以不敢多倒，请原谅。"在温暖而略带伤感的气氛中，现场的人都怀念起了已经去世 11 年的周总理。宾主一起，"为真诚的友谊干杯"。①

两个割裂的存在

如果说，1972 年的国宴亮相是茅台酒的高光时刻，那么，对同一时期的茅台酒厂来说，这时却可能是它历史上最为灰暗的时期之一。很多年后，我们回望那段岁月，会很感慨地发现，茅台酒与茅台酒厂似乎是两个割裂的存在。

茅台酒，因为它特殊的"两外"使命和严苛的品控，始终保持着品质的稳定和品牌的高贵。在历次政治运动中，酒厂的管理层几次撤换，但是，由郑义兴、王绍彬和李兴发组成的"技术铁三角"却奇迹般地一直维持，自 1955 年他们被同时任命为技术副厂长之后，竟都没有挨过批斗、下过台。"文革"期间，王绍彬被人揭发"曾经攻击党委对工人干部只提拔不培养"，如果上纲上线，这件事情的"政治性质"是足够严重的，但是最后还是不了了之了。理由其实只有一个：他是全厂最懂烤酒的人。

---

① 王立，《周恩来与尼克松杯酒论茅台》，《品味茅台》，中国文史出版社，2015 年。

1964 年的茅台试点，让企业在酿造和勾兑水准上得到了一次质的飞跃。随着季克良、汪华等具有科班资历的年轻技术人员的加入，茅台酒的品质管控得到了进一步的加强，而且质量一直趋于稳定健康的区间。我查阅酒厂从 1966 年到 1976 年的产品合格率，居然最低的年份也有 67.5%（1969 年），最高的 1971 年和 1972 年分别达到了 94% 和 93.3%。这在当年的中国工厂是十分不可思议的。

为了保证茅台酒的品质，1972 年，周恩来总理做出了茅台酒厂上游 100 公里内不能建任何化工厂的批示。[①] 这一指示被铭刻为石碑，一直被执行到今天。作为长江中上游唯一一条未被开发的一级支流，赤水河流域保存有世界同纬度地区最好的常绿阔叶林带，是长江上游自然环境保持最好的流域。

在国家领导人的亲自关注下，保证茅台酒的质量成了一项至高无上的政治任务。工厂对工人的质量管理要求，严苛得近乎军事化管制。20 世纪 70 年代初，酒厂发生过一起"猫酒事件"：制酒二车间一名老酒师有一次检查窖坑的时候，在酒糟上发现了一只死猫。他认为猫死的时间不长，对酒糟影响不大，就把猫扔掉而没有上报情况、更换酒糟。十多天后，这件事情被报告给军代表（当时酒厂被派进了军管组），立即被认定为严重的政治事故。该酒师值班当日的酒全部封存，他被公安局批捕，判刑 11 年，最后关了 7 年才被放出来。

"猫酒事件"是一起在特殊年代发生的极端性案件，厂里的很多工人都觉得这名老酒师冤枉，但是在客观效应上，事件处理所产生的震慑力也让所有人对质量问题不敢有一丝一毫的大意。

与质量稳定同时发生的是酒厂效益的连年亏损和生存面貌的一地鸡毛。

---

① 《三省共护赤水河》，《人民日报》，2018 年 7 月 24 日。

1956 年，茅台酒厂制瓶车间，车间外的坡地上可见工人们自行开辟的菜地

1971 年，茅台酒厂来了军代表

20 世纪 70 年代的茅台酒厂职工住房

从 1957 年到 1960 年，企业利润分别是 6.3 万元、1.3 万元、4.3 万元、-2.6 万元。1961 年出现了一次微利，1962 年再度亏损 6.8 万元，从此以后的十多年里，就再也没有翻过身来。

为了填饱肚子，工人们在厂区里开荒种地，建了 200 多个大大小小的菜园子。不但生产环境没有得到改善，从工人到厂领导，生活条件更是处在十分恶劣和原始的状态。

1973 年 12 月，上级又给酒厂派来了一位副厂长，他在后来的回忆文章中，描述了当时看到的景象：

> 厂区一片狼藉，各种酿酒原料随地摆放，有的地方还结满了蜘蛛网。
>
> 党委书记柴希修住的是二车间原来的酒糟房改建的、用废茅台酒瓶砌墙、牛毛毯盖顶的三十多平方米住房。牛毛毯被烈日晒裂口，天上一下雨，雨水从裂口流进屋内，屋内也下雨。
>
> 厂长（当时称为革委会主任）刘同清住的是一间仓库，窗户像个猫耳洞，空气都不流通。
>
> 当时的技术员季克良夫妇住的是 50 年代修的办公楼一楼，20 平方米不到，卧室、厨房、客厅为一室，做饭在走道上。[1]

宽厚的邹开良

新来的这位副厂长叫邹开良，他将一直干到 1998 年。

我写这部《茅台传》，前去他的家里拜访。90 岁的老人家罹患帕金森

---

[1] 邹开良，《国酒心》，人民出版社，2006 年。

病多年，坐在轮椅上，嘴角颤抖，几不能言。他为我在茶几上留了两本书和一份打印的资料，资料题目为《茅台的儿子：记邹开良同志》。老人睁着一双浑浊的眼睛，盯着我，却已经不能讲一句完整的话。

邹开良是茅台镇旁边的大坝镇人，当过小学老师，后来进入政府机关，从秘书干起，当过仁怀县的副县长，来工厂之前是县委常委、中枢区委书记。他的妻子当时是酒厂的一名职工，他们家就在一车间旁边，也是一间20平方米、牛毛毯盖顶、墙壁用废酒瓶和黄泥巴砌成的破屋子。

百年茅台酒史，按大的发展阶段来切分，可以分成五段：

——从1862年"华茅"诞生到20世纪40年代的"三茅争雄"；

——从1951年成义烧房国有化到20世纪70年代中后期；

——从改革开放到1998年邹开良荣退；

——从1998年季克良掌舵到2015年他荣退；

——从2015年至今。

在整个发展历程中，前后贯穿时间最长的是季克良，他在茅台酒厂工作了整整50年，担任正职的时间为32年。邹开良的主政时间约为17年。他们以各自的努力，在茅台酒厂不同的发展阶段，扮演了主导性的角色。

从企业家素质模型而言，季克良是一个可遇而不可求的个案。他是技术员出身，继而从事管理、市场及战略工作，在长期的实战磨炼中，具备了高度综合的现代企业家能力。凭着对技术路径的娴熟、对产品创新的定义以及对产业发展趋势的掌握，他可以跻身国际级企业家的行列。

相比季克良，邹开良则在他的任职阶段完成了企业经营十分重要的两个任务：现代公司治理模式的确立和产能的扩大。而这两项也正是他的继任者最终把企业带到一个令人难以企及的高度的战略性基础。

在创作访谈中，我经常问被访者一个问题："邹开良厂长的领导风格是什么？"我听到最多的评价是两个字：宽厚。

20 世纪 70 年代酒库车间洗坛的宣传照，照片中负责洗坛的女职工（右一站立者）就是邹开良当年的妻子

20 世纪 70 年代的厂长周高廉（左）与副厂长邹开良（右）

1992 年，邹开良（左一）与季克良（左三）在茅台杨柳湾古井前

2022 年，采访邹开良。老人因患帕金森病已不能言语，身边的茶几上放着提前为我准备好的资料

季克良跟我讲了他的这位老上司的一个故事：

很少有人知道，我曾经打过十多次请调报告，不是茅台酒厂不好，也不是条件太艰苦，是离家实在太远了。四位老人在南通农村老家，我作为儿子，无法照顾尽孝。1967 年，我的养母病危，我赶了五天五夜回去，还是没能见到最后一面。那是我第一次打报告，要求回江苏工作。

邹开良来工厂后，很体谅我的处境，经常找我拉家常，顺带着也是做思想安抚。有一年，他去江苏出差，专门坐车转坐船，去看望我的父母。那次把他冻成了重感冒。这让我非常地感动。

邹开良在一份名为《茅台实话》的口述实录中，也讲述了那一次的经历：

那天是农历腊月二十八，我和随行的同志在上海买去南通的慢船票。由于节日的缘故，客船人太多，座无虚席，船舱通道都坐满了人，我们买的是加票，上船晚了，无座位，只好站在船闸的楼梯板上，整整站了六个小时，气温在零下十三度，可以说是又冻又饿，脚冻僵站硬了，到了南通冻得连话都说不清了。南通到克良的家，还有一段小路，不通汽车，我们只好雇两辆自行车，天上下着鹅毛大雪，地上白茫茫一片……[①]

20 世纪 80 年代初，为了解决厂里科技人员的住房问题，邹开良在老县城购了一块地建工程师住宅楼，户均面积有一百来平方米，超出了当时国家的标准。他担着责任和风险，一是不报批，二是先写好检讨书再动工。

---

① 邹开良，《国酒心》，人民出版社，2006 年。

这件事在当时是很得人心的。

这样的事情，邹开良做了很多。他的宽厚和担当，让涣散的人心渐渐重新凝聚了起来。

从"九条经验"到工人大学

邹开良到工厂的时候，最混乱的动荡时期已接近尾声。

1971年，中国重返联合国，接着与日本、美国相继恢复邦交，重新融入国际社会。1973年2月，全国计划会议结束，国务院主持起草了《一九七二年全国计划会议纪要》，明确要求企业恢复和健全岗位责任制、考勤制度、技术操作规程、质量检验制度，企业要抓产量、品种、质量、原材料燃料动力消耗、劳动生产率和成本利润等七项指标。

邹开良到厂后的第一件事，就是协调技术力量，对发电机组进行了一次大的维修。他很快发现，由于缺乏起码的业务流程管理，整个工厂的运营处在一种繁忙而低效的半自然状态。

就在邹开良到任的半年后，季克良向厂里递交了一份6000字的报告，题为《提高茅台酒质量的点滴经验》。其中对茅台酒生产工艺的九个要点进行了总结和提炼，它在茅台史上被简称为"九条经验"。

在这份报告中，从业10年的季克良从"严格控制入窖水分""延长窖底发酵期""窖中封泥""量质取酒"等九个方面，提出了定性而且定量的建议。其中很多条后来被纳入茅台酒的操作规程。

报告被递到厂办，第一个读到的是79岁的郑义兴。他当时已经退休，却还住在厂区里，经常到烧房去走走看看。老酒师找到季克良说："你的九条有革新，说到点子上了。我们那时文化水平低，看不到那么深。"

季克良的报告让邹开良如获至宝，这成为他提高质量管理的一个抓手。

在他的建议下，1975 年 5 月，季克良被提拔为生产技术科的副科长。

1976 年，又是在邹开良的建议下，酒厂开办了一所"工人大学"，学制为两年，由他出任校长。在过去的 1972 年和 1975 年，工厂先后招进 600 名新员工，他们大多具有小学或初中的学历，在基本知识上已经强过以往的老工人，但是仍然缺乏专业性学习。邹开良聘请厂内的技术骨干为他们进行系统化的酿酒工艺和管理知识的培训，其中，季克良讲的是微生物学。

入学的骨干们在学习课本知识之外，也结合实际对工作难题进行攻关。在过去的 100 多年里，烧房里开窖、下甑，酒工们要搭木梯下窖，然后用背篼把重达 60 多公斤的酒醅背上来，劳动强度可想而知。学员们集思广益，自行设计制造了工字梁行车和不锈钢甑，用抓斗起糟，行车吊甑下糟，把固定的石板甑改良成了可以活动的不锈钢甑。

这所"大学"对茅台酒厂而言，是一所真正意义上的"黄埔军校"。它全面提升了酒厂职工的素养，这数百名"学生"后来成为各个岗位的骨干和管理者。一直到 2005 年，茅台酒厂的高管人员中除了"老师"季克良，其余清一色是"工人大学"的"学生"。

1978 年，茅 台 酒 厂
"七·二一"工人大学第
一期学员毕业留影，他们
中的很多人后来成了酒
厂的核心骨干

1983 年，茅台酒厂的青年工人

1978年：扭亏为盈

邹开良到茅台后的前几年，酒厂一直处在亏损的状态。1973年亏损24万元，1974年亏损1.7万元，1975年亏损16.7万元，1976年亏损12万元。

在1976年开年的厂务会上，邹开良提出："扭亏为盈是当前我们企业的一件大事，我想在搞好分管工作的同时，做一些调查研究供领导参考。"他的提议当即得到革委会主任刘同清的同意。

在接下来的一年时间里，邹开良深入各个车间调研，笔记记满了整整两个笔记本，总结了10个大类的100多个问题。到年底，他和财务部门一起草拟了一份《扭亏为盈的方案（意见初稿）》，他拿着这个方案分别召开各车间和业务部门的班组长座谈会，又收集上来600多条意见和建议。

经过数轮讨论，《扭亏为盈的方案》被打印成正式文件，酒厂召开由200多人参加的全厂管理人员大会，邹开良代表厂领导层逐条朗读方案细则。他提出要狠抓三件事：一是所有定额落实到责任人；二是制定和修改各项规章制度，达到有章可循；三是推行责任制，把季度和年度指标贴在墙壁上，实行年终评奖，对失职者按照情节轻重实行惩罚。

邹开良的这些管理措施，在今天的人们看来，也许并没有太多的新奇之处。但是，如果回到20世纪70年代中期的中国，他其实冒着非常大的政治风险。

就在邹开良埋头拟写《扭亏为盈的方案》的1976年，6月的《光明日报》上有一篇题为《靠"责任制"还是靠觉悟?》的文章与邹开良的改良针锋相对。此时，孰是孰非，暗潮涌动。很可惜，当我见到邹开良的时候，被帕金森病困扰的老人已经无法向我回忆他当年的压力。

经过1977年一整年的狠抓，到年底，酒厂产酒量为758吨，销售收入为 379 万元，上缴利税 203 万元，亏损减少到 2 万元。在这一年的 8 月，仁怀县县委书记周高廉被派来出任酒厂党委书记兼厂长，邹开良升职为副书记、常务副厂长。酒厂领导班子继续把企业管理和扭亏为盈作为最重要的工作来抓。

在茅台酒厂档案室留存着一本当年邹开良用过的笔记本，其中有一页是他在一次生产调度会上记录的关于物资消耗的数据：

核定的吨酒包装费用为 2200 元，实际已达 2884 元，超过 31%；

核定的酒库年损耗率为 3%，实际损耗达 5.6%；

核定包装酒瓶每吨 2200 个，实际为 2900 个；

核定灌装吨酒损耗为 20 斤，实际为 60 斤。

邹开良要求相关车间必须在本年度内把浪费的物耗全部降下来。面对这组数据，班组长们心里其实也不是不明白，只是多年来形成了习惯，也没有改变的动力。邹开良随即宣布了厂里的一项新政策：在包装和成品库车间率先推行"节约奖"。

在严抓责任制、挤出管理水分的同时，周高廉和邹开良还在产能上下功夫。1978 年，酒厂产酒 1068 吨，比上一年足足增加了 310 吨，首次突破了千吨大关，产值增加到 543 万元。

双管齐下，到年底一算账，酒厂实现利润 6.5 万元。

这是自 1962 年开始的 16 年来，茅台酒厂第一次扭亏为盈。一位老茅台人对我回忆说："厂里贴出大红喜报的那天，镇上的猪肉一下子就被抢空了。我们都不知道怎么表达自己的开心劲儿，第一车间有几个年轻人跳进酒窖里跳舞，上面的人向他们洒酒。由工厂职工组成的锣鼓队在厂门口敲了一天的大鼓，放了十万响鞭炮。"

也是在 1978 年年底，北京召开党的十一届三中全会，中国进入改革开放的激荡时代。也许是巧合，也许是某种必然，我们这个国家和茅台酒厂一起迎来了一个历史性的转折时刻。

1975 年运货途中满载茅台酒的解放牌汽车

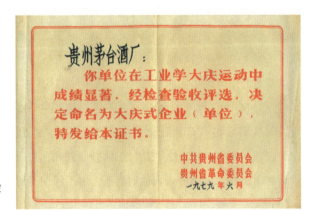

1979 年，茅台酒厂被评为"大庆式企业"

1979 年，全厂职工跳秧歌庆祝

"工业学大庆"活动中的先进生产者手持奖状在街上游行

2023 年兔茅品鉴会现场

1979 年 至今

13　一香定天下

嗅觉是我存有的唯一本能。它活在过去以及潜意识里。[①]

——可可·香奈儿

1979 年：香型的诞生

在很多人的记忆中，1979 年 8 月的第三届全国评酒会充满了争吵、忐忑和火药味。评酒会是在大连举办的，距离上一届已经过去了 15 年。其间世事变幻，飘过多少悲喜，而中国的白酒江湖也各有沉浮。

评酒会的评委主任仍然由周恒刚担任。他离开茅台不久便被"打倒"了，一直到 1971 年才从牛棚里被放出来。这位"酒痴"一旦获得自由，就再也闲不下来，在五六年的时间里，他先后帮助华北地区的十多个酒厂进行技术改造。天津的宁河酒厂是一家由前清老烧房改制而成的小酒厂，周恒刚在这里研发麸曲酱香型白酒。老厂长卞文华回忆说："小小的宁河酒厂

[①] 贾斯迪妮·皮卡蒂，《可可·香奈儿的传奇一生》，广西科学技术出版社，2011 年。

在周工的指导下，学习了茅台、泸州等名酒厂秘而不传的品尝勾兑技术。这些白酒工艺，在当时北方地区的酒厂，是绝无仅有的。"[1]在周恒刚的扶持下，宁河酒厂推出了有"北方小茅台"之称的芦台春。

1979 年，茅台酒获第三届全国评酒会质量金奖

在这届评酒会的 65 名评酒师中，白酒酒师占到 22 席，绝大多数为各大酒厂的总酒师。贵州省派出了轻工业科学研究所所长曹述舜——他也是当年茅台试点的参与者，跟季克良一起分在微生物组。这届评酒会，全国共送来 313 个品种的酒。

前两届评酒会，一次是明品，一次是盲品，对所有白酒按照色、香、味三大要素进行品评。这一次，周恒刚全力主张改为以香型分类进行品评。规则一改，产业格局为之大变。

正如之前所记叙的，在 1964 年的茅台和汾酒两个试点中，茅台提出了"三种典型体"理论，而泸型酒和汾型酒的主体香型相继被发现。从此，白酒品质的核心评价标准从"味"变为了"香"。在 1974 年的一次全国酿酒会议上，周恒刚等人就提出了"香型"这个概念，5 年后的大连评酒会，第一次按香型分组评比。

---

① 《天津的这瓶"老酒"是如何酿出来的?》，公众号"天津广播"，2020 年 9 月 20 日。

评委组发生的争论主要集中在两个方面。第一是"香型"标准的科学性，来自陕西西凤酒厂的李大信、山东酿酒专家于树民等人便激烈反对按此标准评比，认为"寻香而去"的白酒会走上歧途。第二是"香型"的划分，天下白酒因原料和工艺不同，香气各有极其微妙的差别，强行归型，难免削足适履。

最终，评委组还是求同存异，达成共识，香型路线得到了实施。参评白酒的香型被分为四大种，酱香型、浓香型、清香型、米香型，并对风格的描述进行了概括，统一了尺度：

酱香型酒：酱香突出、幽雅细腻、酒体醇厚、回味悠长

浓香型酒：窖香浓郁、绵甜甘洌、香味协调、尾净香长

清香型酒：清香纯正、诸味协调、醇甜柔口、余味爽净

米香型酒：蜜香清雅、入口绵柔、落口爽净、回味怡畅

20 世纪 70 年代，第五届全国名白酒技术协作会在茅台酒厂召开

1979 年茅台酒厂的"全国名酒"证书

在分型编组的前提下，评委以100分为满分，按色（占10分）、香（占25分）、味（占50分）、格（即风格，占15分）四项计分。最终评出了新的"八大名酒"，分别是茅台酒、汾酒、五粮液、剑南春、古井贡酒、洋河大曲、董酒和泸州老窖特曲。

与第二届全国评酒会的"八大名酒"相比，这次增加了四川绵竹的剑南春和江苏宿迁的洋河大曲，西凤酒和全兴大曲消失了。其中，北派名酒西凤酒的落选，成为一桩极富争议的"公案"。

西凤酒在唐代就已名闻天下。民国时期，凤翔地区年产白酒1000吨，是国内较大的产酒集散地。西凤酒在工艺上，与酱香、清香或浓香型酒都有不同。在制曲上，它跟清香型白酒一样用豌豆和大麦为料，却采取了酱香型酒的高温制曲；在窖池工艺上，它跟浓香型酒一样采用泥窖，但是每年更新一次，每次需要去掉窖壁、窖底、老窖皮，换上新土，年年换窖泥；在贮藏上，它不用陶缸，而发明了一种叫"酒海"①的容器。

因为这些独步江湖的工艺，西凤酒"清而不淡，浓而不艳"。然而，在这次评酒会，它却陷入了痛苦的香型选择。作为评委之一，西凤酒厂的李大信最终在清香型组和浓香型组之间选择了清香型，因香型不匹配，遗憾落选。

"西凤事件"的后果是，在接下来的十多年里，无法或不甘归于四大香型的酒厂纷纷研发和定义自己的香型。西凤酒独立成派，成了"凤香型"；董酒因在酒曲中加入大量药材，成了"药香型"；广东的玉冰烧自立为"豉香型"；河北衡水的老白干成了"老白干香型"；其他还有馥郁香型、特香

---

① 酒海是西凤酒的特色贮酒容器，采用荆条或木材编织成大篓，内壁以血料、石灰等作为黏合剂，糊上百层麻纸和白棉布，然后用蛋清、蜂蜡、熟菜籽油等以一定比例涂擦、晾干而成。

型、芝麻香型和兼香型。最终构成了当今白酒业的十二大香型，未来难保没有新的香型门派诞生。

"一香定天下"，固然非常霸道，不过却在客观上建构了相对公平的评价体系。如同游泳项目，在最初的奥运会上，比赛不分泳姿，就比谁游得快。之后国际泳联才慢慢分出了仰泳、蛙泳和蝶泳，加上自由泳，成为四大泳姿，最终形成了现代游泳的竞技模式。

周恒刚等人坚持以"香"替"味"，先是避免了茅台酒、汾酒等名酒同台品评的难分难解，继而在香型理论的基础上，鼓励各门派建立自己的品种国家标准，促进了白酒业的标准化工业发展。不过，它的后遗症在后来也呈现出来，就是扼制了小品类、地方传统白酒的脱颖而出。[1]

在这一演进过程中，茅台可能是最大的获益者，它也是"香型"概念的最早提出者。同时，以酱香为旗，它从拥挤的泸型酒系中独立了出来。

在茅台酒厂的发展历程中，我们发现，它在战略上最值得称道的是，在一个极其传统，而且千百年来缺乏定量定性和标准化生产的行业里，率先提出了新的产品评价标准——香型，继而在酿造流程中，又第一个实现了要素的标准化。

梳理这一段历史，很难说当年的邹开良、季克良等人是在一个预先设定好的战略框架中完成了这些动作。这一切，如熊彼特和德鲁克所归纳的，是企业家创新精神的体现。

---

[1] 全国评酒会在1983—1984年和1989年又举办了两届，之后宣布永久停办。据我分析，原因有三。其一，被利益绑架，主办机构很难做到真正的公允；其二，很多地方小品类传统白酒无法归类于典型香型；其三，送评参赛产品与实际销售产品在质量上无法保证一致。

具有标志意义的"十条措施"

1979 年 11 月，就在大连评酒会之后不久，季克良完成了《提高酱香型酒质量的十条措施》（以下简称"十条措施"），这是对 1974 年的"九条经验"的提升，意味着茅台酒生产工艺的全面成熟。

到这一年，四十不惑的季克良已经在酒业修炼了十五个春秋，从当年背酒曲的青年成长为自信的技术专家。此时的他，如同一个练武之人，任督二脉被打通，元气充沛，运行自如。从 26 岁开始，他在茅台的烧房里踩曲、堆沙，被窖坑酒坛足足熏了十多年。他的身上具备了两种交融的禀赋，一是现代科班的学术训练，二是传统酒匠的长年浸淫。

一瓶白酒的诞生，要经过制曲、制酒、陈酿和勾兑四个环节，每一处都有各自精妙的关节，非经多年的钻研摸索，虽见其庭而难窥其门，虽窥其门而难入其室。

这四大工种成就其一，便足称门派名师。越其之上，是精通四艺、融会贯通者，是为一代宗师。而再往上，便是能够写经定律的规则制定人，是为大宗师。

20 世纪 70 年代的生产场景，老酒师摘酒（左）与人工下甑（右）

写作"十条措施"的时候，季克良在职务上还仅仅是酒厂生产技术科的副科长，但已经展现出日后成为一代宗师的秉质。

在论文中，季克良开篇就确立了白酒酿制的教条性原则：制曲是基础，制酒是根本，陈酿和勾兑是关键。后来这成为全行业的一个共识和通则。

在"十条措施"中：

与制曲有关的一条——对优质曲的品质提出了要求；

与粮料有关的两条——给出了磨粮的最佳比例和发粮水分的控制数据；

与蒸粮、收糟和堆积发酵有关的三条——给出了具体的蒸粮时长、气压公斤数、收糟温度区间和堆积适温度数；

与酒窖管理有关的一条——提出了避免次品事故的管理要点；

与取酒有关的一条——给出了"量质接酒"的几个操作规范；

与贮藏有关的一条——提出了"分型出醅、分型上甑、分型入库"的基本法则；

与增产有关的一条——给出了多产酱香酒的一些技巧。

"十条措施"除了涵盖酿酒的四大生产环节、定性的判断和建议，还有定量的技术参数。它解决了生产工艺中长期悬而未决的水分之争、曲药之争、窖材之争、原料之争、温度之争等问题。在后来的十多年里，它们经过一次次的打磨和优化，成为茅台酒厂的企业质量标准。到1985年，在此基础上，国家颁布了大曲酱香型白酒生产的国家标准。

在坊间，"十条措施"被总结成了茅台酒的十项酿制工艺规范。

一：一个基酒生产周期。

二：两次投料，两次发酵。

三：三种典型体，酱香、醇香、窖底香。

四：四十天制曲发酵。

五：五月端午踩曲。

六：六个月存曲。

七：七次取酒。

八：八次加曲。

九：九次蒸煮。

十：十项独特工艺——高温制曲、高温堆积、高温摘酒；轮次多、用粮多、用曲多；出酒率低、糖化率低；长期储存，精心勾兑。

这个描述还是过于复杂，到 20 世纪 90 年代初，随着越来越多的人挤入

茅台酒十项酿制工艺规范

07 / 七次取酒

01 / 一个基酒生产周期

04 / 四十天制曲发酵

08 / 八次加曲

02 / 两次投料两次发酵

05 / 五月端午踩曲

09 / 九次蒸煮

03 / 三种典型体酱香、醇香、窖底香

06 / 六个月存曲

10 / 十项独特工艺

茅台酒十项酿制工艺规范

酱香酒赛道，人人以茅台酒厂为标杆，便有了朗朗上口的口号"12987"——"一年生产周期、两次投料、九次蒸煮、八次发酵、七次取酒"。

日后，所有酿制或经销酱香型白酒的人，都会背诵"12987"，以此为区别于其他白酒的重要特征。如果就专业而言，同是"12987"，不同酒厂最终体现在产品上的差距仍然非常大。这就好比学打太极，摆架作势，动作像模像样，也许并不是什么太难的事情，然而，要打出太极拳的精气神，打出独特的气度和格局，却需要深研，掌握拳理、拳式和套路，并经受时间的残酷磨炼。

不过，换一个角度讲，行业里的每个人都奉"12987"为圭臬，就意味着茅台酒厂成了整个酱香型酒品类的规则制定者，它拥有了对产品或行业的定义权，进而决定了企业的行业地位及长远战略的有效性。

酒师制的恢复与 TQC 小组

1980 年，李兴发得了一笔 500 元的奖金，这相当于他一年的工资，奖励他在 1964 年发现了三种典型体。这笔奖励虽然迟到了十多年，但还是在酒厂上下引起了不小的轰动。

周高廉和邹开良试图以此表明对酒师制的尊重和回归。在"文革"时期，提倡人人都是主人翁，师徒制被看成封建传统的糟粕。茅台酒厂虽然对技术骨干持保护态度，但是收徒弟显然是不现实的。就在 1980 年，酒厂给省里打了一份报告，在省长苏钢的批准下，茅台酒厂恢复了酒师制。同时，酒厂享受了两个在当年的国营工厂（其实到今天也是如此）几乎难以想象的特殊政策：

——技术精湛的老酒师可以到退休年龄后，以技术顾问的身份继续返聘，其聘用期没有时限；

——酒师的子女可以不受招工规定限制，通过特别通道入职为酒厂的职工。

这两条政策类似日本的终身雇用制和年功制，为酒厂的技术传承和忠诚度教育打下了扎实的长期基础。

我去调酒部门调研，现任首席调酒师王刚是1992年进厂的，从基层勾兑员干到最高层级的首席。他的父亲便是1972年为尼克松和田中角荣勾酒的"王连长"王道远。王道远有四个子女，目前都在酒厂工作。王刚还告诉我，现在的调酒部有14位勾兑酒师，最近十多年，没有被挖走过一个人。

第二车间的车间酒师冯沛庆的经历跟王刚很相似，他的父母都是"老茅台"，生了三子两女，目前都在茅台酒厂工作，老大、老二的儿子现在大学毕业也入职酒厂，算是"茅三代"了。冯沛庆跟王刚同年进厂，1998年当了副班长，两年后当班长，2001年当上酒师，目前是全厂的20位一级酿酒师之一。冯沛庆告诉我，当年一起进厂的有40多人，干到酒师这一级的也就两三个人，在当地，能当上茅台酒厂的酒师，是一件十分荣耀的事。

像王刚、冯沛庆这样子承父业的情况，在茅台酒厂不在少数。

在写《茅台传》的时候，我访谈了不少仁怀周边的大小酒厂。企业主一方面对茅台酒厂充满了尊敬，另一方面也都感叹，挖到一个酒厂的核心技术人员比登天还难。

还是在1980年，邹开良在工厂推行了一系列经营管理体制改革。首先把"统一核算"改成厂部、车间、班组"三级核算"责任制。在生产车间推行"五定""四包""一奖"："五定"即定产量、定质量、定周期、定人员、定费用，"四包"即包工资、包夜餐支出、包岗位津贴、包高温补贴，"一奖"即包装车间推行节约奖的"计分计奖"超额奖。对于完不成"五

1984 年王熙容全家福，背景是茅台酒厂老化验室。特别通道的开通让茅台酒厂内出现了许多"茅二代""茅三代"甚至"茅四代"家庭，王熙容一家便是四代人都在茅台工作

"茅二代"家庭，王刚父子

在茅台酒厂采访王刚

1981 年酒厂子弟学校师生合影，照片中的很多孩子后来成了酒厂员工

一名"茅三代"女孩站在 1966 年第二期茅台试点人员合照前，她的奶奶正是当时试点小组的一员

1986 年茅台酒厂庆祝五一晚会上的年轻人

20 世纪 80 年代，酒厂子弟学校正在进行知识测试，桌上摆着可口可乐作为奖品

定""四包"的车间，采取相应的处罚措施。

同时，邹开良还进一步健全和完善了十项管理制度，即《职工守则》《劳动纪律暂行条例》《制酒操作规程》《制曲操作要点》《茅台酒勾兑操作规程》《新酒检验操作要点》《文明生产守则》《水、电、气管理办法》《制止喝酒风的暂行规定》《包装生产操作规程》。

尤其值得一提的是，他还在这一年成立了贵州省工业系统的第一个 TQC（total quality control，全面质量管理）小组。后来的几年，他在 TQC 基础上建立了由 31 类、343 个标准构成的企业标准化体系。1993年，茅台酒厂荣获全国优秀企业"金马奖"，邹开良同时获得全国优秀企业家"金球奖"，获奖的理由便

1993 年，茅台酒厂获得
全国优秀企业"金马奖"

是，常年坚持以质量为核心的 TQC 体系。

1980 年是一个积雪初化的年份，改革开放正在这个国家的一些角落小心翼翼地展开。北京中关村出现了第一家民营科技公司；在南方的深圳，特区办公室挂牌了；可口可乐出现在了北京和上海的高档宾馆里；全国有 6000 多家国营工厂被允许进行扩大自主权的试点；在江苏和浙江的农村，一下子冒出了成批的乡镇企业。

地处偏远河谷的茅台酒厂，无疑也兴奋地感受到了大时代变革的气息。在规模上，它还是一家不算大的企业，1980 年完成了 1152 吨产酒量，年产值为 576 万元，利润为 72 万元。不过，比这几个数字更重要的是，它的身上正在发生着现代企业的基因突变。

1981 年，茅台酒厂进行领导班子调整，邹开良被正式任命为厂长，而生产科副科长季克良连跳两级，被任命为副厂长。

14 双重焦虑

茅台酒是一个讨饭的王子。

——邹开良

规模：增长之王

自 20 世纪 80 年代以来，中国市场上获得成功的企业，绝大多数是在三个方面取得了突破，分别是：规模、渠道和品牌。

其中，规模是"增长之王"。

规模如同一股强劲的空气，是解决一切企业问题的入口。尤其是在一个行业的爆发期，规模会带来诸多的决定性优势：生产和运营成本的下降，市场覆盖面的扩大，以及在竞争中以价格优势对竞争对手实施碾压攻击。

在中国白酒业，第一个把规模当成"核武器"来运作的是常贵明（1930—2005）。

他跟邹开良有惊人相似的经历：1930 年出生，17 岁参军，1950 年入职汾酒厂，1979 年担任厂党委书记，一直干到 1996 年离休。他在汾酒厂工作 46 年，掌舵 17 年，这段时间与邹开良执掌茅台的时间基本重合。

在 1979 年，汾酒的产能与茅台酒差不多，年产量都在 1000 吨上下。常贵明在接下来的几年里，疯狂扩张产能，1983 年增加到 4000 吨，1985年再涨到 11 500 多吨，汾酒厂一举成为全国最大的白酒生产基地——相比之下，茅台酒年产过万吨，是 2003 年的事情了。

汾酒产能的快速扩张，有它先天的优势。首先，清香型白酒是将酒醅埋于土中的陶坛里发酵，不需要开挖窖坑。其次，它的发酵时间为 28 天，比浓香型和酱香型都要短十几天，取酒工艺则是"清蒸二次清"，两次蒸馏得酒，当年即可销售。

为了多出酒，出好酒，常贵明还在厂内推行了极具刺激力的奖金制度：工人每超产一公斤合格汾酒，只给奖金 1 分钱；每生产一公斤优质汾酒，就给奖金 1 角钱；每生产 1 公斤特质汾酒，则给奖金 3 角钱；汾酒能获一枚质量金牌，全厂每人得奖金 100 元；如果失去一枚质量金牌，全厂所有人都降一级工资。

随着产能的翻番，加上汾酒强大的品牌势能，杏花村汾酒厂在整个 20世纪 80 年代成为中国白酒业的统治者。1987 年 6 月 29 日，新华社在一篇报道中描述说，杏花村汾酒在全国有"四最"："一是每年的出口量最大，等于全国其他名酒出口量的总和；二是名酒率最高，达 99.97%，全国每斤名酒中就有杏花村汾酒厂的半斤；三是成本最低，物美价廉；四是得奖最多。"

"汾老大"的名号就是这个时期被喊响的。

两次失败的易地试验

相比汾酒，茅台酒厂在产能扩张上的速度就要慢很多了。它在 1978 年首次突破千吨大关，后来的几年里，每年的增速都在几十吨，1983 年的产量勉强到了 1200 吨。

事实上，自 1958 年提出"搞它一万吨"茅台酒之后，从国家轻工业部到贵州省，都在茅台酒的产能增加上做过文章。不过，在很长的时间里，上级部门希望通过易地生产的方式来实现。在很多人看来，茅台酒过万吨，并不是指茅台酒厂产量过万吨。

1964 年的茅台试点之后，轻工业部认为，茅台酒的生产工艺已经被摸清楚了，具备复制扩产的条件，于是，展开了第一次易地生产试点，先后在北京昌平、湖南以及辽宁、山东、内蒙古等 10 个地方，开建茅台酒的生产工厂。当时的想法可能是，如果每家酒厂都能干出一千吨，主席下达的任务就完成了。

这些酒厂酿制的酒虽然都是酱香型的，可是在品质上比较平庸，与茅台酒厂的相比，得其形而未得其香和味。最后，厂是都建成了，酒也出了，却没有实现"换钢材"的目的。而后来的结果是，在 20 世纪 90 年代初期，这些酒流入市场，一度造成了酱香型白酒的泛滥。

在第一次易地试验失败后，很多年里没有人再提此事。到 1975 年，中国科学院立项"茅台酒易地生产试验"，作为国家"六五"重点科研攻关项目之一。于是，易地试验再次启动。

这一次下的决心更大，而且指令茅台酒厂全面配合。

新工程被选址在遵义北郊的十字铺。这里地处大娄山隅，被群山环抱，是一个僻静的山谷，村里有一口清泉，村民叫它"龙塘"。明代以来，当地人就有以清泉酿酒的传统。

新工程被定名为"贵州茅台酒易地试验厂"。在贵州省科委的直接领导下，茅台酒厂派出了 20 多名技术骨干，基本上是成建制迁移。高粱、曲药、母糟、铲沙的木锨、木车等都是从茅台酒厂转运过来的。甚至，连构建酒窖窖泥的砂石都采自茅台镇周围的山上，以保证百分之百地"复制"。

遵义市革命委员会文件

遵市发（1974）062号

★

遵义市革命委员会
关于新建"贵州茅台酒易地试验厂"的通知

根据省科委、省经工局于一九七四年八月廿九日皙科业字第49号、（74）皙经科字第145号文件批示精神，经市革命委员会研究决定新建"贵州茅台酒易地试验厂"。特此通知。

遵义市革命委员会
一九七四年十二月九日

附：办公地点暂设遵义市中医院门诊部一楼右侧。

报：省革委。地革委。
送：省科委、省经工局。地科委、地轻工局。
发：市属有关单位。

新建"贵州茅台酒易地试验厂"的红头文件

到 1978 年，为了推进工程进度，省科委决定再从茅台抽调骨干。曾经担任过厂长、在车间潜蛰了整整 10 年的郑光先主动请缨，加上副总工程师杨仁勉等 28 人驰援试验厂。1981 年 4 月，国家科委主任方毅专门赶赴十字铺视察，要求在 1985 年通过鉴定。

"十字铺"工程前后进行了 10 年，其间完成了 9 个周期的基酒生产、63 轮次试验、3000 多次分析研究。1985 年 10 月，国家科委在贵阳组织"茅台酒易地生产试验"鉴定会。在发给贵州省科委的电话记录中专门提醒："一定要组织暗评，这样才能取得对比数据，一定要保密，评定结果可以不公开。"

鉴定会的专家组由时任中国科学院副院长严东生领衔，鉴定人员包

14　双重焦虑

1985 年，茅台酒易地试验鉴定会专家合影：（右三）郑光先、（右五）杨仁勉、（左三）季克良

易地试验厂生产的茅台酒

括方心芳、周恒刚、熊子书以及季克良等 23 人。他们给十字铺版茅台酒打出了 93.2 分，鉴定"基本具有茅台酒风格""质量接近市售茅台酒水平"。

然而，试验厂的酒最终没有定名为"茅台酒"，而被起名为"珍酒"。①

很多年后，我请教季克良其中的原因。他沉吟片刻后说：第一，试验厂希望独立发展；第二，毕竟还不是茅台酒。

1984 年：800 吨扩建

就在易地试验厂项目接近完成的 1984 年，茅台酒厂向银行贷款 3834

---

① 珍酒在 20 世纪 90 年代后期陷入困境。2009 年，白酒渠道商华泽集团以 8250 万元全资竞购贵州珍酒厂，实现了产权的私有化。

万元，投资"800吨扩建"工程。当时公司账上几乎没有多余的"存粮"，贵州省的金融机构底子又薄弱，这笔款是从多家银行分头贷来的，每年的利息就相当于酒厂一年半的利润。尽管如此，茅台酒厂还是决心赌上一把，邹开良则亲自担任扩建工程指挥长。

这是酒厂的第四个车间，而三车间的建设时间则是在遥远的1957年。

扩建工程选址在三车间南面赤水河沿岸，占地253亩，施工面积7.46万平方米，其中生产性建筑面积5.47万平方米。在施工建设中，选用了当时最新的一些设备，比如在制曲车间安装了回转反吹类袋式除尘器，大大降低了粉尘浓度；在锅炉房选用了高效能的水膜麻石除尘器；还建成了一根60米高的大烟囱。酒厂为扩建工程的投产，培训技术工人120人。

在窖池工艺上最大的改进，是全部采用条石窖。之前烧房时代的窖坑有碎石窖、泥窖和条石窖三种。我在茅台镇调研时，专门考察了几次烧房旧址。"王茅"原在的第一车间，改造之前的酒窖均为碎石窖。在酒厂的文化广场上，有几处废弃的老酒窖，要么是泥窖，要么是碎石窖。王家在黑箐子的自家大宅的家族小烧房现在归王立夫酒业的老邱，我请他陪同前去查看，残存的四口酒窖均为碎石窖。

20世纪50年代，烧房的碎石窖（左）与条石窖（右）

在酒厂内部，一直有窖石之争。季克良等人经过反复试验认为：泥窖含水量大，水分不易掌握，酒的质量波动大；碎石窖易漏气，高温发酵，容易烧干酒糟；条石窖坚固耐用、规范，不易漏气，可保产品质量稳定。

更得"天助"的是，茅台镇的地层由沉积岩组成，形成于 7000 万年前恐龙统治地球的白垩纪，将之开采为条石，酸碱适度，具有良好的渗水性和透气性，利于窖内温湿度控制，而且具有较大的颗粒缝隙，利于微生物的生长和繁衍。

因此，在四车间的建设中，条石窖成为茅台酒窖池的标准配置。邹开良还要求将全厂的窖池全部进行改造，同时对每个窖的长、宽、深做了统一规范。

四车间在 1988 年 10 月交付，首任车间主任是年轻的技术骨干陈孟强。在他的带领下，车间

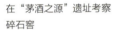

在"茅酒之源"遗址考察碎石窖

进行多种工艺试验，特别是在用曲比例、小堆积发
酵、合理投入水分、窖内温度变化控制、如何提高
二轮次酒产量等方面取得了突破。到 1991 年，四车
间的年产酒量就达到 1032 吨，超过了原定的生产
能力。

　　在创作访谈中，我发现，尽管在后来的年份里，
茅台酒厂不断扩大产能，厂区面积越来越大，车间也
越来越多，然而对很多人而言，"800 吨扩建"工程
是他们印象最深的一个叙述点。也许那是他们共同的
青春记忆，也是酒厂历史上第一次大规模的工业化建
设。我问一位高管："在扩建中，有哪一件事情令你最
难忘？"他的回答居然是迁坟。当时在 200 多亩的施
工区内有 106 座坟墓，当地村民对动坟极为忌讳，以
往一旦涉及这类事情，往往发生流血械斗。为了说服
每一户人家，邹开良等人逐户拜访，竟然没有因此发

生冲突性事件。

"800 吨扩建"工程是茅台酒厂在 20 世纪 80 年代最重要的建设成果，它的完成意味着酒厂在现代化生产上的一次质的飞跃，同时也为即将到来的市场化竞争时代，积累了一定的产能储备。

1986 年：去人民大会堂开获奖纪念会

1983 年 10 月，44 岁的季克良出任茅台酒厂第五任厂长，那一年，他从南通到茅台镇快要足足 20 年了。他的口音中已经带上了仁怀方言味，或许是遗传的缘故，他的头发在几年前也开始发白。

那些年，酒厂的工作十分繁忙，邹开良把大部分的精力放在了"800吨扩建"工程上，工厂的经营生产都压到季克良身上。1985 年 3 月，茅台酒在巴黎举办的一场美食与旅游活动中得了一个"金桂叶奖"，中国驻法大使去领了奖，这是新中国成立后茅台酒第一次获国际奖项的金奖。消息传回国内，厂里上下自然都很高兴。邹开良在厂务会上说："今年是茅台酒在巴拿马万国博览会上获奖七十周年，我们是不是可以弄一个大一点的纪念活动？"

邹开良拿着报告跑去省里汇报，时任贵州省省长王朝文突发奇想说："纪念活动可不可以去北京的人民大会堂办？"

茅台酒厂常年供酒北京，邹开良跟人民大会堂管理局局长、行政处长都很熟悉。具体的事宜张罗到 1986 年 9 月，还真的办成了。主办方是贵州省政府和轻工业部，茅台酒厂具体承办。9 月 18 日那一天，来了 300 多个嘉宾，包括若干党和国家领导人，他们中的一些人正是当年三渡赤水的亲历者。

这是新中国成立之后，茅台酒的第一次品牌传播活动，可以说起点非

1985 年 6 月 12 日，贵州茅台酒获法国巴黎国际美食及旅游委员会"国际质量金桂叶奖"

1986 年 9 月 18 日，在北京人民大会堂开巴拿马万国博览会获奖七十周年、获巴黎国际美食及旅游委员会金桂叶奖一周年纪念会

1986 年北京西苑饭店"茅台宫"开业典礼

常高。当时国内几乎所有报纸、电视台和电台的主流媒体都进行了报道。它同时也开了人民大会堂承接商业活动的先河。

在筹办纪念大会的同时，季克良还顺便干成了一件事情，他在北京的西苑饭店开了第一家茅台酒专营店"茅台宫"。很多年后，季克良还清晰地记得当年协助他办成这件事的宾馆经理的名字。

被养在"温室"的痛苦

20 世纪 80 年代中期的茅台酒厂，一切看上去都顺风顺水的，产能焦虑缓解了，国际奖杯领回来了，品牌活动也办得有声有色，然而，就是有一个苦恼却一直缠绕不去：企业利润非常微薄。用邹开良的话说就是："茅台酒是一个讨饭的王子。"

在茅台酒厂的历史资料里，专门有一段话记述了当年的情况："从建厂到 20 世纪 70 年代，茅台酒厂的销售在实行统购包销的过程中，因执行国家高税、商业厚利、工厂薄利的计划政策，每调出一吨茅台酒，商业获利5000 ~ 6000 元，工厂仅获利 60 元。"

"王子讨饭"的原因，便是没有销售的权利。从合并建厂的第一天起，茅台酒的销售权就在专卖机构手上，酒厂仅仅作为一个内部结算的生产单元存在。

回顾计划经济年代，茅台酒的出厂价（当年叫调拨价）模式，几乎是所有国营制造企业的一个缩影。

在 1958 年之前，实行成本定价法，即工厂一年下来，把所有的生产和运营管理成本核算上报，专卖公司给一个留利比例。这个利润率基本上为0.65% ~ 1%，也就是说，100 万元的生产收入，最多可以留 1 万元的利润。尽管十分可怜，但总是有利润的。

1958 年之后，改为收支两条线，即专卖公司定一个调拨价格，生产成本如何，它就不管了。于是很快，工厂就陷入了常年的亏损。

多年以来，酒厂与渠道之间的利益分配一直就畸形得惊人，如酒厂历史资料所记录的，相差足足有 100 倍。

在 1951 年，专卖机构给酒厂的调拨价为每瓶 1.31 元，而专卖零售价为 2.25 元。30 年后的 1981 年，调拨价为每瓶 8.4 元，专卖零售价为 25 元。到 20 世纪 80 年代中期，在华侨商店和友谊商店的外面，茅台酒的黑市价格（这也是它在国内零售市场的公允价格）被炒到了 140 元，而出厂价还是 8.4 元。

这一笔账还没有把税收考虑进去。到 1978 年扭亏为盈之前，酒厂连续亏损了 16 年，总亏损额为 445 万元，然而，在这期间，上缴给国库的税金却有 1307 万元。

1978 年党的十一届三中全会召开以后，全国进行国营企业"放权让利"试点改革。周高廉几次跑省里要求将茅台酒厂列入试点，但没有被允许，理由是"茅台酒很特殊，而且酒类属于专卖事业，先放一放再说"。到 1980 年，为了安抚酒厂，商业部门做出了让步，每吨酒给予 1200 元的补贴，到 1983 年又增加到 7800 元。

在那一时期，企业承包制改革如火如荼，国家体制改革部门以"包死基数，确保上缴，超包全留，欠收自负"为原则。杏花村汾酒厂等酒企都享受到了这样的政策，常贵明拼命扩大产能，其内在的动力便在这里——多酿的酒都是计划外的，可以自主销售。而茅台酒厂因为外贸和外交的两重特殊性，反而成了改革的"例外"。上级部门宁可给定额的补贴，也不愿意给自主权。

酒厂终于获得一定的销售自由，还是因为一个特别人物的"帮忙"。

1985 年，中共中央顾问委员会委员、原海军副司令员周仁杰中将"重

1980 年陕西省副食服务公司销售（调拨）发票，茅台酒调拨价为 7.14 元一瓶

走长征路"到了茅台酒厂，厂长邹开良请他喝酒。喝到高兴处，副司令员问："厂里现在有什么困难吗？"邹开良说："缺钱，很缺钱，非常缺钱。"副司令员的脸上就有些为难了。邹开良乘机请他向上级请个愿："我们既不要钱也不要东西，能不能要一定比例的产品销售权。"[1]

周仁杰回去后认真地帮酒厂办这件事情，报告一直打到了国务院，到 6 月，轻工业部和贵州省政府办公厅先后下文，允许茅台酒厂将超计划部分的 30% 进行自主销售。

这份文件一下，当年酒厂实现利润 576 万元，比上一年翻了一番还多。

到 1987 年，随着企业改革的深化，上级又从"篮子"里拿出了一块，允许酒厂自主调拨 40% 的计划内任务。

当"邹开良们"挤牙膏般地从计划体制中争取自主权的时候，谁也没有料到，这只紧握的手会在某一天突然完全打开。

1988 年，中央政府推行物价改革，废除"价格双轨制"，宣布酒类价

---

[1] 邹开良，《国酒心》，人民出版社，2006 年。

格全面放开，除了出口仍由中粮包销，国内市场允许自由竞争。

　　挣扎了整整37年、一直哭着喊着要自由的茅台酒厂，就这样突然被推进了市场的大海洋。到这个时候，它才发觉，其实自己并没有为这一天的到来真正地做好准备。

15 到哪里去卖茅台酒

无论最终结局多么激动人心，从优秀到卓越的转变从来都不是一蹴而就的。

——吉姆·柯林斯，《基业长青》

"要买真茅台，请到此地来"

在很多年里，对绝大多数的中国消费者来说，茅台酒是一个传说。

人们在尼克松访华的新闻照片中看到了茅台酒，在全国评酒会的榜单上又看到茅台酒，但是，在日常生活中，这种酒却似乎并不存在，它与民间"绝缘"，只闻其名，难见其身。

作家叶辛是在弄堂里长大的上海人，20世纪70年代末，他听人说茅台酒"很不得了"，于是就想看看它到底长什么样子。当时的上海滩最时髦的地方是南京路的四大百货公司，那里"样样东西都有"。于是，叶辛跑到南京路，从路头跑到路尾，逛遍了整条南京路上所有的百货商店，在各家食品烟酒柜台上，就是没有找到茅台酒。[①]

如果说"叶辛们"的问题是去哪里买茅台酒,那么"邹开良们"的困扰却是,去哪里卖茅台酒。

尽管酿了这么多年的茅台酒,酒厂上上下下好像从来都没有见过喝茅台酒的人。

国内的酒通过糖酒公司卖,卖给了谁,酒厂当然不知道也不关心,外销的酒通过中粮卖,更是找不到人。广州每年有一个广交会,是一年一度最大的外贸交易会,酒厂是没有资格去参加的。有几年,汪华等人就随着卢宝坤去广州,通过各种办法混进去,也算是看了几回热闹。1986 年,季克良在北京开了第一家茅台酒专营店,之所以选在西苑饭店,也是因为它的周边有国家计委、财政部和建设部等主要部委,季克良想当然地认为他们就是茅台酒的主力消费者。

所以,当自由到来的时候,2000 多吨酒如何销售,酒厂是完全没有底的。唯一的自信是,咱们是"国家名酒",没有人不知道。

但问题是,1988 年"物价闯关"失败,接下来是经济不景气和治理整顿。到 1989 年,《中共中央办公厅、国务院办公厅关于在国内公务活动中严禁用公款宴请和有关工作餐的规定》出台,规定工作餐不准上价格昂贵的菜肴,不准用公款购买烟、酒。茅台酒被列入社会集体控制购买商品名单。用邹开良的话说,有关规定里的"高档白酒"指的其实就是茅台酒。

> 1989 年,国家进行经济调整,带来市场疲软,产销失衡,茅台酒被列为社会集体控购商品。全国白酒价格放开,国家物价局将茅台酒价格调得很高,出台有关规定,宴请外宾不准用高价位的白酒,实际是指茅台酒。因此茅台酒的销售跌到了谷底,一向是"酒好不怕巷子深"

---

① 胡腾,《茅台为什么这么牛》,贵州人民出版社,2011 年。

"皇帝女儿不愁嫁"的茅台酒，也出现了有史以来的第一次滞销。①

几乎是一夜之间，刚刚走向市场化的茅台酒全面滞销，每瓶零售价从208元瞬间跌到95元。酒厂欲哭无泪，只好紧急打报告，请求各地糖酒公司的援救。

在商业部的协调下，3月在遵义专门为茅台酒厂举办了一次协调会。当各地糖酒公司代表到遵义的时候，他们发现，马路边地摊上都在卖茅台酒，最便宜的只要50多元一瓶。商业部主管白酒业务的处长叫刘锦林，他陪着邹开良从早上十点开始到深夜两三点，与30多个省的公司代表一家家地谈。三天谈下来，订货量仍然寥寥。

"邹开良们"终于尝到了自由的苦涩，这一年的第一季度只销出90吨酒。他回忆说：

> 茅台酒仓库爆满，流通受阻，资金匮乏。动力车间锅炉房没有煤了，铲锅巴煤救急；汽油储存量不到二百斤；酿酒原料无钱购买，好的原料也因地方封锁进不来，在武汉购买的五百多吨小麦，运到火车站台上还给逼着退回去。真是火烧眉毛，急如星火。②

连商业部开协调会也解决不了，邹开良只好自己去跑市场。在接下来的两个月里，他跟两个同事自己开车，跑了广东、福建和浙江的十多个城市，行程有几千公里。

邹开良签下第一份城市代销协议是在厦门。

---

① 邹开良，《国酒心》，人民出版社，2006年。
② 同上。

委托书

为维护国酒声誉，维护广大消费者利益，中国贵州茅台酒厂特委托福建省厦门市华联商厦在厦门市设立"中国贵州茅台酒厂福建总经销"，经营贵州茅台酒系列产品。

特此委托

中国贵州茅台酒厂

法人代表（厂长）邹开良

一九八九年三月二十日

签于 1989 年的茅台酒厂第一份城市代销协议

在广州的友谊商店洽谈时，商店的人抱怨说，茅台酒价格太高，假冒产品又多。邹开良就向他建议说："要不我来出钱，你们替我们打一个广告。"

不久，广州市沿江路的华侨友谊公司大楼挂出了一块广告牌："要买真茅台，请到此地来。"

这是茅台酒厂建厂以来的第一个广告。

就这样，在最困难的1989年，邹开良亲自带队跑市场，在各个中心城市建立了21个代销点，它们居然完成了三分之一的自销产量。到年底，酒厂生产了1727吨酒，比前一年还增长了32%，销售额首次突破了1亿元。

到20世纪90年代初，成都举办全国糖酒商品交易会，这是国内食品行业最大规模的订货会，在此之前，它与茅台酒无关。这一次，邹开良派出副厂长宋更生前去参加。宋更生咬咬牙，提出要3万元的宣传费，邹开良说："我给你5万元，不够的话还可以多花点。"宋更生到了成都，请了一支宣传队，亲自背着彩带，开着带大喇叭的宣传车，在成都游街走巷，同时还租了几个空飘气球，几公里外就能看到。

茅台酒厂参加成都秋交会时的宣传

1988年12月，茅台酒厂参加首届中国食品博览会

"皇帝的女儿"就这样毫无悬念地跌到了民间。

事实上，在未来的三十多年里，茅台酒仍然将遭遇一次又一次的政策打击、滞销跌价、经销商流失更换，而每一次的危机，都逼迫着企业走出舒适区，迎来新一轮的应战变革。从这个意义上说，所有的创新都是危机倒逼的结果。

飞天商标的隐患

如果说宏观政策环境的突变，是茅台酒踏上市场之路遇到的第一场倒春寒，那么也是从那一天起，有一个更凶险的隐患一直潜伏在茅台酒的身上，那就是商标权的缺失。

1958 年，飞天商标诞生。根据当年的协定，商标由中粮设计和注册，酒厂负责印刷制作。当年谁也没有觉得这个协议有什么毛病，然而随着市场化的启动，这竟成了茅台酒厂最大的软肋。

在当代企业史上，一个地域特产的商标被外贸机构占有而引发的竞争性事件，并非孤例。在计划经济年代，绍兴黄酒是最大的外贸酒品种，它每年的出口量是茅台酒的 10 倍以上。也是在 1958 年，中粮注册塔牌，以此为商标出口黄酒。20 世纪 90 年代之后，绍兴试图要回塔牌商标，而中粮总公司把商标给了浙江分公司，并在绍兴独立建厂。双方几度谈判，始终无果，当地黄酒企业先后创建了会稽山牌和古越龙山牌与之竞争。

相比塔牌，飞天的命运更加曲折：中粮在中国香港及 37 个国家注册了"飞天"和"贵州茅台酒"商标。1974 年，中粮广西分公司在中国内地注册"飞天"。1981 年，广西分公司又把商标权移交给了总公司，到 1984 年，总公司下放管理权，飞天商标落到了贵州分公司的手上。

进入市场经济时代后，茅台酒的外贸比例快速下降，而国内市场的价

茅台酒飞天商标在香港
注册

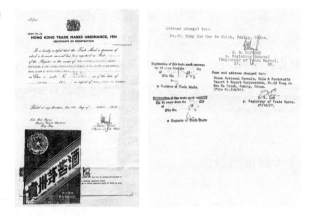

格超过国际市场，出现飞天牌茅台酒回流的现象。与此同时，因为外贸产品在当年的消费者心目中高人一等，茅台酒厂也开始用这个商标在国内展开销售。

于是，矛盾激化，两方纷纷向上级举报对方违约。与此同时，中粮贵州分公司效仿浙江同事的做法，在贵阳等地寻建新的茅台酒生产基地，试图与茅台酒厂彻底切割。后来的十多年中，中粮贵州分公司还将飞天商标多头质押贷款，因经营不善，造成巨额资金违约。中国银行贵州省分行曾向法院申请诉讼保全，中国工商银行贵州分行、长城资产等债权人也曾多次向法院申请查封飞天商标。

商标权的隐患一直困扰了茅台酒厂很多年。2001 年，茅台酒厂在上海证券交易所挂牌上市，在招股说明书中，这仍然作为一个"重大提示"被特别警示出来。一直到 2011 年 10 月，在贵州省高级人民法院的主持下，茅台酒厂与各债权人达成《执行和解协议》，以有偿转让的方式最终获得了飞天商标的国内注册专用权。

今天，旷日持久的飞天商标纠纷案已成为商学院知识产权课程中的一个经典案例，生动地折射出中国企业在从计划经济向市场经济转型的过程中所遭遇的种种体制性困扰。

而今迈步从头越

如果有可能，在 1995 年前后，你来到茅台镇，站在赤水河畔，从毛泽东当年渡河的黄桷树下，眺望对岸杨柳湾的茅台酒厂，你会看到，三个老车间和一个新车间都呈现出繁忙的景象。在 1991 年，酒厂再次启动扩建工程，五年后完成，到 2000 年，产酒量扩大到了 6000 吨，当时的产能瓶颈基本消除。

历史总是在曲折中一再地演变，然后让事实呈现出新的内涵和面貌。当年提出的"搞它一万吨"茅台酒，被酒厂的决策者们设定为企业扩张的核心目标，它的激励和标志意义，已全然超出了当年的叙述语境。

1995 年，在盐津河大桥北端，酒厂出资修了一座四柱三门、牌楼亭阁式的"国酒门"，高 18.6 米，宽 23.8 米。在旁边的小山坡上，还竖起了一个高达 31.25 米、直径 10.2 米的巨型茅台酒瓶，它能容纳 293.8 万瓶一斤装的茅台酒。巨型酒瓶前立一花岗岩石碑，上书"天下第一瓶"五个行楷大字。酒厂为它申请了一个"世界最大的实物广告"的吉尼斯纪录。

那是一个敲锣打鼓的营销年代，酒瓶大就意味着力气大和影响大。也是在那几年，宜宾的五粮液也修了一栋酒瓶形状的大楼，高达 74.8 米，同样申请了吉尼斯纪录。今天的年轻人若去看，总觉得既奇怪又突兀，而如果回到时代背景下，却也是当时的人们顺理成章的创意。

从剪报资料看，茅台酒第一次被中央级媒体称为"国酒"，是在 1991年。那年 2 月 7 日，新华社的一篇介绍茅台酒独特香气的新闻通稿使用了《"国酒"茅台酒香之谜新解》这样的标题。此后，"国酒茅台"便成了酒厂自我宣传以及很多媒体在报道中使用的名词。在后来的十多年里，随着市

1982 年《中国民航》封面广告。从 1975 年开始，乘坐中国民航国际航班头等舱的旅客可以获赠茅台酒一小瓶，获饮茅台酒一小杯，这项服务一直持续到 20 世纪 80 年代末

1　20 世纪 50 年代的"飞天茅台"广告，这也是现存能看到的最早的"飞天茅台"影像广告之一

2　20 世纪 50 年代末至 60 年代初中粮打出的"飞天茅台"广告

3　1989 年茅台酒厂在《酿酒科技》杂志刊登的封面广告：国酒茅台，玉液之冠

1995 年建造的巨型茅台
酒瓶

场竞争的日趋激烈，围绕着"国酒"的使用权以及"谁才是开国大典用酒"
等，各大酒企展开了旷日持久的争论。"国酒"之争，要到 2019 年才尘埃
落定，而"开国大典用酒"之争，则恐怕要待本书出版之后，方可能被厘清。

无论如何，这是一家不错的企业，从计划经济的藩篱中挣脱了出来，
产品质量稳定，管理井井有条，企业领导者正当盛年，雄心勃勃。1993 年，
茅台酒厂获得全国优秀企业"金马奖"，邹开良获第五届全国优秀企业家
"金球奖"。

尽管如此，你可能还是很难想象，20 多年后，茅台将成为中国市值最
高的制造企业，而且将超过帝亚吉欧，成为全球市值最高的烈酒公司。

这是一次从优秀到卓越的伟大历程。正如吉姆·柯林斯在《基业长青》
中所感慨的，"无论最终结局有多么激动人心，从优秀到卓越的转变从来都
不是一蹴而就的。在这一过程中，根本没有单一明确的行动、宏伟的计划、
一劳永逸的创新，也绝对不存在侥幸的突破和从天而降的奇迹"。

后来被视为"奇迹"的这家企业，其实经历了无比痛苦和曲折的成长，
这是一个不断蜕变和超越自我的过程，充满了必然与偶然的冲突。如果从
1862 年成义烧房的建立算起，它已经是一个百年老企业了，如果从 1953
年的三房合并算起，它也已经年过不惑。在过去的那个时期，它完成了对

产品的质量定型，并且创造出"香型"这一新的行业评价标准。它是全行业定价最高的产品，有着其他品牌难以复制的国家记忆。它也搭建完成了现代企业制度的基本架构，告别了作坊式的传统管理。

从现在开始，它将接受一场市场竞争的大考。

如果从这个角度来俯瞰，茅台酒厂仍然有种种短板和缺陷——在1995年，它甚至都没有组建自己的销售公司，它的品牌势能是一个"传说"，并没有经受真正的消费者考验。而从行业和外部环境而言，它也并不处在很有利的位置，甚至可以说是四面楚歌，困境重重。

价格与产品——高昂的定价是茅台酒的优势壁垒，同时也是它亲近更广泛消费群体的障碍。在未来的很多年里，它将在价格梯度和单品与多品的抉择中摇摆和彷徨。

渠道的新建——在广袤的中国市场，渠道模式的创新以及长期利益共同体的维护，从来是消费品制胜的核心能力之一。作为一个渠道新手，尤其是灵活性远远不如民营公司的茅台酒厂，在这一方面将经受持续的考验。

地域性品类的困扰——如同龙井茶、景德镇瓷器一样，茅台酒是一个地域性的品类，并非茅台酒厂所独享。它如何摆脱了前两者迄今未予破解的难题，而具备了独一无二的品类统治能力？

烈酒与年轻化——在全球酒类消费中，烈酒的比例从来没有超过10%，尤其是在年轻中产群体中，啤酒、葡萄酒乃至日本清酒占有更高的市场份额。茅台酒如何在中国市场拥有了广泛而忠诚的中产消费群体？

政策的限制——在计划经济时代，茅台酒的国内消费绝大部分来自公务公款市场，它在1989年第一次进入"公款消费限制清单"，而这仅仅是类似限制的开始，到2022年，来自公务购买的金额只占到了其全部营收的3%以下。这一改变又是如何发生的？

资本的偏爱与围猎——因为强劲的核心竞争优势，茅台酒在2015年之后成为资本市场的宠儿，甚至有"茅指数"之称。对一家消费品公司而言，这很可能产生畸形的影响力和随时可能被放大的做多或做空效应。它又是如何形成了自己的资本定力？

在整个20世纪90年代，这些课题并没有一次性地摊在"邹开良和季克良们"面前，它们将在不同的时期，以出人预料的方式呈现。而对它们的解答，构成了这个中国高档消费品品牌的全部成长谜底。

16　乱世定力

企业在任何细分领域内优化价值活动的能力，往往会因目标不专一而减弱。

——迈克尔·波特，《竞争优势》

五粮液对汾酒的战胜

改革开放初期的 20 世纪 80 年代被称为商品经济时代，所有的消费品都极度短缺。在这一时期，规模为王道，只要能够快速扩大产能，提高劳动积极性，生产出合格的产品，就可以毫无悬念地成为一代英雄。常贵明在汾酒取得的成功便是最生动的案例。而进入90 年代之后，产能的瓶颈已被突破，市场经济时代到来，销售替代制造成为新的制胜能力。只要能快速地攻占辽阔的城乡市场，"王侯将相，宁有种乎"。

从规模为王到渠道为王，再到品牌为王，这是产业发展必经的三个阶段，白酒业亦不例外。

20 世纪 90 年代，汾酒跌落，五粮液崛起，本质上便是战略模式迭代的结果。

五粮液酒厂地处四川宜宾。先秦时期，这里也是远离华夏中原的西南蛮荒之地，被僰人统治，曾有

"夔侯国"。茅台人引以为造酒之溯源的"枸酱"，也有人考据是出自宜宾下属的长宁县。

宜宾造酒始于明初。在五粮液公司的一个宴宾厅里，悬挂着一块"长发升"烧房的匾额，旁署"洪武元年"，即 1368 年。我曾问五粮液人，这是原物还是后世仿制，众人皆笑而不答。

长发升遗址迄今犹存，在宜宾市的鼓楼街，一楼一底，纵分三进。后面的烧房面积约 100 平方米，有两列地穴式酒窖，长约一丈，宽五尺，深四尺。旁有一个酒甑。炉膛在地下，膛上安一大锅，锅边与地平。甑上悬一"天锅"，置有锡制的荷叶托，托下有一根弯管，穿甑壁而出。蒸酒时，用木棒搅"天锅"里的水，使其尽快冷却。当地人把这种蒸馏合一的酒甑叫作"天锅地甑"。

宜宾当地的烧酒原名杂粮酒，五粮液品牌的出现比茅台酒要迟。据记载，1929 年，宜宾雷姓官员大宴宾客，北门外顺河街的利川永烧房掌柜邓子均携酒祝贺，席间酒香四溢。举人杨惠泉提议："如此佳酿，名为杂粮酒，似嫌凡俗，既然是五粮酿成，何不更名五粮液？"邓子均听者有意，回去后就用了这个酒名，到 1932 年，申请了五粮液商标。

1951 年，宜宾当地的长发升、利川永等烧房合并，成立"大曲联营社"，生产五粮液、提

1979 年贵阳市糖业烟酒公司发放的供应票，茅台酒需要凭票购买

庄和尖庄大曲。它的组建历史无论在形式还是在时间上，都与茅台酒厂十分近似。

五粮液一举成名，是在 1963 年的第二届全国评酒会上，它击败汾酒、茅台酒等列雄，得分名列第一。1985 年，五粮液的年产酒量为 440 吨，是茅台的三分之一；而这一年，汾酒的产量已突破 8000 吨。

然而到 1990 年，五粮液的产量猛增到 1 万吨，这一速度让茅台酒望尘莫及。究其原因，还是在于技术上的突破。

自从"茅台试点"发现了浓香型白酒的主体香为己酸乙酯以后，到 20 世纪 70 年代中期，周恒刚团队已经研制成功人工合成己酸乙酯香精；同时，他和熊子才等人开发出"人工培育老窖"新技术。这两大突破，使得浓香型白酒的酿制勾兑和造窖成本大幅度下降，原本只出产于四川的浓香型白酒得以遍地开花。历 10 年左右的时间，浓香取代清香，成为第一大白酒品种。

五粮液崛起的背后，也站着一位传奇人物，他便是当代白酒史上与常贵明、季克良齐名的企业家王国春。他从 1985 年起担任五粮液酒厂厂长，一直干到 2006 年退休，掌舵时间长达 21 年。

在迅猛扩张产能的同时，王国春尤为成功的是他的市场营销和产品矩阵战略。

早在 1990 年，五粮液便开始筹建销售公司——比茅台酒厂早了整整 8 年——在全国各省市寻找经销商，从而迅速建立起了独立于国营糖酒公司体系的专属销售渠道。与此同时，王国春以 52 度五粮液（市场称为"普五"）为主打产品，相继开发出五粮春、五粮醇、五粮红、五粮梦、金六福、浏阳河等系列产品，加上低价位的尖庄大曲等，构建了一个由数百子品牌组成的庞大矩阵。这一战略为消费者的购买提供了多样化的选择，在市场粗放、消费饥渴的 20 世纪 90 年代发挥出强大的动销势能。

1989 年，五粮液把每瓶零售价拉到 30 元以上，超过泸州老窖，在浓香型阵营中跃居第一。1994 年，五粮液售价超过汾酒，并在当年年底的全国白酒利税排行榜上，将盘踞了 30 多年的"汾老大"一把拉下。

到 1996 年，白酒利税榜前三名是清一色的浓香型品牌——五粮液、古井贡酒和泸州老窖，汾酒落到第八位。从此，开始了长达 15 年的浓香型白酒和五粮液时代。

酒鬼与秦池的逆袭

如果说，五粮液是"国家名酒"阵营中的新王者，那么在 20 世纪 90 年代中期，还有一些新锐的白酒品牌平地崛起，成为市场的弄潮儿。它们是那么的陌生，突如其来的攻击与超越，让茅台人产生了巨大的焦虑。

1993 年，市场上突然冒出一个叫"酒鬼"的白酒品牌，一举把零售价定在 280 元一瓶，超过了茅台酒。这是之前从来没有酒企敢于尝试的冒险行动。

这款酒出自湖南湘西自治州吉首市的一家酒厂。这家酒厂之前默默无闻，出产的湘泉酒在湖南市场销售，价格为 10 多元一瓶。1988 年，湘西名人黄永玉回乡，酒厂厂长王锡炳请他设计一个酒瓶。黄永玉以当地土陶瓶为原型，画出一款造型十分奇特的瓶形：像一块粗麻布用麻绳扎成口袋状，正面中间贴一块红纸，上写"酒鬼"两字，背面有一方红泥印章"无上妙品"。

季克良回忆说，1992 年的时候，国内一些酒企去法国波尔多参加一场国际酒展。他在那里第一次见到了酒鬼酒，当时就觉得它的包装很吸引人，问了一下国内的售价，是 48 元一瓶，没有料到，仅仅不到一年，它的价格猛然提到了 200 多元。"这太让我吃惊了。"他说。

为了推广这款"中国第一高端白酒"，王锡炳组建了一支 600 人的销售队伍，在国内各大五星级酒店租下中庭位置，专门陈列酒鬼酒，而在此之前，只有珍贵文物或世界名表才用这样的展示方式。王锡炳的高定价冒险策略取得了成功，到 1996 年，酒鬼酒实现销售收入 3.49 亿元。1997 年，酒鬼酒在深交所上市，公司市值 42.5 亿元。

相比酒鬼酒，更让茅台人大开眼界的是秦池酒。

秦池酒厂是山东省临朐县的一家酒厂。1995 年 11 月，厂长姬长孔参加中央电视台黄金时间的广告竞标会，在有 134 家中外大品牌参与的激烈角逐中，以 6666 万元一举拿下"标王"，成为一个全国性的轰动事件。白酒业成为全国关注的热点，秦池夺标是一个重要的标志。它符合当时人们对商业的所有想象：奇迹是可以瞬间诞生的，罗马是可以一日建成的，胆大可以包天，想到就能做到。

"标王"在此刻诞生：秦池掌门人姬长孔（前排左一）接受媒体采访

在夺得"标王"后，秦池的知名度一夜暴涨，迅速成为中国最畅销的白酒，1996年实现销售收入9.5亿元，利税2.2亿元，比中标前整整增长了5倍以上。这一年11月，姬长孔再度豪气绽放，以让人瞠目结舌的3.212 118亿元蝉联"标王"。记者问姬长孔："秦池的这个投标数字是怎么计算出来的？"他豪爽地回答："我也没怎么算，这就是我们厂办的电话号码。"

季克良是在1997年年底去的秦池。他到北京经贸委开一个会，有领导委婉地批评"茅台太慢了"，建议他去秦池学习一下。

"我也不认识什么人，就请一位山东的代理商陪我去临朐。到酒厂门口的时候，发现外面拉货的车排成了长队，什么车都有，大货车、小汽车，还有马车。我印象最深的是，迎面扑来一股薯干发酵的气味。"

姬长孔听说茅台的季克良来了，当即中止了正在开的会，抽身来接待。季克良问了他两个问题：

"为什么是3亿元？"

姬长孔回答："如果不投，厂子会死掉。"

"你的钱从哪里来的？"

答："只要把秦池两个字弄得全国人民都知道。"

季克良一行人在厂区里逛了一圈，就离开了。"临走前，他们让我题个词，我写什么好呢？说'好'不行，说'不好'也不行，我就祝贺他们得了'标王'。"

彷徨中的多元化尝试

在令人炫目的市场竞争氛围中，茅台酒厂决策层一直在彷徨中不断地尝试。

1992年3月，茅台酒厂提出"一业为主，多种经营"的战略构想：以

茅台威士忌

酿制茅台酒为主，同时研制酿造茅台葡萄酒、茅台啤酒，以及浓香型品种等，并逐步进入金融资本、旅游等市场进行多种经营。在1993年的年终大会上，这一战略进一步被总结为"产供销、内外贸、旅游一体化"，要"做好酒的文章，走出酒的天地"。

根据季克良的讲述，茅台酒厂试图"多几条腿走路"的想法，早在20世纪80年代就有了："当时的茅台酒都被糖酒公司和中粮包走，我们想弄一些自己能做主的自留地。"1985年，季克良自告奋勇，带了一支研发小组进行茅台威士忌的研制，这个项目消耗了他很多的精力。

从现有的资料看，"一业为主，多种经营"的战略确立后，第一个项目是1992年5月成立的贵州茅台矿泉水有限公司；1992年8月，茅台酒厂又与一家香港公司合资成立茅台威士忌有限公司；1996年7月在贵阳市投资生产猕猴桃系列饮料；1997年办了保健品饮品开发公司；1998年收购了一家啤酒厂，生产茅台啤酒；2001年在河北昌黎收购了一个葡萄酒基地，推出茅台葡萄酒。据季克良回忆，当时贵州省想发展新经济，经省里牵头，茅台酒厂还参与投资了一家半导体企业，几年弄下来，两亿多元打了水漂。

这些投资项目都是试图以茅台品牌为势能，实现多元化的战略发展。事实证明，它们要么花开无果，先后被中止清算；要么艰难存活，都没有达到预期的目标。

唯一成功的是 1998 年对习酒的兼并。这家酒厂当时有 4000 名员工、8.2 亿元的负债，已濒临破产。茅台酒厂出资收购后，重建技术和销售团队，使之死而复生。到 2020 年，习酒销售破百亿元，在贵州省国资部门的指导下，2022 年从茅台集团整体剥离，实现"单飞"。在扶持习酒的 20 多年里，它与其他项目最大的区别是，它做的还是酱香型白酒，而且没有使用茅台品牌。

定力之一：坚守固态法酿酒

除了来自市场竞争的压力，还有一个令茅台纠结了很多年的困扰：到底是走自己的传统之路，还是跟着国家政策一起创新。

从 20 世纪 60 年代到 90 年代的 40 年里，中国白酒业的发展主题是工业化和低度化。为了降低粮耗，实现低成本发展，酒业顶级精英们几乎全数扑上，其成果便是研发出了"液态法白酒"制造工艺。

液态发酵制酒相对于固态发酵，顾名思义就是用调制的办法生产白酒。秦含章在《现代酿酒工业综述》中一言蔽之："采用现代生产酒精的方式酿制白酒，称为'液体化白酒'。"而大学通用教材《发酵工业概论》里更明确地写道："是采用类似生产酒精的办法生产白酒。"

早在 1962 年，轻工业部就动议"利用酒精兑制白酒"，熊子书受命与上海香精厂合作研究这一课题。在一年后的第二届全国评酒会上，试制样品被 10 位评委尝评，平均得分 82.1 分，居然高于很多固态发酵的传统白酒。

1966 年，熊子书又在山东临沂的酒厂试点，用 90% 的液态酒精与 10% 的固态香醅进行兑制，发明了"串香法"；接着，青岛的酒厂以饮料酒精为主原料，配入白酒中部分香料，发明了"调香法"。至此，液态法白酒工艺宣告成功。

与传统固态发酵的白酒相比，液态法白酒有两个明显的优势。其一是原料的多样化，凡是含有淀粉和糖类的植物都可成酒，如玉米、土豆、山药、红薯、甘蔗、甜菜和蜂蜜等，因此酿酒不再受原料和地域的限制。其二，因是工业化调制，完全不受节气的影响，工艺简洁明快，制酒时间大为缩短，更关键的是，生产成本呈几何级下降。与熊子书同为液态法白酒研制大师的沈怡方曾总结说："如有10吨固态法白酒生产能力，就可以搞出100吨以上的新型白酒。"

在"液态法白酒"工艺问世之后，"文化大革命"就爆发了，整个国家陷入十年的混乱和动荡。到20世纪80年代，白酒产业才重新回到正常的轨道。1987年3月，国家经委牵头在贵阳召开全国酿酒工业增产节约工作会议，提出白酒行业的四个转变：高度酒向低度酒转变，蒸馏酒向酿造酒转变，粮食酒向果类酒转变，普通酒向优质酒转变。

会议纪要中有几条明确而具体的要求，比如，"力求全国至少要有三分之一的白酒产品降下酒度10度""迅速大力研制和生产40度以下的低度白酒""发展利用食用酒精采用串、调、勾法制造白酒的生产"。

"贵阳会议"的定调，影响了后来20年中国白酒产业的发展路径和格局。1987年，全国年产白酒约400万吨，到1994年，年产量达到560万吨，其中液态法白酒约280万吨，占了半壁江山。

20世纪90年代中期，全国进行税制改革。在此之前，白酒的产品税为35%；税改之后，传统固态法白酒需按照销售收入缴纳25%的消费税，而液态法白酒则只需缴纳10%。这一税制安排，带有明显的政策驱动导向，进一步刺激了液态法白酒和低度白酒的扩张。

在这一行业趋势之中，恪守传统酿酒工艺，被认为是落后意识的体现，而茅台恰恰是其中最"顽固"的代表。季克良跟我讲过一件往事："当时很多浓香型酒的酒厂都有酒精厂或酒精车间，把人工合成的香精在白酒中勾兑，可以快速地扩大产能。有一次，一位北京部里的领导来茅台考察，想去我们的酒精车间看一下。我说，茅台没有酒精车间，我们一直固态发酵，以酒勾酒，不加水也不加酒精。领导一听就不高兴了，说我们太保守。"

定力之二：坚持质量第一原则

"老季这个人还可以，就是像小脚女人一样，迈不开步子。"很多年后，季克良还记得省里一位领导对他的这个评价。

20 世纪 90 年代中期，贵州要发展经济，能抓的东西不多，当时就提出"云南有烟，四川有酒，贵州有烟酒"，要在这两个产业整出大动静。在历次全国性的品酒活动中，被评上"部级名酒"的贵州白酒就有近 50 种，所以，贵州一度出现了各家酒厂产能大竞赛的景象。

当时跑在最前面的是安酒和习酒，它们在 1994 年前后产能都超过了一万吨。其中，习酒最为激进，掌门人陈国星提出要建"百里酒廊"。一位老茅台人回忆说："从习水到仁怀，就是 50 多公里，陈国星是要把酒厂一直建到茅台镇来。那时候，邹开良和季克良的压力是特别大的。"

季克良对我说："当时，企业应以效益为中心的说法提得很响，但我不完全这样认为。我始终坚持，即使在市场经济下，质量仍是企业工作的中心。只有如此，才可能获得真正长远的效益。很难想象，如果质量下去了，我们口头成天讲的千百个效益，会有什么实质的意义。

"我认为，能够长期存在的企业，质量一定是第一位的。所以我当时提出：在发展速度和发展质量的关系上，速度必须服从质量；在产量和质量的关系上，产量必须服从质量；在成本效益和质量发生矛盾的时候，成本必须服从质量；工作量也必须服从质量。只要质量好了，产品就不愁卖不出去。"

要增加茅台酒的销售量，除了增加产能，还有一个办法，就是多生产品质不是很高的低度酒。茅台酒要经过七轮次取酒，其中第一轮次的酒占比 7%，而最后被勾进成品酒里的只有约 2%。所以，只要把这些基酒利用起来，就能把量打上去。但是，这个提议也被邹开良等人否决了。

茅台人的"顽固"，在规模优先的时代，当然就被认为不符合形势的要求，有一个时期，一度传出上级要把陈国星调到茅台酒厂当厂长的传言。

即便已经过去了几十年，季克良在回顾那段历史的时候还是非常感慨。有一次，他去省里开产业发展大会，轮到他发言，他又开始大谈"速度必须服从质量"的观点。会议结束后，领导把他叫到一边，脸色严峻地一顿狠批。他默默地听完，然后对领导说："我接受批评，但坚决不能改，下次不这么公开讲。"

在近年的一次媒体访谈中，回忆起这段往事，季克良说："只要把道理、思考的问题和政府说清楚，他们也是很理解的。站在政府的角度，他们批评我两句，我感到理解，但是我站在我这个角度感到不应该的，就还是按我的方法指挥企业。"

所有与季克良有过接触的人，都会留下一个印象：这是一个看上去很温润随和的人，但是他的骨子里其实十分固执，一旦认定了原则，几乎不可能攻破。而在"质量第一"这个原则上，这种固执又体现在每一个茅台人的性格中。

定力之三：坚定超级单品战略

日后来看，茅台最终的成功，得益于四个"坚持"：坚持固态发酵，坚持高度白酒，坚持高价策略，坚持超级单品。

2022年，贵州茅台酒股份有限公司实现营业收入1241亿元，其中，茅台酒的营收为1000多亿元，占总收入的85%以上。这一比例，自2004年之后几乎没有太大的波动，正负在3%以内。

我问季克良："茅台的这四个'坚持'是什么时候定型的？尤其是以53度茅台酒为中心的产品矩阵又是如何决策的？"

他回答："我们因为'笨'，所以总是跟不上别人的快和变，久而久之，就只能老老实实地走自己的路。最终是消费者告诉我们，他们喜欢什么，我们应该怎么做。"

事实上，就如同多元化尝试一样，茅台也在低度酒上进行过很久的努力。1985年，季克良牵头进行38度茅台酒的研制；1992年，酒厂又开发出43度、33度茅台酒。

最终，市场证明，消费者最乐于接受的、他们心目中"真正的茅台酒"，应该是53度的。

我又问季克良："为什么定在 53 度，而不像五粮液、泸州老窖或汾酒那样定在 52 度？"

他顺手拿过一张纸，给我写了一个公式：53.94 毫升的酒精加 49.83 毫升的纯水，容积不是 103.77 毫升，而是 100 毫升。这证明，在酒精浓度为 53 度时，酒精分子和水分子结合得最为牢固。因此，53 度的酱香型白酒在口感上最为绵软、柔和，很少有刺激性。[①]

围绕着"普茅"，茅台酒也形成了自己的系列产品和价格矩阵，然而，它执行了与五粮液完全不同的策略。

五粮液产品矩阵以数量取胜，而且价格带非常宽泛，从上千元的产品到八九元的尖庄不等，最多时居然有 1000 多个子品牌，其中"普五"是价格的顶尖支撑。其产品矩阵为"一主多仆型"，它的优势是产品适用面极其广泛，利于在短时间内攻占柜台，收获业绩，但是从中长期看，却可能造成对品牌价值的稀释。而它后来之所以被茅台超越，这个战略上的软肋是一个非常重要的原因。

相比五粮液，茅台把"普茅"作为中轴，在其之下，只安排了汉酱酒（2005 年）、茅台王子酒（1999 年）、茅台迎宾酒（2001 年）和茅台 1935（2022 年）与中高档白酒抗衡，而更多的系列产品全数布局在"普茅"之上，其产品矩阵为"橄榄形"。

这一模型最大的优势，是守住了消费者对茅台品牌的心智底线。

正如杰克·特劳特在《定位》一书中所揭示的，品牌延伸最大的风险是"打破了人们心目中你是'最好的那个产品'的印象"，因为"真正进入人心智的根本不是产品，而是产品的'名字'，即产品特性"。

---

① 早在 20 世纪 70 年代末的一次报告中，周恒刚便提出，把茅台酒定为 53 度较为科学，这一度数的茅台酒是乙醇分子和水分子达到最大缔合度的结果。

陈年酒、定制酒与生肖酒

在茅台的橄榄形产品矩阵中，居于"普茅"之上的系列产品，分别是陈年酒、定制酒、生肖酒和二十四节气酒。它们不但在品牌上不断拉升茅台的价值空间，甚至孵化出了溢价的收藏品市场。

早在 1986 年，茅台酒厂便有过高端化的尝试。邹开良回忆说："有一次去法国考察，在波尔多葡萄酒厂品尝了若干陈年酒，它们的价格比其他葡萄酒高几倍甚至十几倍。这次品尝引起了我的思索，茅台酒为什么不研制开发年份长的高档酒呢？"

归国后，邹开良主导开发出"珍品茅台"酒，用陈年茅台勾兑，售价高达 150 元，是当时普通飞天茅台酒出厂价 9.54 元的 15 倍多。它的包装还获得了"亚洲之星"包装奖。

根据季克良的说法，他也很早就萌生了做陈年酒的想法："1987 年，当时分管粮食的国务院副秘书长来厂调研粮食需求，我就汇报了一个想法：可否向西方学习，开发陈年酒。他表示支持，但当时条件不具备。"

1991 年初冬，季克良赴法国科涅克（Cognac，又译作"干邑"）和英国英格兰，分别考察白兰地和威士忌的生产工艺。这次行程给他乃至茅台酒的发展带来了两个重要的启发：法国政府对白兰地和葡萄酒的"法定产区"（AOC）保护，启发了他后来提出"茅台酒原产地"的概念，而英法名酒的陈年酒模式，更是令他大开眼界。

1995 年，茅台酒尝试性地推出了三十年、五十年和八十年茅台酒，其中，八十年茅台酒的酒瓶用宜兴彩陶，外盒采用东阳木雕，内装由上海制币厂生产的金币，并配有铜制酒杯。1996 年，更为普及的十五年茅台酒问世。

陈年茅台酒的酿制规则与西方的白兰地相似，与威士忌全然不同。后者的"年份"指的是当年度酿储的酒，而前者则指的是勾兑过程中加入了

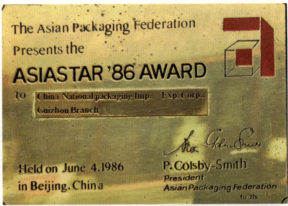

1986 年，"珍品茅台"获得"亚洲之星"包装奖

设计师马熊与他设计的茅台酒瓶

该年份的陈酒，比如，三十年茅台酒是由贮藏三十年及以后不同年份的陈酒勾兑而成的。

茅台是全国白酒定制的先行者。早在 1997 年香港回归之际，茅台就定制了 1997 瓶香港回归纪念酒，开白酒定制之先河。2001 年，茅台开始为香港国酒茅台之友协会定制专用酒，并逐渐面向更多的终端消费者，按照用户要求，每年为企业、团体和私人

· 三十年茅台酒
· 五十年茅台酒
· 八十年茅台酒

· 1997年香港回归纪念酒
· 1999年澳门回归纪念酒
· 2010年上海世博会纪念酒

· 马茅
· 羊茅
· 猴茅

· 立春
· 雨水
· 大暑

陈年酒、纪念酒、生肖酒、节气酒

定制几十个产品。在后来的 20 多年里，每逢重大纪念日或国家活动，如新中国成立五十周年、北京奥运会、上海世博会、改革开放三十周年等，茅台酒都推出了纪念款产品。直到 2019 年，为加强品牌管理，定制酒业务被中止。

在所有的茅台酒中，纪念酒的价格涨幅最大，皆因它具备纪念属性和不可复制的稀缺性。在西泠印社 2019 秋季十五周年拍卖会上，茅台推出的第一款定制酒"香港回归 1997"纪念酒上会拍卖，原箱 12 瓶成交价为 138 万元，每瓶约 11.5 万元，价格上涨 191 倍，涨幅惊人。

茅台的生肖酒启动较晚，第一瓶甲午马年茅台生肖酒在 2014 年问世。当时，酒业受到中央八项规定的影响，正处在调整期，加上又是新品，"马茅"并未引起太大的市场关注。

然而在随后的几年里，因主题应景、质量超众，生肖酒受到追捧，成为每年一度的争购宠儿，它所独具的集邮属性与收藏属性，使之成为飞天之外茅台又一主要产品系列。在二级收藏市场上，生肖酒的增值效应一直高于"普茅"。

在 2023 年，茅台又推出二十四节气文化酒，每年分四季发布，在每个节气的当天投放市场，并与"巽风数字世界"里酿造出的"二十四节气酒数字藏品"相配合。这一举措成为茅台酒在互联网世界的一个新尝试。

陈年酒、生肖酒、节气酒以及被中止的定制酒，是茅台酒厂在多年的经营实践中不断创新迭代的产物。它们的出现，为茅台乃至中国白酒业构筑起了一个天花板。国内几乎所有的著名酒企都先后推出了类似的产品，而发起者茅台酒则赫然其上，一次次地引领了潮流的风尚。

17 "恩人"

消费者和经销商不仅是"上帝"，而且是"恩人"。

——季克良

1998 年：销售公司的创建

在茅台酒的历史上，有四个年份出现了严重的销售危机，分别是 1989 年、1998 年、2008 年和 2012 年。它们的出现均与当时的经济形势和国家政策相关。然而，也是在这几个时期，茅台完成了自己的市场体系和消费人群的重构，不但在危机中突围，而且实现了新的体系建设。

1998 年春节，一向不愁卖的茅台酒突然陷入了滞销危机。季克良用"门可罗雀"来形容那时的情景，"1997 年的春节那真是车水马龙，经销商把我们两个宾馆住得满满的。为了给他们批条子（拿酒），春节前几天我就住在体育馆里。但 1998 年的春节突然没有人了，真的没有人了。"

为何不愁卖的茅台酒会遭遇如此困境？这还得从大环境说起。"亚洲金融危机"与"山西朔州特大假酒案"深刻地改变了茅台乃至中国白酒行业的发展轨迹。

1997 年 7 月，金融风暴席卷泰国。不久，这场风暴陆续波及马来西亚、新加坡、日本、韩国和中国等地，泰国、印尼、韩国等国的货币大幅贬值，亚洲各国外贸企业受到冲击，工人失业，社会经济萧条。这次危机打破了亚洲经济高速发展的繁荣景象。

如果说中国的经济发展在此次金融危机中并未受到太严重的波及，那"山西朔州特大假酒案"则直接重创了中国白酒行业。

事后查明，山西省文水县农民王青华，购得甲醇 35.2 吨，与其妻武燕萍用其中的 34 吨甲醇加水勾兑成散装白酒 57.5 吨，出售给个体户王晓东、刘世春、朱永福等人。他们明知购进的这些散装白酒不符合食品卫生标准，但为了牟利，仍向社会大量销售。经测定，这批假酒甲醇严重超标，含量达到 361 克/升，超国家标准 902 倍，造成了数百人饮用后出现中毒症状，其中 26 人死亡的严重后果。一时间，大众谈酒色变。

茅台也被重创。至今仍在销售公司任职的唐军回忆起那段艰难岁月还历历在目："其他酒厂即使遭遇突变，也依然有销量，而茅台的销量是一下子为零了。茅台当时有 5000 多名员工，怎么发工资？最糟糕的是，酒厂账上没有钱。高粱、小麦、瓶子、包装等都可以（向供应商）赊账，但工资却关系着员工的家庭生活。我当时的月薪为 500 多元，那年 5 月第一次没有领到工资。"

无奈之下，唯有求助政府。但仁怀市政府也没有钱，指示茅台酒厂自己想办法。找银行贷款？虽然贵为"国酒"，但银行并不认可茅台酒这一抵押物。最终，酒厂领导层决定化整为零，由季克良带队，所有厂领导奔赴遵义市的每一个县去借钱。最终，只从一个县借到了钱，方得以在当月给员工发了工资。

困境之下，有领导建议拿茅台酒抵工资。但这个提议没有通过，因为员工为了生活，肯定会低价倾销茅台酒，此举对品牌的伤害很大。

当年前两个季度的销售量加起来不足 700 吨，只达到了全年销售计划的 30%，员工工资无法发放。何以解困？唯有变革。7 月，一场茅台酒厂史上的销售变革呼之欲来。

"把酒卖出去才是根本！"为此，酒厂领导决定让销售公司招募 20 人，面向全厂员工公开招聘，组建酒厂史上首支销售队伍。对于应聘者，有几个硬性要求：男女不限，年龄为 25～35 岁；工龄在 3 年以上；文化程度必须为高中以上；男生身高在 165cm 以上、女生在 155cm 以上。

当时有 100 多人报名，当然还有一大批人在观望。入围者需到办公大楼一一答辩。季克良作为主考官，各单位一把手坐在台下，还有几百名员工围观。每个入围者都写了演讲稿，主题只有一个："针对茅台的现状，你有什么办法？"入围者还得现场抽签回答问题。

有一位茅台酒厂子弟学校的数学老师抽到一个题目：什么叫市场占有率？结果他在规定时间和延长时间内没能回答上来。季克良就对其他几位考官说："这个人其他方面都好，但学数学的都想不通分子与分母，不会举一反三，那就不能招聘为营销员。"面试总共考了三天，初赛筛选了 35 人，复赛确定了一个 20 人名单。最终，只有 17 人成为"幸运儿"，得以加入销售公司。

喝了"壮行酒"去卖酒

销售公司最初并没有划分具体的部门。唐军负责驻外销售，驻扎昆明，负责云南全省，名片上印着"西南片区销售员唐军"，由制酒工正式转身为销售员。但开局异常艰难，很多酒水专卖店的老板对唐军等销售人员并不待见："我知道茅台是中国名酒，但没人买茅台啊！我只卖民众喝得起的。"吃饭喝酒可以，但生意免谈。有一些经销商即使看在交情的分儿上答应卖酒，也会提出要求："我可以进货十件，但需要有人帮我蹲点做促销啊！"

1999 年，唐军负责的云南省曲靖市全国第一批茅台专卖店内景（上）与其中一家专卖店开业现场（下）。专卖店内的广告上写着：当我知道长城黄河的时候，我就知道了茅台酒

当时做茅台酒的经销，从账面上算，是怎么都赚不了钱的。53 度飞天茅台的出厂价为 168 元一瓶，终端一般卖 169～170 元，一瓶只有 1～2 元的差价。当年的全国城镇居民人均可支配收入为 5425.10 元，折合约每月 452 元。而且买茅台酒必须先付款后发货，概不赊账，运费由经销商承担——从交通不便的遵义茅台镇运至（除了西南地区的）千里之外的其他省份，

运费都不止 2 元一瓶。此外，销售政策没有优势，没有任何广告支持，没有促销人员与礼品……怎么卖？

为了让老板答应进货，唐军就把茅台的兄弟酒厂带出去，帮助大家达成交易，大家再购入一批茅台酒以示对老板的感谢；老板需要有人蹲点做促销，唐军就身先士卒，不是站在门店销售茅台酒，便是在去门店销售茅台酒的路上。

驻外销售员与酒厂、经销商的沟通也不顺畅，只有一部销售公司办公室的电话保持所有销售员与经销商之间的联系（销售员每隔一个月便返回茅台酒厂待半个月）。为了提升工作效率，酒厂规定：10 吨以下的经销合同，销售员把盖过章的空白合同随身携带，可以直接签单；10 吨以上的，得到厂里来，让领导面谈决策。

尽管唐军很想将经销商带回至茅台酒厂与领导面谈，但现实并没有给他这样的机会。当时在云南的 8 个经销商，除了云南省糖酒公司，其他 7 个都是唐军驻扎四年间发展而来的。这 7 个经销商的年度销售额都在 10 吨以下，且基本上每年都完不成销售任务，于是拿酒吨数逐年递减。

按照规定，若是连年完不成销售任务，必须将"特约经销商"的铜牌收回。有一个经销商业绩很差，也不签合同，酒厂领导就让唐军去把"特约经销商"的铜牌收回来。但唐军去了 10 次以上，最终才在领导的逼迫下把牌子拿回来——并非经销商不还，而是唐军不想拿："我很感激对方对我工作的理解与支持，心有不忍。他们确实很支持我，偶尔进货一批（12 瓶），都要卖很久。"

经销商的无动于衷，正是唐军等销售员不得不负重前行的压力。在那些驻外销售的白天，销售员骑着单车奔波在大街小巷，或者拜访新的酒水专卖店老板，或者到现有经销商门店去帮忙，哪怕那些事情与茅台酒并无直接关系；到了夜晚，销售员主动拎着茅台酒请客吃饭、陪客喝酒，只

我与唐军。身后的"茅酒之源"是当年华茅的制酒车间，迄今仍在使用

求让对方答应购入一批茅台酒……"每次陪经销商喝酒喝多了，想着工作没有效果，内心很失落，但还得想办法，继续卖酒。"无数个酒醉的深夜，唐军一个人默默地流着泪。

　　是什么在支撑着销售员们砥砺前行？是信任，是信念，也是信仰。驻外跑销售市场一个月后，大家便会按照约定从全国各地返回茅台酒厂，反映问题，并群策群力，商讨下一步的销售方案。每次回来，季克良及各位厂领导都亲自接待，每个领导落座一桌，为销售员们接风："各位辛苦了！敬大家一杯！"在厂里待半个月，销售员们又得出去了，带着新的销售任务与策略，重新奔赴市场一线。每次出行，由大巴车统一送到贵阳机场，季克良及各位厂领导都会为之送行，并敬上壮行酒："拜托各位了，等你们归来，再庆功！"

　　一线销售员如此努力，公司领导也不例外。时任销售公司的负责人更是亲自上马，一方面摆上家宴，宴请省级糖酒公司的领导以及各地经销商喝"患难酒"；另一方面则是鼓励手下人不惧吃苦，不断深耕经销渠道；并在投入上非常舍得，吃一顿饭拿不下来经销商就吃十顿，送十瓶酒不够就送一百瓶。

在锲而不舍的诚意拜访与频繁的觥筹交错中，经销商或是被打动，或是被磨得受不了，开始试水卖茅台。正是在这种坚持下，茅台经销体系才逐渐成形。

谁是第一批经销商

被诚意感动的经销商，可能连做梦都想不到的是，初期都得用真金白银为这份"真爱"买单。

在云南省级市场中，第一个成为经销商的是昆明市斑铜厂。厂长曹以祥自 1986 年起便与茅台酒厂打交道——邹开良为了设计珍品茅台酒的豪华型包装，特意找到斑铜厂，定制了一个酒杯，并将其放入茅台酒礼盒。

作为长达 12 年的战略合作伙伴，在 1998 年茅台酒厂想要自建营销体系之时，曹以祥便毫不犹豫地加入了，他说："当时我们厂生产的斑铜作品是云南省各级政府用以馈赠嘉宾的礼品，因此跟一些政府单位都有联系。我想，在售卖斑铜的同时，顺带卖卖茅台酒也是顺理成章的。"

斑铜厂拿出了一处 80 多平方米的空间做了一个茅台酒展示区。但事与愿违，第一年便亏损了 30 多万元。当年售卖茅台酒一瓶只有 1 ~ 2 元的差价，这还没算将茅台酒从遵义运输至昆明的运费，也没有算门店租金与人员工资，更没有算先付款、后发货的资金成本，乃至为了清库存而不得不承受降价出售的"贴钱"损失——在 1998 年，30 多万元可不是一个小数字。

为了加大销售力度，茅台酒厂还得转变思维。最典型的事件便是在1999年赞助了昆明的世界园艺博览会，酒厂花180万元做了很多报纸广告、户外展示牌等，甚至还邀请了100多位经销商到昆明参加世界园艺博览会的相关活动。为了配合销售工作，酒厂还史上唯——次主动赊货给经销商。

正是在此危难之际，一些拥有远见卓识的个人加入了茅台经销商的队伍。

比如重庆的杨正。他原本是重庆一家电力能源企业的会计，在迎来送往的应酬酒桌上，他察觉到茅台酒的质量好，喝多了也不上头，遂成了茅台酒的爱好者。当原公司被收购之后，他做了一个改变人生的重大决定——借款创业，成为茅台酒经销商。

茅台酒专卖店开业的兴奋和欣喜还未退去，销售和市场的压力已经接踵而至。当时茅台酒出厂价格已经调到268元一瓶，但市场流通价比出厂价还低。期望与现实的差距给了杨正这个外行当头一棒。

在公司成立初期，为了节约费用，杨正集老板、出纳、库管、文员、销售、驾驶员、搬运工等多重身份于一身，一手提一箱15.3公斤的茅台酒，爬5层楼可以不歇气，晚上还要去当"人民陪酒员"，有意识地频繁邀请有消费影响力的朋友、客户品评茅台酒，给他们讲解茅台的品牌、工艺、文化和喝茅台酒的好处，引导他们消费茅台酒。他经常喝多了到卫生间吐，吐了再出来喝……

幸好，在酒厂重庆区经理谭定远的协助下，杨正逐步找到了基本策略：一是强队伍，提服务，掌握市场信息；二是利用自己的社会资源和人脉关系邀请潜在客户评鉴，做好宣传工作；三是不走流通渠道，只做零售、团购和商务消费。由此，他逐步打开了茅台酒的销售之路。

有一位叫周宏的经销商也体验过这种艰辛。"记得有一年，茅台酒的拿货价（即出厂价）远远高于终端零售价，这意味着我们每卖一瓶酒，都得亏损。最终，我们还是选择了支持茅台，拿了几吨酒。也正是在茅台酒销售最困难的时候，我们反而逆势而上，把销售量做大了。"

风雨同舟

茅台酒到底有何魅力，能让经销商如此甘愿付出？原因或许有很多，但茅台酒厂的支持与茅台酒的品质是最关键的两点。

市场销售不畅，导致几乎所有的经销商在财务上都有压力。茅台酒厂给予了相应的支持，比如承兑汇票，也就意味着货款可以延期支付；给予专卖店一定额度的工资补贴、装修补贴等，给经销商增加信心。

最能使经销商坚持下去的，还是消费者的信赖。周宏所服务的终端客户以私营企业家为主，他说："有

2008 年东北一条道路旁经销商打出的广告：国酒茅台，喝出健康来

一位客户的应酬非常多，几乎每晚都得喝酒。不管茅台酒的零售价高也好，低也罢，他都只喝茅台酒。当茅台酒销售一度低迷时，他曾一次买了几十万元的茅台酒，几乎把我的库存都买过去了。他说过一句玩笑话，'如果我不喝茅台，可能现在连命都没有了'。什么意思呢？这是因为他喝酒的频率很高，量也很大，若不是茅台酒不上头的品质，他的身体早就扛不住了。"

经销商们的付出，季克良看在眼里。1999年3月，茅台酒厂在贵阳召开首次经销商大会，季克良很动情地说了一段话："消费者和经销商不仅是'上帝'，而且是'恩人'。若没有经销商搭建企业与消费者之间的桥梁，就不会有消费者源源不断地买我们的产品，那我们就不能发工资，发福利，发展生产。有人说经销商、消费者是'上帝'，但'上帝'有的时候也会给人间带来大风大雨，而'恩人'就是把钱送给我们。"甚至，他在日常工作中还经常批评看不起经销商的员工："我们的人看到经销商来了，就说他们又想来赚钱了。那不行，不能这样看，没有他们，我们不能发展。"

2005年，一位北京的经销商不幸病逝，季克良为他专门写了一篇纪念文章《哭少勤同志》。

张少勤便是1986年酒厂在西苑饭店开"茅台宫"的对接人。"那时，我还经常穿着不合潮流的绿军装，而你当时已是一个大饭店的部门经理。"后来，张少勤下海成了茅台酒厂在北京的第一批经销商之一。他突然去世后，茅台酒厂立即派专人前往参加葬礼，季克良彻夜难眠，写下了对其的沉痛哀思："由于你的努力，由于你的热情帮助，终于促成了我厂庆祝贵州茅台酒在巴拿马万国博览会获奖七十周年之际在北京设立的第一个专卖店……这几年北京茅台酒的销量在不断增加，和你是密不可分的啊！少勤！你想得很细，但唯独不想自己……安息吧！"

2005年，茅台酒厂设立"风雨同舟""挚爱国酒"等荣誉奖项。前者是颁发给经销商的最高荣誉，每年仅授予 5 ～ 6 人，以表彰其对茅台酒销售做出的卓越贡献；后者颁发给茅台酒的忠诚消费者，以感谢他们对茅台酒的喜爱之情。曹以祥、杨正、周宏等皆为两奖的获得者，他们对茅台酒的点滴付出，正是"风雨同舟"的真实写照。

　　茅台酒销售有限公司董事长王晓维很有感慨地告诉我："茅台酒的销售体系建设，经历了多次危机考验，其间的艰辛不足与外人道。在根本上，它是一次'信任共建'的过程。"

20 世纪 90 年代初，吉林省浑江糖酒公司（现吉林省白山方大集团）正在装卸茅台酒。白山方大集团于 2017 年获得"风雨同舟"奖

18　原产地效应

如果有谁能把白酒的微生物研究透了，他能拿诺贝尔奖。

——陈騊声（中国微生物学奠基人之一）

上市与破万吨

2001 年 8 月 27 日，贵州茅台在上海证券交易所挂牌上市，发行价为 31.39 元 / 股，公司总股本 2.5 亿股，募集资金 22.4 亿元，首日开盘价是 34.51 元 / 股，总市值约 78.5 亿元。

与其他几个国家名酒企业相比，茅台是最迟进入资本市场的酒企之一，汾酒和泸州老窖在 1994 年就先后上市了，古井贡酒和五粮液的上市时间分别是 1996 年和 1998 年。在上市那一年，茅台的营收为 16.18 亿元，而五粮液的营收已达 47.42 亿元，它的市值也比茅台高出一倍多，达 193.6 亿元。

如果有一位投资者在 2001 年购进茅台股票，在其后的 20 年里无视所有的涨跌波动，长期坚定持有，到 2021 年年初，茅台股价将上涨 50 多倍，复合年化收益率为 21%。这一投资成绩，几乎相当于股神沃

2001 年 7 月 30 日，贵州茅台在《人民日报》刊登的即将上市的广告

伦·巴菲特的成绩。①

就在茅台上市后的一个月，一个新的万吨新区工程在赤水河畔正式开工，茅台宣布将新增 4000 吨产能。两年后的 2003 年，茅台人终于实现了万吨产能的梦想，这时距离 1958 年提出的万吨目标，已经过去了 45 年。

在市场竞争中，茅台坚守超级单品战略，通过持续的"文化茅台""茅台喝出健康来"等理念输出，一步步地迈向白酒王者的宝座。2006 年，飞天茅台的市场零售价超过五粮液，2007 年实现营收超越，2011 年实现销售利润超越，至此中国白酒进入"茅台时代"。

21 世纪初的这一场"茅五之战"精彩纷呈，十年之间，浓香派与酱香派展开了对中国中产消费者的味觉争夺，从结果来看，并无输家。它们共

---

① 从 1965 年到 2022 年，巴菲特管理的伯克希尔–哈撒韦公司的总收益上涨 3.6 万倍，复合年化收益率为 20.6%。

2001 年，落成后的万吨生产区一角

今日沿山酒库

现代化的包装车间（左）与光谱分析实验室（右）

同扩大了白酒的市场空间，传播了中国的传统饮酒文化，并携手成为睥睨天下的万亿市值企业。

在这一时期，茅台两个战略级任务的完成，展现了决策者的远见和定力，它们分别是：原产地认定和消费者心智体系的建设。

乱象：家家都酿茅台酒

周山荣对曾经的茅台酒乱象印象深刻。

早在 20 世纪 80 年代，仁怀县的酿酒热就已悄然兴起，所有酒厂用的都是"茅台酒"这一品类称呼，县里还有两家乡镇企业直接注册为"茅台酿制厂"和"茅台制酒厂"。在后来的十多年里，在仁怀及周边一些县，以"茅台"进行企业字号注册是合法行为，一直到 2000 年才开始规范。全国其他地方的酱酒企业也纷纷以"茅台酒"自称。这些酒有的采用传统的纯粮酿造，而更多的则是香精勾兑。

1999 年，国家工商行政管理局召集全国 20 多个省、自治区、直辖市的工商行政管理部门，在贵阳召开了一场"保护茅台商标合法权益案件协调会"。会议现场陈列出了各地仿冒、假冒的 60 多种"茅台酒"，排满了长长的一大桌。

在创作过程中，当地人告诉我，在仁怀市，人们将侵权制假者叫作"军火商"，有的侵权企业的年销售收入居然一度达到上亿元。曾经很多中小酒坊由阵地战转为游击战，由省内转到省外，由固定制售转向流动产销，制造商、经销商相互勾结，打一枪换一个地方，需要什么牌子就包装什么，非常狡猾。

在所有的茅台乱象中，影响最大、持续时间最长的是"赖茅遍地开花"。

1980 年，赖茅创始人赖永初向政府提议恢复赖茅酒生产，贵州省轻工业厅委派季克良等三人前去询问相关情况，不久后，赖永初就去世了。1983年，他的儿子赖世强就投资重建恒兴酒厂，并以"赖永初"为注册商标。在后来的十几年里，赖家的其他子弟——包括赖永初及其两个弟弟的后代纷纷生产赖茅酒。

在这期间，赖家与茅台酒厂多次对簿公堂，争夺赖茅商标权，法院最终判决给了茅台酒厂。然而，到2007年，因为在10年时间里没有生产赖茅酒，商标权被国家商标局撤销，至此，赖茅商标进入长达7年的无主状态。2014年，经过北京市高级人民法院的判决，赖茅商标正式归属于茅台酒股份有限公司。

周山荣做过一个统计，在商标无主的那几年里，国内市场上出现过的赖茅厂家达470多家，出现了上千种赖茅酒，价格从10多元到1000多元不等。按他的说法："赖茅酒的泛滥对于酱香型白酒的认知推广起到了一定的作用，但是负面作用肯定是更大的，它造成了市场极大的混乱。"

全球酿酒企业最多的小镇

在大潮涌起时，除了那些浑水摸鱼的，还有不少认真投入来做酱香型白酒的人和企业。陪我去水塘村的老邱就是其中之一。

老邱原本是贵阳一家师范学院的物理老师，他的岳母是王茅创始人王立夫的孙女。2000年，老邱下海做酒。他先是在仁怀县承包了一片2000亩的农地种红缨子高粱，到2009年，他在茅台酒厂一车间背面的山坳里购得一块土地，开办了酒厂。老邱做事情很认真，也很爱琢磨，他的蒸酒大锅是用两块完整的砂岩石凿成的，这在茅台镇上是独一份的，他还在取酒的地方装上了传感器来控制温度。这些年，老邱每年出酒600吨，成了一个自得其乐的酒厂老板。2020年，女儿和女婿从澳大利亚归国，成了他生

经销商门店集中的今日杨柳湾。茅台镇的户籍人口约为10万，从事酱酒生产的企业有1700多家，而从事酱酒贸易的公司则多达1.5万家

酒商们纷纷在门店的玻璃门上打上大字广告："免费品尝，酱香白酒"，"纯粮酿造，自产自销"

走在镇上，随处可见家家户户门口伫立的储酒罐

意上的帮手。

在茅台镇，像老邱这样的酿酒人比比皆是。

根据仁怀市酒业协会的统计，在 2021 年，茅台镇的户籍人口为 10 万，从事酱酒生产的企业有 1779 家，其中 352 家具有白酒类生产许可证，其余的都是小作坊，而从事酱酒贸易的公司则多达 1.5 万家。从这组数据看，茅台镇无疑是全球酿酒企业聚集密度最高的一个镇。

老邱在镇上购地的 2009 年，正是茅台镇面貌大改的扩张时期。这一年，从遵义到茅台的高速公路开通了，仁怀市政府把大量非工业人口迁到中枢镇，同时辟出一块 25 平方公里的土地建设"名酒工业园区"。优惠的招商引资政策和大为改善的交通设施环境，把酱酒投资热推到了一个新的高度。

除了本地的高涨热情，外来资本对酱香型白酒的投入也十分汹涌。早在 1999 年，天津药业企业天士力收购了茅台镇上的一家老酒厂，更名为国台酒。同年，北京的钓鱼台国宾馆与当地资本合作，组建了钓鱼台酒业。2009 年，酒业流通企业华泽集团全资收购珍酒集团。2011 年，海航集团斥资 7.8 亿元收购怀酒。2013 年，娃哈哈集团董事长、曾当过"中国首富"的宗庆后与金酱酒业合作，入局酱酒产业。2018 年，与茅台镇一水之隔的四川古蔺水口镇更名为茅溪镇，两年后的 2020 年，宣称将投入 200 亿元建设酱酒工业园区。

根据 2022 年的统计数据，酱香型白酒在全国白酒总产量中的占比是 8%，却贡献了 26% 的市场收入和 45% 的利润。由此可以推测，已经热了 20 多年的酱酒投资在未来的一段时间内仍将持续热下去。

"离开茅台镇就生产不出茅台酒"

一个具有强烈地域特征的传统工艺产品如何实现健康的生态型发展，

是一个十分普遍的棘手课题。

我的家乡有著名的龙井茶，数十年来，大家就一直为龙井茶的良莠不齐所困扰。茶与酒，同为千年中国文化的精华，如苏轼所吟的"且将新火试新茶，诗酒趁年华"。龙井茶有乾隆御茶的皇家传说，有民间十大炒制工艺，被列为十大名茶之首，在茶界的地位堪与酒界的茅台酒媲美，甚至连唯一的国家级"中国茶叶博物馆"也建在龙井一带。

但是，在商业运营上，龙井茶与茅台酒几乎无法相提并论。它从来只是一个品类，而不是一个品牌，迄今没有一家年销售额超过 2 亿元的龙井茶公司。2000 年前后，杭州市政府为了规范市场，提出了不同的等级名称，炒制于龙井茶核心产区的为"西湖龙井"，大杭州地区的为"杭州龙井"，省内其他地区的为"浙江龙井"。然而，从来没有茶农真正地遵循这一规范。甚至到了清明和谷雨时节，省内和省外的茶叶大量运进龙井村，购茶者根本无从辨认。

"龙井茶现象"几乎发生在所有的传统农产品和工艺产品身上，从景德镇瓷器、金华火腿、普洱茶到五常大米等。

从历史沿革来看，茅台酒曾经跟龙井茶一样泛滥和混乱。早在烧房时代，华茅、王茅和赖茅就已经深受其扰，它们不但要应对茅台镇上土酒的竞争，同时更对川贵其他地方的"茅台酒"束手无策。在华联辉和赖永初的回忆文章中，他们对此一再抱怨。

茅台酒的正本清源，经历了 20 多年的时间，其中，最具标志意义的事情是，"离开茅台镇就生产不出茅台酒"这一理念的提出。

1991 年 11 月，季克良随轻工业部组织的一个酒企代表团赴法国考察，在欧洲最著名的白兰地产地科涅克，他第一次接触到了"原产地"这个概念。他发现，法国政府对白兰地和葡萄酒有"法定产区"保护的法律，法国白兰地除了这里产的，均不得标注"COGNAC"，即不能称作中文所说的"干邑"。在归国后写的一篇题为《把贵州建成世界名酒之乡》的文章中，季克良写道："凡是科涅克地方产的白兰地，才能叫科涅克白兰地，反之，都不可以。科涅克因此逐渐成了全球闻名的世界名酒之乡。"

由科涅克的经验，季克良很自然地联想到了茅台酒的处境。在后来的几年里，他和酒厂的科研人员展开长期而系统的研究，终而提出"离开茅台镇就生产不出茅台酒"。

为了把这一概念固化为行业的共识，他们进行了体系化的诠释：

地理条件——茅台镇四面环山，形成了特殊的亚热带小气候：年平均气温为17.4摄氏度，夏季最高气温达40多摄氏度，炎热季节持续半年以上；冬季温差小，最低气温为2.7摄氏度；年降水量有800~1000毫米，日照丰富，年日照时长可达1200多小时，为贵州高原最高值。这种冬暖夏热、风微雨少的亚热带小气候有利于酿酒微生物的生成和繁衍，是酿酒环境无法复制的主要原因之一。

土壤特质——茅台镇的主要地质结构是形成于7000万年前的紫色砂页岩和砾岩。土壤酸碱适度，富含多种有益成分，有机质含量为1%左右，易溶解；盐基饱和度可达80%~90%，呈中性至微碱性，矿质养分丰富。土壤中砂石和砾石含量高，砾石是由风化和流水侵蚀作用形成，孔隙度大，有利于水源的渗透过滤和溶解土层中对人体有益的成分，且对酒糟和发酵液中的微量元素转移有很大影响。

水质特点——赤水河是国家级珍稀特有鱼类自然保护区，也是长江上游唯一不受工业污染的原生态自然河流。因受丹霞地貌影响，河水在特定时间里富含各种有益矿物质，是酿酒的天然优质用水，在赤水河流域沿岸分布有茅台酒、郎酒、习酒、珍酒、董酒和泸州老窖等，形成了独特的酒文化，赤水河有"美酒河"之称，在全世界绝无仅有。

微生物环境——因为独特的地理条件和百年酿酒历史，茅台镇形成

日照丰富 风微雨少
年平均气温17.4摄氏度，
年日照时长1200小时以上，
适合微生物繁衍。

特殊气候
四面环山，形成特殊
的立热带小气候。

赤水河
含丰富矿物质的赤水河水
是酿酒的天然优质用水。

独一无二的微生物环境
酒曲中特有的"拟青霉"酵母
造就茅台酒独特风味。

紫色砂页岩和砾岩
矿质养分丰富，孔隙度大，有助于
酒糟和发酵液中微量元素的转移。

离开茅台镇就生产不出茅台酒

了独一无二的微生物环境。微生物菌群在曲醅和酒醅发酵过程中，对茅台酒主体酱香品质的形成起到了决定性作用。这一复杂而特殊的生态环境是无法迁移和复制的，这也是离开茅台镇就生产不出同样品质的茅台酒的原因之一。

我在研发中心调研时，技术人员跟我讲了一个很"神秘"的细节：

在茅台酒的复杂香气中，带有一股花香的风味，经过科学机理的分析，它是由酒曲里一种叫"拟青霉"的真菌产生的。而这种微生物只出现在茅台酒核心产区的某些区域，是自然环境和酿酒环境多年生成的结果，"离开了那一片区域，在酒曲里就再也找不到拟青霉了"。

地理条件、土壤、水、生态环境和微生物对酿酒的影响，并不是茅台酒厂的创见，而它的贡献在于对这些要素进行了科学、理性的分析和诠释，最终形成了一套令人信服的话语体系。

2001年，茅台酒厂向国家质检总局申请茅台酒原产地域保护（现名"地理标志产品保护"），确定了中国白酒业的第一个原产地域范围（现名"国家地理标志产品保护示范区"），规定茅台酒产地范围为贵州省仁怀市茅台镇内，南起茅台镇地辖的盐津河出水口的小河电站，北止于茅台酒厂一车间的杨柳湾，并以杨柳湾羊叉街路上到茅遵公路段为北界，东以茅遵公路至红砖厂到盐津河南端地段为界，西至赤水河以赤水河为界，约7.5平方公里。根据相关规定，只有这一产地范围内的酿酒企业，方可使用"地理标志产品专用标志"。

到2013年，茅台酒厂再次向国家质检总局申请，调整其地理标志保护产品名称和保护范围，从原来的核定范围往南延伸，地处赤水河峡谷地带，东靠智动山、马福溪主峰，西接赤水河，南接太平村以堰塘沟界止，北接盐津河小河口与原范围相接，延伸面积约7.53平方公里，总面积共约15.03平方公里。

2022 年，现任茅台集团董事长丁雄军提出建构"山水林土河微"生命共同体，把生态建设的理念进行了进一步提升。

经过长达 20 年的持续传播和理性界定，到今天，"离开茅台镇就生产不出茅台酒"和"茅台酒核心产区"的概念已经深入人心，赤水河成为茅台酒健康发展的地理意义上的"护城河"。

良性的酱酒生态秩序

彼得·德鲁克在 1946 年创作的《公司的概念》中就提示说，企业应该像认真处理与消费者和经销商的关系一样，重视与社区的关系。他说："所有的公司都嵌在社区之中，所以，它必须承担相应的社会职能。"

这个课题对于贵州茅台酒厂尤其重要，因为它所处的社区不但是普遍意义上的社会，更是一个"生态"，一个与酿酒有关的"生命、生产和生意"的生态。茅台酒是茅台镇的历史资产，理论上，它属于社区里的所有个体和组织。所以，对它的保护应该符合社区的共同利益。

茅台酒厂提出的原产地主张以及核心产区保护，并不是一种独享式的排他性战略——如果是这样，一定会与当地的其他利益体发生激烈的冲突。相反，它是基于生态秩序的思考，不但促进了其他酱酒企业的发展，还得到了一致的认同。这一现象的出现，与以下一些因素有关：

——茅台酒的酿造工艺虽然得于百年传承，然而，其规范化的操作流程，尤其是酱香型白酒品类的提出，则完全来自茅台酒厂几代酿酒人的努力。在这个意义上，茅台酒厂再造和重新定义了茅台酒，这一事实得到了社区内所有人的认同和尊重。在茅台镇，茅台酒厂与其他酒企形成了正向的共生关系，你很少能听到对酒厂的攻击性言辞。

——茅台酒厂多年坚持的高端品牌形象和超级单品战略，为社区内的所有酱酒企业创造了一个宽广的生存空间，它们在差异化的前提下，寻找到了各自的定位。社区内的酒企效仿茅台酒厂，以优品优质和品牌塑造为竞争诉求，形成了"良币驱逐劣币"的酿造和营商生态。

——茅台酒厂对自然环境的长期保护，让社区内的所有企业成为获益者。在今天的茅台镇，善待水土、善待微生物，是一个被共同遵守的共识。

在中国白酒业，以茅台镇为核心的酱酒生态秩序是一道独特的风景线。它让原本非常小众的酱酒品类获得了快速的市场扩张。到 2022 年，沿赤水河一线，除了茅台酒，出现了习酒、郎酒、国台酒等数家年产值过百亿元的大型酱酒企业，另外还有钓鱼台、肆拾玖坊、金酱和夜郎古等十余家年产值过十亿元的中型酱酒企业。

与此同时，这一生态也有效地带动了地域性的产业集约发展。2022 年，仁怀实现生产总值超 1706 亿元，经济总量在全国 GDP 百强县的榜单上名列第 12 位，在整个西南地区雄踞第一。[①]2023 年，赛迪顾问与赛迪四川联合发布"2023 镇域经济 500 强暨西部 50 强"榜单，茅台镇与苏州玉山镇、佛山狮山镇名列前三强，为西部诸镇之首。[②]

容易被"误读"的茅台

茅台是一家很不容易被理解的企业。在它的身上，除了那层神秘莫测的光环，更多的似乎是理所当然的误读。这一现状，其实也是公众对中国

---

① 《品牌赋能，酱酒飘香——仁怀持续提升中国酱香白酒核心产区效应》，《贵州日报》，2023 年 9 月 11 日。

② 《百强镇引领镇域经济高质量发展》，https://xueqiu.com/7842369805/259036246。

白酒的"误读"。

就在我写《茅台传》的那段时间，便发生了两件让茅台人很尴尬的事情。

2021年2月，中国工程院增选新一批院士，茅台集团总工程师王莉入围候选人名单，这一新闻当即引发了舆论的热嘲，"白酒的传奇，院士的笑话"，网上的标题大多如此。事件的结局便是，王莉的名字悄悄地在下一轮名单中消失了。

2022年3月，国家发展和改革委员会发布国家企业技术中心评价结果，茅台酒厂的"国家企业技术中心"资格被撤销，又引发了一轮公众对茅台的嘲讽。这一次评审采用百分制，包括35项数据值，茅台最后的总分只有50.7分，排在全国所有参评的1744家企业中的1672名。

面对这些事件，茅台酒厂表现得非常无奈，它从来不知道如何辩解。那天，我访谈王莉，说到这两个话题，她都非常本能地躲避过去。

如果回到事实的基本面，茅台显然有自己的委屈。

20世纪中叶以后的数十年间，中国白酒完成了从传统手工业向现代化制造业的重大转型，其间名家辈出，群星璀璨。一些泰斗大师，譬如秦含章、周恒刚和熊子书等人，均出身于现代化工和食品专业，季克良学的就是食品发酵专业，后又在一线浸淫数十载。到了王莉这一代，在原料、生态环境及微生物的科研领域，更是有极大的拓进，他们对白酒的理解，更多地带有现代科学和工业化的思维。但公众和媒体对此知之甚少，可能还有顽固的偏见。

再来看有关部门对国家企业技术中心的认定。在百分制的各项数据中，权重最高的是科技活动经费支出额占产品销售收入的比重，权重为17分，基本要求是3%，而茅台这一项的支出占比只有0.14%，17分基本被扣光。其他如新产品销售收入占产品销售收入的比重、新产品销售利润占产品销售利润的比重均占 11 分，基本要求分别是 20%、15%，茅台的得分也很低。

我在调研中看到，茅台在中国白酒的酒体和酿造工艺的专研上，处在行业领先地位。在 2010 年以后的十多年里，茅台累计投入科研经费 60 亿元，新建 12 个省部级以上科研创新平台，开展各类科技创新项目 260 余项，累计命名 43 个创新工作室，开展了 5000 余项改革项目，获得授权发明专利 56 项，主持和参加制定标准 39 项。

令人遗憾的是，在公众传播和认知层面，人们对茅台乃至中国白酒产业的科研现状知之甚少，仍然停留在"天酿手造"的固有印象。而有关部门在国家企业技术中心的认定上，也没有或无法顾及这一行业的特殊性。

茅台每年对科研业务的经费投入不可能是年度千亿元营收的 3%，而它的业绩增长也并不依赖新产品占比的增加。如果相关评审标准不修改，茅台酒厂的技术部门很可能永远不会成为国家企业技术中心。

茅台的尴尬显然不仅仅在于此。几乎每次讨论到"科技兴国"这一话题的时候，即便在最严肃的学术论坛上，也常常有人感叹，为什么中国市值最高的公司不是造芯片或搞人工智能的公司，而是做一瓶白酒的茅台。

茅台的另类和争议性，也是促使我创作这部《茅台传》的动因之一。

无论从任何角度看，这都是一家好公司，但是好公司为什么总是被"误读"？

在全球的商学院课堂上，像茅台这样的案例也很少被拿来进行解读和剖析，在诸如《追求卓越》《基业长青》等畅销商业读物中，也罕有涉及。这一现象其实呈现出了一个陌生的课题：具有精神消费和本土文化双重属性的消费品，如何定义它的核心技术能力和价值模型？这类企业的可持续成长是建立在哪些生产和竞争要素之上的？它们的高毛利和高估值背后，又有着怎样的盈利模式和资本逻辑？

且留一分交付天

王莉是 1994 年进厂的。她毕业于西北轻工业学院（现陕西科技大学）食品专业，从技术中心的一名技术员一直干到总工程师、总经理[①]。在她的印象中，从进厂的第一天起，她就目睹了工艺上的争论和定型。

"我进来的时候正好面临的是大水分和小水分之争（即酒醅含水量大有利于生产还是含水量小有利于生产）。季总这一派认为是小水分，另一位老厂长那一派认为是大水分，通过几轮班组的对比和理化分析，最后还是小水分争赢了。从 1996 年开始，技术部门把之前的简单规范升级为标准规范，整个生产标准体系就起来了。"

2001 年，茅台酒厂完成了第一版技术标准体系，每隔五年修订一次，到 2022 年，迭代到第三版。在王莉看来："所有成果都要能够转化为标准，只有达到了这一目标，白酒的酿造技术才步入了科学的境地。"

在酱酒行业有"12987"的工艺口诀。不过，无论季克良还是王莉，都认为"'12987'只含了制酒，它还不能代表茅台的工艺"。在茅台酒厂的酿造理念中，"制曲是基础，制酒是根本，勾兑是关键，检测是质量的卫士"。只有把整个酿造流程进行全生命周期的管理和定量标准化，才能酿出一瓶真正意义上的茅台酒。

王莉这一代茅台专业技术人员都视季克良为老师，他们在酿酒微生物和风味导向的研究上，又大大地前进了一步。

早在茅台试点时期，周恒刚团队即开始对酿酒微生物进行分离鉴定，但是限于研究手段，之后的 50 年，茅台人对微生物的研究仍处于盲人摸象阶段。2005 年，茅台与中国科学院微生物所合作建立了行业第一

---

① 2023 年 8 月，王莉接替李静仁，出任茅台集团党委副书记、总经理。

王莉系科班出身，从进厂那天起就在技术岗位工作

个"白酒微生物菌种资源库"。2012 年，随着高通量测序技术的引进，宏转录组学、宏蛋白质组学陆续集成，这些微生物研究的利器让微生物的研究发生质变。

经过近 20 年的持续研究，茅台的科技人员对曲醅、酒醅和酿造环境中约 9800 个样品进行解析，发现的微生物达 1940 多种，这个数字也是当前行业可见文献报道中最多的，这也进一步证明了茅台酒酿造体系的复杂性和多样性。科研人员在解析的同时，产生了 4184G 的生物信息，通过提取这些生物信息的规律，科研人员实现了关键工序节点微生物体系常态化定期监测，能够及时掌握酿造微生物的变化情况。

王莉告诉我，要解析清楚 1940 多种微生物的代谢功能是一个宏大的工程，可能需要几代人的努力。

而这一研究所获得的成果，将辐射到所有工业发酵领域。中国微生物学奠基人之一陈騊声先生曾在生前预言说："如果有谁能把白酒的微生物研究透了，他能拿诺贝尔奖。"

茅台酒厂在风味导向上的研究，则起步于2005年。当时，由王莉和江南大学的徐岩教授牵头，启动"茅台酒风味物质解析"研究项目。"围绕白酒丰富的菌种展开，寻找其中的有用物质。基于感官风味贡献的化合物，建立感官科学和风味化学的检测模型。"

这项研究工作一直持续到2013年，王莉团队完成了"风味相似度"的评价模型，它对茅台酒的风味稳定起到了决定性作用。"一瓶茅台酒里有300多种风味，有的体现在香气里，有的体现在口味上。有了相似度评价模型，任何一批完成勾兑的茅台酒，都能像人脸识别一样进行识别。"

与清香型和浓香型白酒相比，酱香型白酒迄今为止没有被发现主体香。在王莉等人看来，"它是复合香，在未来的很多年里都是一个不解之谜"。也正因此，风味相似度评价模型的出现，决定性地保证了茅台酒在品鉴感官上的稳定。

我问王莉："是不是每批次的茅台酒，都能保证有百分之百的风味一致性？"

她闻言笑了起来："我们现在要留百分之十的空间，为什么？茅台酒既是科学的，又有着人文属性。每一位勾兑师都有对酒的微妙感觉，那百分之十就是艺术发挥，就是留给老天爷的。"

穷尽半生觅酒谜，且留一分交付天。茅台酒的不易理解和妙不可言，大抵也在这里了。

19 用户心智体系

真正的广告不在于制作一则广告，而在于让消费者和媒体讨论你的品牌而达成广告。

——菲利普·科特勒

"茅粉"如何抵制假茅台

有一次，我去深圳讲课，几位企业家学生请我聚餐，其中一位带了三瓶茅台酒。他告诉我，同学们但凡喝茅台，都是携酒自带，很少买餐馆的酒，即便付开瓶费也在所不惜。

在聚餐结束的时候，这位学生突然问服务员："你们有小锤子吗？"服务员会心一笑，转身从厨房里拿来一把小菜刀。这位学生当即用刀背把三只酒瓶的瓶口一一敲出一个裂口。

我很吃惊地问他："为什么要这么干？"

他说："就是为了防止有人拿了空瓶子去灌假茅台。"

这个场景让我颇为震撼。在后来的这些年里，我好几次碰到类似的情况，有的人当场敲碎瓶口，有的人则把酒瓶带回去处理。

曾几何时，茅台酒造假是一门挺赚钱的灰色生意。

在一个互联网平台上，我找到一个回收茅台酒酒瓶的帖子："30年陈酿茅台一套800元；15年陈酿茅台200元；普通飞天茅台酒瓶60元。必须盒子、带瓶子、酒杯、防伪标齐全，少一个酒杯扣5元。"

市场上每年到底有多少瓶假茅台在流通，是一个谜。

2011年有哗众取宠的媒体捏造官员的说法，宣称："茅台酒厂的年产量约为2万吨，而2010年全国茅台酒消费量高达20万吨，市场上90%的茅台都是假酒。"

随后，"市场上90%的茅台都是假酒"的说法很快充斥报端。几个月后，季克良被迫站出来发言，他认为假茅台的数量不会超过5%："根据近3年我们茅台自己的统计及官方的打假数据来看，抓到的假酒有300吨左右，而现在茅台一年白酒销量为3万吨左右，假酒占到我们销量的1%左右。考虑到没有抓到的以及其他一些因素的话，市场上的假茅台所占的比例不会超过5%。"

茅粉们摆出的人形标语

90% 与 5% 的差距有点大，到今天也没有一个确切的数字。不过有一个粗略统计是，经常喝茅台的人，没有喝到过假茅台的应该不会超过 5%。

而对假茅台进行主动抵制的，是那些自称为"茅粉"的忠诚消费者。

这些消费者的行为并不出于自利的需求，而是主动维护一个他们喜欢的品牌的产品纯正性。它意味着品牌在用户心智中已经构成一种价值上的共鸣。

用户主动参与企业的经营行为，被认为是一个品牌形成心智势能的标志。小米手机创业之初，雷军组建了一个 MIUI 群（米友群），邀请数百个粉丝共同参与手机的各种设计，它成为小米引爆市场的第一个原点。特斯拉进入中国之初，也有它的忠诚粉丝自发驱车上千里，自费安装充电桩。

当这些行为发生的时候，表明品牌在那一时期正处在高势能的爆发期，几乎没有任何力量可以阻挡它的成长。而与小米、特斯拉相比，"茅粉"对酒瓶的破坏，并不带有借势或炫耀的成分，而是沉淀为日常的消费动作之一，因此具有更强的内驱心理。

茅台酒的日常消费者主体，由企业家、城市中年白领、知识阶层和中高级公务人员组成，他们占到全部人口的 10% 左右，属于社会金字塔塔尖的阶层。他们是典型的理性消费者，对一个产品的认同很难产生，而产品一旦占领了他们的心智，他人对之更改也很难。

在消费心理学里，用户对一个品牌的心智认知由四个层面构成：功能认知、社会认知、情感认知和增值认知。我们可以从这四个层面分别来看一下，茅台酒是如何形成自己的消费者心智认知体系的。

功能认知："不上头"和"不伤肝"

天下白酒出自五湖四海，饮者各有所好，以"香""味"而论，其实很难比出高低。周恒刚在第三届全国评酒会上以香型为评分标准，其实避免了名酒之间惨烈的同场厮杀，而在 1989 年的第五届全国评酒会之后，酒业宣布永久停办类似评选。

正因为这一特点，白酒品牌在传播的时候，大多强调历史传承和独特工艺，很少涉及品饮功能。

2011 年 5 月，全球最大的消费者调研机构尼尔森做了一份题为《解读高端白酒消费者，挖掘中国酒类市场蓝海》的市场调查报告。从北京、上海和广州三地高端人群的问卷调查中，调查员很好奇地发现："酒桌上，意见领袖喜欢谈酒的口味、历史、酿造工艺、逸闻趣事，因此在这些方面做足文章的品牌，自然得到谈论的机会也较多。但令人惊讶的是：真正打动'圈外'消费者的诉求，却是白酒最基本的指标——'不上头'。"

尼尔森把消费者的谈论诉求点分列为档次、历史传承、知名度、口味好和不上头，结果发现："在许多名酒厂商看来，'不上头'是好酒的及格线，似乎不应该是一个值得关注的诉求点。但众多被访消费者一致认为'不上头'的，竟然只有茅台一个品牌而已——其他品牌要么在痛苦的宿醉经历中被永久否定掉了，要么'不知道是否上头'，由于'不舍得拿自己做试验'，也就无法进入选择范围。"

在 2011 年，尼尔森的这个洞见并不广为人知，但是，它却直指白酒消费的底层诉求。事实上，第一个提出"喝茅台酒不上头"的人，正是它早年最著名的消费者周恩来总理。在很多次的分享场合中，他谈及茅台酒，主要就讲两点：在长征途中用它疗伤，喝多了也不上头。[①] 前者是情感叙述点，后者是功能叙述点。

作为精神类消费品，白酒天然地带有社交功能，或者说，它本身就是

---

① 季克良、郭坤亮，《周恩来与国酒茅台》，世界知识出版社，2005 年。

催化媒介的一部分。然而，对它的最大心理障碍，便是对健康的影响，特别是喝酒过量之后，第二天容易产生的头疼及口臭。

王莉在接受我的访谈时，专门解释了茅台酒"不上头"的原因：喝酒上头，是因为白酒中含有硫化物和醛类杂质，对大脑神经造成刺激和干扰。茅台酒的"三高"工艺——高温制曲、高温馏酒、高温堆积发酵，使得低沸点类杂质在酿造过程中挥发殆尽，而在三年的陈贮中，醛类杂质进一步被去除，再加上茅台酒"以酒勾酒"，不添加任何其他物质，这便保证了酒体的纯净性。消费者在饮用时不口干，饮后不上头，也不太会满身酒气。

一个很有趣的事实是，在很多年里，茅台酒厂并没有把"不上头"作为广告的宣传点。正如尼尔森调查所显示的，是消费者在主动传播，而带来的病毒式感染力却十分惊人。尤其是在高端消费圈层中，健康和安全是所有商品消费的第一前提，当"不上头"成为茅台酒的饮后体验共识，便自然地引发了尝试和传播效应。

如果说"不上头"是消费者自我发现的体验感知，那么在很多年里，茅台酒厂则一直在进行"不伤肝"功能的研究和传播。这是一个风险很大，同时也与普遍认知相冲突的课题，但是在季克良等人看来，这却是茅台酒最为神秘的一个功能。

1993 年 5 月，新华社发表了一篇新闻通稿，题为《国酒茅台新发现，天天饮用不伤肝》。文内称："即使天天喝茅台酒，每天饮用 150 克以上，对肝脏也无损害。"

文章的这一结论来自茅台酒厂职工的一次专项体检。

参加体检的共有 40 名，年龄段在 34 岁到 54 岁之间。他们是制酒三车间和酒库车间的职工，因生产和工作需要，都大量饮用茅台酒超过 10 年，时间最长者达 37 年。

根据国内外医学资料显示，每天饮烈性白酒在 80 至 120 克持续 10 年以上者，90% 可能有脂肪肝，10% 至 35% 有酒精性肝炎或肝硬化。

而受检的这 40 名职工，饮酒量、饮酒龄、累计饮酒量显然已达到或超过了上述资料统计。但由遵义地区有关专家进行的这次专项体检却发现，除一例原本便患肝炎的职工之外，其余职工身体健康，经 B 超、肝功能检查，肝脏无任何病变。[①]

据季克良的讲述，在这次体检之后，酒厂医务人员扩大体检范围，又对全厂每天饮酒 150 克、饮酒史在 10 年以上的职工进行了一次肝脏检查，结果发现，在全部接受体检的 236 名职工中，除一位本身患有肝炎的职工之外，其他职工肝脏一切正常，没有纤维化的迹象。

随后，贵阳医学院的程明亮教授展开了"贵州茅台酱香酒对肝脏的作用及其影响的研究"课题研究。他在实验过程中发现，茅台酒含有超氧化物歧化酶（SOD），并能诱导肝脏产生金属硫蛋白，这两类物质可以清除体内多余的自由基，对肝脏的星状细胞起到抑制作用，从而防止了肝纤维化。

在接受我的访谈时，季克良津津乐道地讲了好几个喝茅台酒之后胃病、糖尿病和幽门螺杆菌感染得到改善的故事，所列举的人物，不乏媒体总编、企业家乃至医学专家等。

社会认知：最好的蒸馏酒

在茅台酒的传播史上，1915 年的巴拿马万国博览会获奖是一个标志性

---

① 新华社通稿，1993 年 5 月 28 日，作者李新彦、周晓农。

事件。尽管到今天，这件事仍然存在着一些争议，但是在客观上，这次获奖的社会认知效应在烧房时代就已经发生了。

1935 年，红军在茅台镇三渡赤水，总政治部发布的保护通知中就提及"私营企业酿制的茅台老酒，酒好质佳，一举夺得国际巴拿马金奖，为人民争光"。在创作本书的过程中，我收集到一份民国三十五年（1946 年）《中央日报》上的茅台酒广告，其中的广告词为："此酒为贵州回沙古泉和各种麦料所酿成，乃西南名贵珍品，曾在美国巴拿马赛会列为世界第二名酒……"

中华人民共和国成立之后，在巴拿马万国博览会获奖之事被写于茅台酒的酒瓶背标文字中，1955 年的酒标上如是写道："贵州茅台酒，产于仁怀茅台镇，已有二百余年悠久历史，酿技精良，味美醇香，有助人身健康之优点，行销全国颇受各界人士欢迎，诚为酒中之无上佳品，解放前曾在巴拿马赛会评为世界名酒第二位……"

在很长一段时间里，茅台酒与法国科涅克白兰地、英国苏格兰威士忌并称为世界三大蒸馏名酒，这一定位让茅台酒以"中国白酒代表者"的形象，构成了消费者的普遍认知。2000 年，季克良撰文认为"贵州茅台是世界上最好的蒸馏酒"，并提出了八个方面的事实依据，其中最主要的一条是："茅台酒的成分种类是所有蒸馏酒中最多、最丰富、最协调、最有层次感的'复合香'。"

2015 年 11 月，美国旧金山市为巴拿马万国博览会一百周年举办了一场隆重的纪念活动，华裔市长李孟贤（Edwin M. Lee）宣布，将每年 11 月 12 日定为旧金山的"茅台日"。他在致辞中说："这让我们有机会回顾旧金山的历史，茅台的经历，已经成为旧金山过去的重要组成部分。"

在酿造观念层面，西方蒸馏酒与中国白酒，便是理性哲学与感性哲学的鲜明较量。前者工艺较为简洁，不追求复杂性，质量比较容易控制；后者则从制曲开始便进入了与"天地同酿"的混沌流程，尤其像茅台酒这样

2017年，李保芳向李孟贤夫妇介绍茅台酒

2015年，巴拿马万国博览会获奖一百周年海外庆典现场，两位外国友人对茅台酒充满兴趣

的产品，更受到节气、地理条件和微生物种群的影响，其酿造过程充分展现出东方式的阴阳哲学之美。

如果从消费的流行趋势来看，可以清晰地发现，中国白酒在本土市场的胜利，与经济发展和中国文化意识的苏醒有强烈的正相关性。

在西风东渐的 20 世纪末，代表西方文化的葡萄酒曾经引来爆发式的增长，一度成为中高端主流餐饮的首选酒类。

然而，进入 21 世纪之后，随着经济的繁荣，尤其是随着新中产的崛起和改革开放之后出生的一代人成长为核心消费者，国家自信成为主流的意识形态，中国传统文化迎来全面复苏。在商业世界，则呈现为"故宫现象"、新国货效应以及汉服的流行等等。2008 年，北京举办奥运会；2010 年，中国成为世界第二大经济体；2012 年，中国在国际外贸和全球制造业中的占比超过美国；2019 年，中国人均 GDP 超过 1 万美元。这一系列的发展事实，极大地提升了中国的文化自信和商品自信，也是在这一历史性的国家复兴中，中国白酒实现了一次碾压式的超越。

我们来看一组对比数据：从 2010 年到 2022 年的 13 年间，中国白酒产业的年复合增长率高达 22%，市场规模突破 6000 亿元，多家白酒企业的市值超千亿元，茅台和五粮液更高达万亿元。而葡萄酒产业，2010 年全国产量为 108.88 万吨，到 2022 年竟下降到 26.8 万吨，进口葡萄酒销量也处于连年下滑的状态。

白酒对葡萄酒的主流替代，本质上是一次文化认同的回归和社会认知的迭代。

情感认知：在最重要的时刻想起它

20 世纪 20 年代，出生于一家法国救济院的香奈儿小姐推出了"小黑裙",它的简约风格完全不同于欧洲贵妇人服饰的烦琐风格。香奈儿告诉全巴黎的女生:"生活不曾取悦我,所以我创造了自己的生活。"这种女权主义式的宣言,被强烈地赋予到一件简洁明快的裙子上,对其的价值认同,构成了香奈儿品牌的全部现代性。

茅台酒的经营者一直拒绝把茅台酒定义为奢侈品。在他们看来,茅台酒的平民化也许无法以低价来迎合,却可以用情感呼唤的仪式感来展现。

人是一种情感动物,而白酒是最合适的情感类消费品,它同时具有社交的属性,因而又需要在情感认知上带有相当的共情性。

卡罗琳·考斯梅尔在《味觉》一书中说,相比于视觉和听觉,味觉和嗅觉的肉体性更强,美食和美酒所产生的快感更容易让人成瘾和沉迷。同时,它们在成为社会活动一部分的时候,又将为审美感受提供某种隐喻。[①]

在一个餐饮社交场合,人们选择一种菜品和一款饮用酒的过程,就是一次情感认知的讨论和共识,它天然地带有话题性和身份感。甚至,这一行为本身具备了"选择—认同—排他"的认知程序。

在计划经济时代,茅台酒主要在公务消费的政界和外交界流通,尤其在军界,由于对"三渡赤水"的浓烈情结,人们对茅台酒的喜爱更多的是洋溢出为革命历史而自豪。而由于茅台酒的稀缺性,它往往只出现在最重要的那些时刻:出征、凯旋、老战友相聚、招待最尊贵的客人。中国自古是一个注重礼仪的国度,这一情感认知很自然地具备了自上而下的传递效应,它也成为很多年里茅台酒备受追捧的情感原因之一。

围棋国手聂卫平曾经回忆过一瓶茅台酒的故事。在 20 世纪 80 年代,

---

① 卡罗琳·考斯梅尔,《味觉》,中国友谊出版公司,2001 年。

中日围棋界每年举办一场擂台赛。由于种种特殊原因，它成为国民关注度极高的年度体育赛事，聂卫平、马晓春等人因战绩优异而一度被视为国家英雄：

> 我曾经收藏了一瓶非常珍贵的茅台酒，是 80 年代的时候，耀邦叔叔（时任中共中央总书记）为奖励我在中日围棋擂台赛上过关斩将送给我的。他当时跟我说，这瓶酒不是国家的奖励，而是他的私人收藏。据耀邦叔叔说，当时这酒有两瓶，一瓶给了我，一瓶给了邓小平。[①]

聂卫平一直珍藏着这瓶酒，而他本人又是一个狂热的足球爱好者。2001 年 10 月 7 日，中国男足在沈阳五里河体育场以 1∶0 战胜阿曼，第一次闯入世界杯。聂卫平飞去沈阳观看了这场激动人心的比赛，球队获胜后，心情激荡的他当晚拿出那瓶茅台酒，与几位好朋友和国足球员开瓶祝贺。

像聂卫平这样的故事，在有关茅台酒的口述史料中比比皆是。

进入市场经济时代之后，非公务消费的比例日渐提高，而茅台酒始终坚持高定价和高端品牌战略，所以，在相当长的时间里，它一直不是销量最大、营收最高的酒企。这一漫长的过程，是一次伴随新中产崛起的成长史。唯一没有改变的是，茅台酒出现的场景，仍然是那些重要而具有仪式感的时刻。

我问季克良："在这么多年里，哪一次的饮酒体验令你印象最为深刻？"

他跟我讲了一个故事：有一次，他去一家餐馆吃饭，看见旁边有一家

[①] 胡腾，《茅台为什么这么牛》，贵州人民出版社，2011 年。

人在聚餐，庆贺儿子考上了大学，父亲特地开了一瓶茅台酒。从服装和谈吐看得出来，这是一个普通的工薪家庭，一桌人老老小小七八口，祖孙三代，一瓶茅台酒在大家的手里流转，小心翼翼地倒进一个个小酒杯，欢声笑语溅满一席。他说："我站在一边看了很久很久，那是我最为快乐的时刻，眼角还有点湿了。这户人家未必经常喝得起茅台酒，但是，它成为家庭最自豪和最重要时刻的一个选择，我酿酒一辈子的意义，就都在这里了。"

家庭留影旧照。在 20 世纪七八十年代的部分中国家庭中，茅台酒是一家人最自豪、最重要时刻的选择

2011年，在茅台集团，乒乓球世界冠军松崎君代女士将当年周总理赠送给她的茅台酒交到季克良手中

季克良的回答让我很意外，不过仔细琢磨，这却可能是茅台人全部的理想。

任何具备强烈情感认知的商品，往往并不以使用频率为考评的标准，而更主要地体现在它出现的场合，以及它出现时可能引发的情感共鸣。在这个意义上，茅台酒成了一个带有仪式感的情感符号——在最重要的时刻想起它，与最重要的人分享它。

增值认知：越陈越香，越陈越贵

几乎所有的奢侈品都具有两个特性：传承性和增值性。

"没人能拥有百达翡丽，只不过为下一代保管而已。"百达翡丽的这句广告词实则在进行一种心理暗示：时间的意义在于延续，人生也无非如此。能够把你的生命与下一代乃至再下一代人连接在一起的"记忆物"，其实很少很少，这一块表也许是其中之一。如果你得到了这个暗示并对之认同，那么，你很可能就会咬着牙去拥有一块百达翡丽。

在所有的产品中，酒是一种最好的时间礼物，它不会霉坏，而且越陈越香。在中国酒史上，绍兴黄酒便有一个流传千年的习俗：当地人家在生下子女的时候，会同时酿下美酒藏于地窖，生儿子的叫"状元红"，生女儿的叫"女儿红"，待到子女长成婚嫁之际，开坛庆贺，是为最珍贵的礼物。早在魏晋时代，文人笔记中就有相关记载。[①]

茅台酒厂在 20 世纪 90 年代推出陈年酒，实际上做的便是"时间的生意"。2014 年，酒厂推出生肖酒系列，每年一款，很受市场的欢迎。

在 2007 年前后，茅台酒的收藏市场开始悄然出现。在这次创作中，我访谈了"茅友圈"的创始人余洪山。

余洪山是一个 80 后，父亲早年在北京做老酒回收的小生意，他 20 岁的时候就进入了这个行当。到 2007 年，他专注做茅台老酒的收藏和销售，一年的营业额将近 10 亿元。2022 年 3 月，他在贵阳开了一个占地 1000 多平方米的茅友圈文化收藏馆。

在这个文化收藏馆里，我看到，1980 年的五星牌茅台每瓶售价 5.5 万元，1990 年的铁盖茅台每瓶 2.7 万元，2000 年的飞天茅台每瓶 9500 元，2010 年的飞天茅台每瓶 4700 元。按照这个价格表来推算，茅台老酒每隔 10 年增值 1~1.2 倍，年均复合增值率在 8%~10%。文化收藏馆里还陈列着许多个性类和纪念类茅台酒，其中，8 瓶套装的"燕京八景"售

---

① 比如，〔晋〕嵇含，《南方草木状》。

价 6.3 万元，36 瓶一套的世博会纪念酒售价 60 万元。生肖酒的价格也在逐年上涨，2014 年的马年茅台每瓶售价 2.05 万元，2016 年的猴年茅台每瓶售价 6500 元。

从这一牌价表可以发现，在过去的 40 年里，茅台酒的市场交易价格一直处在温和增值的通道里，因而也具备了硬通货的类金融属性。在很多人看来，它似乎是一种"液体货币"。有不少"茅粉"每年买新酒、喝老酒，算是对自己的一份犒劳。

在文化收藏馆，我还遇到了一位前来选酒的女士，她以每瓶 5700 元的价格选购了几箱 2007 年的飞天茅台，又以 2.3 万元的价格买了一瓶 1996 年的铁盖茅台，这是她送给那年出生的女儿的礼物。

余洪山告诉我，这是最典型的茅台老酒消费者的购买行为：用于高端宴请，或作为纪念礼物赠送。这一圈层的购买者很少进行投资套利，而是在日常消费中抵消通货膨胀的压力。如果开瓶饮用和增值预期同时存在，那么，这是一个良性而可持续的消费型收藏品模式。

20　时间与资本

如果你了解一家企业，如果你对它的未来看得很准，那么很明显，你不需要为安全边际留出余地。

——沃伦·巴菲特

茅指数：题材、现象或信仰

英国的帝亚吉欧是全球最大的洋酒公司，它由大都会（Grand Metropolitan）和健力士（Guinness）两大公司于 1997 年合并而成，其产品横跨蒸馏酒、葡萄酒和啤酒三大品类，业务遍及 180 多个国家和地区。

帝亚吉欧旗下汇聚了 200 多个显赫的欧美酒类品牌，全球七大烈酒冠军品牌中，帝亚吉欧坐拥其三。其旗下品牌包括：世界排名第一和第二的苏格兰威士忌品牌尊尼获加（Johnnie Walker）、珍宝（J&B），世界第一伏特加品牌斯米诺（Smirnoff），世界第一利口酒品牌百利甜酒（Baileys），世界第一龙舌兰酒品牌豪帅金快活和银快活（Jose Cuervo Gold & Silver），世界第一黑啤品牌健力士（Guinness），世界第二朗姆酒品牌摩根船长（Captain Morgan）。

2017 年 4 月，贵州茅台的市值超过帝亚吉欧，成为全球市值第一的烈酒公司。从收入和盈利能力来对比，2018 年，贵州茅台实现 736 亿元人民币的营业收入，对应 352 亿元净利润，其净利率为 47.83%；而帝亚吉欧在这一财年的营业收入和净利润分别为 121.63 亿英镑（约合 1057 亿元人民币）和 31.6 亿英镑（约合 261 亿元人民币），净利润率为 25.98%。

到 5 年后的 2023 年 4 月，贵州茅台的市值为 2.29 万亿元人民币，约为帝亚吉欧的三倍。

在 2022 年的中国企业市值排行榜上，贵州茅台名列第二，仅次于腾讯控股，排在阿里巴巴、中国工商银行、中国建设银行和中国移动之前。在国内的沪深两市，贵州茅台雄踞市值第一，并且是目前唯一一只股价超过 1000 元的股票。

2020 年 9 月，国内最大的金融数据分析公司万得（Wind）别出心裁地推出了一个全新的概念指数——"茅指数"。它涵盖了沪深两市中的 30 家"类茅台"公司，主要指消费、医药以及科技制造等领域拥有较强成长性及技术实力的龙头公司。在后来的几年里，"茅指数"与沪深 300 指数成为机构投资人观察和选择绩优股的评价参数。在民间的舆论市场上，散户则喜欢把那些高成长、值得押注的公司冠以各种"茅"，比如，宁德时代被戏称为"宁茅"，片仔癀被称为"中药茅"，海康威视被称为"安防茅"，等等。

从来没有一家中国公司，在投资市场上拥有过这样的待遇，它是一把双刃剑，一侧指向赞誉，一侧指向毁谤。

贵州茅台这只股票既是"题材"又是"现象"，而在一些人心目中，它更是一种"信仰"。围绕它所发生的各种争议，往往超出了白酒产业甚至茅台公司本身，带有强烈的时代性和公共性。在一些人看来，它是"股市之锚"，代表了价值投资理念的中国标本，而在另一些人看来，它是一个被集体炒作起来的"巨型泡沫"，是庄家收割散户的白色镰刀。还有一些人则把茅台的高市值与美国科技股进行比较，视其为一种尴尬或耻辱。

2012 年：双杀式危机

关于茅台的这一切，都始于 2012 年。

这一年，贵州茅台交出了一份十分亮眼的财报：生产基酒 4.3 万吨，同比增长 8.33%；实现营业收入 265 亿元左右，同比增长 43.8%；净利润 133 亿元，同比增长 51.9%。

净利润增速超营收增速，营收增速超产量增速，没有比这更好看的曲线图了。

这一年，酒厂把飞天茅台的出厂价从 619 元一口气提升到 819 元，是历史上提价最多的一次。尽管如此，市场需求仍然十分旺盛，经销商的零售价格同步从 2000 元提高到了 2300 元。

然而，也是在这一年的年底，茅台遭遇建厂以来的又一次危机——在某种意义上，也是考验最为严峻的一次。

危机发生在两个层面，一是政策面，二是行业面。

2012 年 12 月 4 日，中共中央政治局会议审议通过《十八届中央政治局关于改进工作作风、密切联系群众的八项规定》，即中央八项规定，提倡精简节约，严令禁止官员出入高档消费场所。此后，各地纪委厉行严查，高档场所及高价烟酒的消费顿时萧条，杭州西湖边的 30 家高档会所被全数关停。

在企业界，第一个被摧毁的上市公司是湘鄂情，它是京城高端餐饮的龙头，所有门店都开在各大部委集中的黄金地段。中央八项规定出台后，一夜之间门店门可罗雀，在接下来的一年里，湘鄂情相继关闭了 8 家门店，公司巨亏 5.64 亿元。

在这一次的整顿中，茅台酒成了"焦点中的焦点"，因为在很多人看来，它就是高价酒的代名词。公务性消费在茅台酒的总销量中到底占多大的比例，茅台酒厂其实并没有确切的统计，市场普遍认为，应该占 35%~40%。

在政策面出现突变的同时，一个行业性的恶性事件也意外地发生了：2012 年 11 月 19 日，上海的一家检测机构在酒鬼酒中验出塑化剂（DBP）含量超标 2.6 倍，迅速引发舆论风暴。

双杀效应之下，在接下来的一年里，高端白酒的销量断崖式下跌。体现在终端的零售价上，飞天茅台从 2000 多元一路下跌到 850 元。这意味着经销商已经无利可图，甚至可能卖一瓶亏一瓶。

与此同时，资本市场上的白酒板块也集体狂跌，茅台、五粮液和泸州老窖等的股价跌幅约为 35%，汾酒和洋河更是跌掉了 46% 和 58%。14 家白酒上市企业的市值缩水超过 2500 亿元。

最看好茅台酒的人是谁

凛冬来临，有的人看到了绝望，有的人看到了光。

在悲观氛围浓烈的 2012 年年底，一件颇让人意外的事情是，最看好茅台酒的，居然是资本市场的投资人，其中最广为人知的是深圳的投资人林园和但斌。

林园在 2003 年就开始买入贵州茅台的股票。他是一个低调而勤勉的投资人，几乎每年都参加茅台的股东大会，还曾到茅台镇实地走访。有一年，他参加茅台投资者晚宴，季克良向他敬酒，林园不喝酒，于是推辞。然而，季克良看到林园的酒杯里还有酒，就拿起来一口饮下，说自己不舍得浪费好东西。这让林园看到了茅台人的不一样。

2012 年危机来袭时，林园仍然坚定持有茅台股票。在他看来，飞天茅台只要能够以 819 元的价格卖掉，公司盈利就有保障，别的因素对它都不构成影响:"茅台市场价卖 2000 元或者是 1000 元,都与茅台的股价无关,股东只能享受 819 元所产生的利润。茅台的经销商是每月按计划进货的,而不是想要多少就有多少。从这个意义上说,茅台一天就能收足一年的货款,因为茅台按出厂价是供不应求的。"

相比林园,但斌则在舆论市场上扮演了"茅台捍卫者"的角色。

我认识但斌是在 2010 年前后。他是国内投资圈里的一个知名人物,在新浪微博上有上千万的粉丝。他平日最喜欢的事情是读书,最崇拜的偶像是巴菲特。早在 2003 年,他就开始购进贵州茅台的股票,那时的股价为 23 元,公司市值约为 80 亿元。[①]

2017 年,但斌在一篇博客文章中写道:"为什么我们这么看好茅台?因为它像液体黄金一样珍贵!金山还有挖光的一天,只要中国人的白酒文化不变,用当地红高粱加赤水河水酿造的成本极低的茅台酒,就能像永动机一样源源不断地提供现金流。"

2012 年 12 月 10 日,就在中央八项规定出台的一周后,但斌在自己的微博上发出了第一篇看好茅台的博文:"相信茅台!对茅台质量还是要相信,白酒行业毛利这么高,特别是茅台根本没有利益诉求。要相信常识!塑化剂白酒鬼酒始,茅台终。过去的终归过去,中华民族,白酒的历史源远流长!民族的终归是久长、永存的!"在后来的四年多里,但斌写了 3000 多篇类似的微博,成为国内最著名的"茅台唱多者"。

跟林园、但斌一样,在那一时期坚持唱多茅台的还有北京的私募基金投资人董宝珍。他在 2013 年 2 月写了一篇《贵州茅台的成长是由收入水平驱动的,不会停止》。根据他的计算,从 1981 年到 2012 年,茅台酒零售价与国民人均月工资收入有一个固定的比例关系,尤其是 1997 年以后,基本

---

① 但斌,《时间的玫瑰》,中信出版社,2018 年。

维持在 35% 左右，也就是 10 天左右的收入够买一瓶茅台酒。

当时有一位叫扬韬的投资人撰文《投资的逻辑》，认为"贵州茅台完美财务数据背后的成长逻辑来自三公消费，随着国家大力限制，贵州茅台将失去成长动力"。董宝珍在网上与扬韬辩论，提出"支撑贵州茅台成长的逻辑是中国礼尚往来的文化与精神性消费的兴起。若三公消费消失，茅台酒仍可以凭借自身的特质吸引其他消费主体"。

董宝珍与扬韬的分歧，代表了市场的两大立场。两人在网上不断地辩论，最后竟演出了一场"行为艺术"：当时贵州茅台的总市值为 2000 亿元，扬韬认为将会跌到 1000 亿元以下，董宝珍认为不可能跌破 1500 亿元，如果跌破，他就裸奔。谁料，2013 年 9 月 17 日，贵州茅台股价大跌 5.58%，市值跌至 1469.52 亿元。四天后，董宝珍在北京郊区找了一片小树林裸奔，并上传了两张裸奔的视频截图在网上。

股价的狂泻让裸奔的董宝珍成了资本市场的一个笑话，他持有的茅台股票缩水七成，但是他像一块顽石一样继续苦熬。他在网上继续与人辩论，先后写了 10 万多字的文章。同时，他还和助手选了 80 家茅台酒专卖店，进行实地调研。他在现场看到，"当把茅台酒和任何一款中国白酒放在一起的时候，只要价格差距在 300 元以内，大部分人都会选择茅台酒，白酒行业整体的价格下行有利于茅台销量增加"[①]。

这些"茅台唱多派"，在后来的投资市场上赚得盆满钵满。

"保芳书记"与"三个一"

李保芳在 2015 年 8 月被任命为新一任茅台集团党委书记。

---

① 董宝珍，《价值投资之茅台大博弈》，机械工业出版社，2020 年。

李保芳告诉我，他从来没有料到，自己会在职业生涯的最后几年被派到茅台来工作。出生于 1958 年的他，毕业于贵州财经学院工业经济系，在六盘水市工作了 20 年，一路干到常务副市长，后来到贵阳担任省开发投资公司总经理，接着被任命为省经信委主任。2015 年，76 岁的季克良荣退，李保芳"空降"茅台。

高嵩是一位服务茅台多年的品牌服务商，曾任职英国《金融时报》中文网。作为一名曾经的资深记者，他对李保芳的观察很有细节感："他听别人发言时，喜欢皱眉头，歪着脑袋想，到了自己关注的点，他就插话发问，寥寥几句，直击要害。听他讲话，能感觉到他获得过系统宏观经济的职业训练，对数字敏感，能迅速找到症结和方向，所以，言之有物，解渴。"[①]

李保芳到任的时候，茅台酒的股价在 190 元上下震荡，终端价格跌到 800 元的谷底。2015 年 12 月底，茅台酒厂召开一年一度最重要的全国经销商大会，李保芳第一次在公众面前亮相。会场上，一些经销商熬不住了，有人甚至公开低价转让经销资格。李保芳在发言中说："经销商如果有眼光，现在就应该申请加量。一年后，你再来找我，我不会批给你。"[②]

李保芳的"喊话"，很快在市场上得到了印证。茅台酒的市场价格在 2016 年年初出现强劲反弹，在短短 3 年多的时间里，从 800 元上涨到 2700 多元。贵州茅台的股票价格到 2018 年年初涨至 700 元。从 2020 年 3 月至 2021 年 3 月，贵州茅台又开启了一波凌厉的上涨行情，总市值从 1.3 万亿元一度飙升至最高 3.27 万亿元。也就是说，从董宝珍裸奔的 2013 年 9 月到最

---

① 高嵩，《背影里的保芳书记》，个人笔记。
② 飞天茅台的定价系统十分独特，分为出厂价、市场指导价和终端零售价。其中，出厂价和指导价由酒厂控制，零售价则完全开放为根据市场供需波动。2012 年 9 月，每瓶飞天茅台的出厂价由 619 元提高到 819 元，2018 年 1 月提价到 969 元，此后稳定了 6 年，2023 年 11 月，提价到 1169 元。

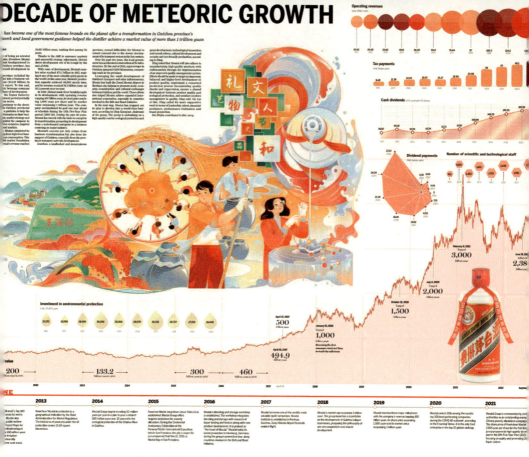

2022 年 10 月，《中国日报》刊载《茅台十年》专题文章，梳理了茅台近十年来的市值与营收变化、环保投入、科研人员数量等

高点，贵州茅台在 8 年时间里，市场零售价上涨 3 倍多，股价上涨了 22 倍。

李保芳是在 2020 年 3 月退休的，在茅台任职不足 5 年。在这一阶段，他领导下的茅台实现了"三个一"：股价突破 1000 元，营业收入突破 1000 亿元，市值突破 1 万亿元。

就在李保芳任职期间，茅台酒厂发生了一场廉政风暴。2019 年 5 月，曾担任酒厂党委副书记、董事长的袁仁国因涉嫌贪腐被审查。他是 1975 年加入酒厂的那批知识青年之一，曾在茅台酒的市场建设中立下赫赫战功，最终却因受贿而入狱,被判处无期徒刑。在那一时期,李保芳与时任总经理李静仁、纪委书记卓玛才让等人,在保证正常生产经营的前提下,进行了"由治到稳"的专项整治和管理层建设。

在我调研期间,还有一件与李保芳有关的事情被人津津乐道,那便是平息"国酒"纠纷,与各大名酒企业化干戈为玉帛。

早在 2001 年 9 月,茅台酒厂首次向国家工商行政管理总局商标局提交"国酒茅台"商标申请。此后 17 年间,茅台提交申请多达 11 次,均以被退回而告终。漫长的岁月里,山西汾酒多次对茅台"国酒"一说提出异议。2018 年 7 月下旬,茅台酒厂向北京知识产权法院提起诉讼,起诉国家商标评审委员会,要求其撤销"不予注册"的复审决定。此外,茅台还将五粮液、汾酒等 31 家机构和企业列为第三人。

然而,就在提起诉讼不久后,茅台决策层经过再三讨论与权衡,决定放弃这一诉求。高嵩在笔记中记录了一个场景:

> 2018 年秋,我随保芳书记参加陕西西凤酒办的酒业论坛,他的发言聊了很多强化合作的意愿。同时,逐一评点东道主的业绩,并历数五粮液、汾酒等具体的亮点,令听的人很舒服。晚上,见他端着一个硕大的酒杯,与众多酒企巨头碰杯,那晚,没有喝茅台,而是西凤。[1]

就在那次酒业论坛后不久,茅台酒厂发布声明,放弃"国酒茅台"商标注册申请。李保芳还给汾酒、五粮液等酒企的掌门人写了亲笔信,表达了共弃前嫌、同赴未来的意愿。

2019 年 6 月 29 日,盐津河畔"国酒门"的"国酒"字样被拆除了。

---

[1] 高嵩,《背影里的保芳书记》,个人笔记。

2022 年，在贵阳采访李保芳

在随后的一个月里，全国各地门店的"国酒茅台"标志均被撤下，改为"贵州茅台"。

茅台人的退让，体现了"周而不比"的古风。老子《道德经》曰："天之道，不争而善胜，不言而善应，不召而自来。"在竞争战略上，对"国酒"称号的放弃，让中国的整个白酒产业"放下，即实地也"，重新回到品质和服务创新的主道上。

与邹开良、季克良等人浓烈的茅台生死情结不同，李保芳自称是一个"过客"。在去职前的一次管理会上，他说："我在茅台，注定会是一个过客。到了我离开的那一天，我会毫不犹豫，转身就走。放下、忘记，并且学会独处。"

长期主义的价值点

2020 年，全球经济受新冠病毒大流行的冲击，绝大多数国家陷入经济负增长的困境，商业世界更是哀鸿遍野。英国《金融时报》发布文章《在疫情期间全球表现最优的100家公司》，在所列举的公司名单中，贵州茅台名列第20位，不仅是全球唯一一家进入前20名的食品企业，也是前20名中少有的实体企业代表。

这些最具抗跌性的实体企业还包括：科技公司苹果、芯片公司英伟达、生物制药公司艾伯维、汽车公司特斯拉和奥迪。它们与茅台一起，成为当代价值投资的标本型案例。

价值投资理论是本杰明·格雷厄姆提出来的，而最忠实且成功的实践者则是他的学生沃伦·巴菲特。这一理论的核心是要求投资人回到公司的基本面，发现它的核心价值和安全边际，在长期的持有中同享成长的红利。

关于公司的投资价值，巴菲特有过一段很经典的表述："在投资的时候，我们把自己看成是企业分析师——而不是市场分析师，也不是宏观经济分析师，更不是证券分析师。一个投资者必须具备良好的公司判断，同时必须把基于这种判断的思想和行为同在市场中的极易传染的情绪隔绝开来，这样才有可能取得成功。"[1]

价值投资的敌人是非理性波动。在资本市场上，一家公司的股价波动并不完全取决于它的基本面，在很多时刻，它会受到外部环境和市场情绪的影响。1974年，美国政坛受"水门事件"影响而产生震荡，同时受能源危机的影响出现严重的经济滞胀，华尔街股市崩盘，一向业绩稳健的可口可乐股价一度暴跌68%。在2008年的金融危机中，可口可乐股价的最大跌幅也将近50%。

即便在新经济领域，这一景象也不罕见。2020年9月，在疫情冲击下，苹果公司的股价在12个交易日中暴跌22.6%，市值蒸发5000多亿美元。在

① 巴菲特，《巴菲特致股东的信》，机械工业出版社，2019年。

2022 年下半年，受能源危机和美联储加息影响，特斯拉股价一度暴跌 60%。

如果说投资之神是罗马神话里的雅努斯，那么理性与非理性正是它的两副面孔。相比美国，中国的股市更是一个被情绪和题材操控得十分严重的散户王国，在很多年里，价值投资的信徒们很难在这里真正实践他们的理论。也正因此，当贵州茅台被林园、但斌等人发现之后，便成了一个最具说服力的投资标的。

在价值投资的理论框架里解读茅台，我们可以发现三个与长期主义有关的价值点。

首先是文化价值。中国独特的白酒工艺和饮用文化，为茅台等白酒品牌提供了丰饶的精神消费市场，同时也构筑了一道无形的文化护城河，可以抵御所有跨国公司的攻击。在市场营销的意义上，白酒之争是一场变数很小的内战。

从文化消费的意义上，但斌甚至认为茅台酒的商业模式存续 200 年的概率非常大："如果贵州茅台每年仅以 2% 的速度提价，200 年后销售 6 万吨酒就有 2.8 万亿元利润。贵州茅台还有一个非常可贵的地方，在于其产品在 1951 年至今按 11% 的年复利提价，在未来的 200 年里，11% 的复利可能有点多，但如果按 5% 的复利增长来计算，200 年后其利润将达到 4.669 万亿元。"[1]

其次是时间价值。"陈酒弥香"的消费者认知，让白酒企业的库存可以顺滑地转化为资产，这是其他很多行业完全不具备的特点。林园在购进茅台股票的 2003 年曾去茅台镇调研，他发现，当时茅台的市值约为 90 亿元，然而它在酒库里的陈贮酒就价值 300 亿元，由此，他认定茅台的价值被严重低估。

---

[1]　但斌，《时间的玫瑰》，中信出版社，2018 年。

2018 年，文化茅台走进澳大利亚宣传海报

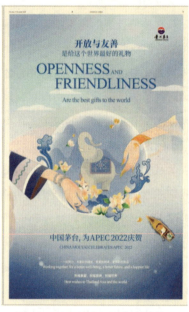

2022 年，茅台在英国《金融时报》上的整版广告

2020 年，文化茅台走进坦桑尼亚宣传海报

2019 年春节，茅台在中国台湾《旺报》的全版广告

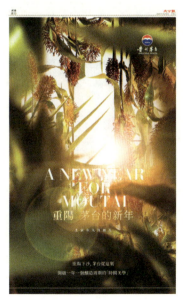

2022 年重阳节，茅台在中国香港《大公报》上的整版广告

2016 年，茅台酒在《金融时报》（德国版）刊登的全版广告

我在茅台调研的三年间，茅台酒和茅台酱香系列酒每年销量为 6 万多吨，库存量约为 27 万吨，这无疑让它在未来相当长的时间里形成了难以撼动的时间资产。

最后则是品牌价值。从烧房时代开始，茅台酒就是售价最高的白酒。在后来的 100 多年里，它积淀了丰富而多元的品牌内容，并在市场上拥有庞大的中产和高净值用户群。

2020 年之后的三年，受宏观经济环境和疫情管控的影响，中国的消费市场和股市阴霾密布，贵州茅台的市值从 3 万多亿元跌到了 2.2 万亿元，再次进入一个调整的箱式周期里。10 年前发生过的争论又如期出现，唱衰者与唱多者再次以抛售和持有表达自己的立场。从基金投资人的行动来看，有超过 2300 只基金在自己的投资组合中配置了贵州茅台，其中包括六成以上的大中型消费类和混合类基金。

价值在本质上是一种最大公约数，是基于现实的预期。如果预期足够稳定和长期，那么投资的回报就将越丰厚。在这层意义上，对茅台的投资便具有了锚定性和基石性。

任何博弈的最终裁判，始终是时间本身。

21 茅台的年轻与科学精神

知其然，以科学发现茅台酒的美；

知其所以然，以科学阐述茅台酒美的密码；

知何由以知其所以然，以科学追求更美的茅台酒和更美好的生活。

——丁雄军

丁雄军是 2021 年 8 月到茅台集团出任党委书记、董事长的。那时，我在企业调研已经有半年多了。有一次接受我的访谈，聊完之后，他站起来要去参加下一个会议，我顺口问他："是要讨论什么议题？"

他说："几个专家要跟我讨论元宇宙。"我闻言颇有点吃惊："茅台酒与元宇宙有什么关系吗？"他看着我笑了起来："万一有呢？"

丁雄军毕业于武汉大学化学系高分子专业，从本科、硕士一路读到博士，毕业后留校教书。2001 年，他到贵阳市的一个区担任科技局的副局长，随后辗转多职，来茅台前是贵州省能源局的党组书记、局长。

跟邹开良、季克良及李保芳等人相比，丁雄军是高学历知识分子出身，在地方政府和职能部门历练多年，有着不一般的专业视野和当代思考。

i 茅台：抢占年轻人的心智

就在丁雄军到任的半年后，2022 年 3 月，一个叫 "i 茅台" 的 App（应用程序）上线了。

在全球范围内，市场份额排在首位的酒精饮料类型是烈酒，占 45%；第二位和第三位是啤酒和葡萄酒，分别占 34% 和 11%。自 2010 年以来，饮料偏好发生了微小的变化，烈酒的总消费量减少了 3%，而葡萄酒和啤酒的份额则相应增加。

作为中国最高端的烈酒品牌，茅台酒一直在倡导 "少喝酒，喝好酒"。在既有的成熟消费者中，它的市场地位在未来相当长的时间内很难被撼动。它所面临的挑战是，如何在年轻群体中建立起消费认知。

2022 年 3 月 28 日，贵州茅台官方宣布，历经半年时间筹备的数字营销 App "i 茅台" 将于 3 月 31 日正式上线。次日，苹果应用商店 App Store 显示，"i 茅台"App 位列购物类第一，成为下载量最高、热度最高的一款 App。

3 月 31 日上午 9 时，这个已成新锐 "网红" 的 App 开始接受购酒预约，迎来其首批数百万用户的考验。首日预约申购进展顺利，短短一个小时内逾 220 万人上线参与，4 款产品的申购数达 622 万人次。

当天 18 时最终的申购结果显示：珍品茅台酒每瓶 4599 元，投放量为 3526 瓶，申购人数为 140.2 万人；虎年生肖茅台酒每瓶 2499 元，投放量为 8934 瓶，申购人数为 220.6 万人；茅台 1935 每瓶 1188 元，投放量为 13 492 瓶，申购人数为 136.7 万人。以此数据，中签率分别为 0.25%、0.40%、0.99%。

超高的人气，对应的是彩票般的中签率。为何大家的热情如此高涨？在社交媒体上，中签率之外的另一大话题，就是 "能赚多少"。网友甚至推出了 "i 茅台 App 抢什么茅台最划算" "哪款茅台值得抢" 等系列资讯。

"i 茅台"上四款商品的转手利润（官方建议价与市场流通价的差额）也几乎透明：贵州茅台酒（壬寅虎年 500mL）和贵州茅台酒（壬寅虎年 375mL×2）利润高，大约为 1300 元；珍品茅台和茅台 1935 利润少，大约为 500 元。

到 6 月 30 日，仅仅上线三个月，"i 茅台"的注册用户已突破 2000 万，日活为 400 万，成为 2022 年的一个现象级 App。到 2022 年年底，"i 茅台"实现了 56 亿元的销售收入。①

作为一个互联网产品，"i 茅台"构建了一个亲近年轻消费者的入口和传播平台。在日常的动态发布中，除了吸引人的茅台酒申购，更多的是饮酒知识和互动内容。茅台酒厂在"i 茅台"上展现出面向未来的企图心。

2022 年 6 月，我再一次去茅台调研，走进茅台国际大酒店的时候，突然发现在大堂的左侧出现了一个冰淇淋专卖店。陪同我的宣传部同事告诉我，这是上个月才开张的，茅台与蒙牛合作，推出茅台冰淇淋，有原味和香草两个口味。我好奇地买了两个品尝，果然有淡淡的茅台酒的酱香和乳香味道。到 2023 年 3 月，我又看到茅台推出酒瓶装冰淇淋，在天猫超市现货首发。

至于元宇宙，丁雄军也真的尝试出了一次手。

2023 年 1 月 1 日，茅台与网易联合出品的"巽风数字世界"App 上线，首日注册用户数超 55 万，冲到苹果手机 App 下载量第一名，再现"i 茅台"第一天试运行的火爆。

在一个名为"茅酒之源"的虚拟世界里，玩家可以游览恒兴、荣和、成义三大烧房与源·广场遗址，还能看见其他用户在不断奔跑。界面里还有很多角色，例如制酒导师、高粱研究员、环保义工等。游戏设计者推出了"二十四节气酒数字藏品"，在每一个节气到来的时候，"巽风"里都会

---

① 截至 2023 年 11 月底，"i 茅台"注册用户超过 5000 万，月活用户稳定在 1200，平台交易额突破 250 亿元。

进行一轮为期约一周的酿酒竞赛。玩家可以每天做任
务获取酿造值，包括采集高粱、清扫环境、递送物品
以及参与茅台酒知识问答等。在每个周期的酿酒竞赛
中，酿造值排行榜靠前的玩家将会获得数字藏品，并
享有兑换实体节气酒的资格。

"i茅台"、茅台冰淇淋以及"巽风数字世界"的
相继出现，既是茅台酒亲近年轻族群的大胆尝试，同
时也承载了茅台管理层用产业智能思维重构酒厂竞
争力的雄心。正是通过这些新项目，茅台人把云计
算、冷链供应和物联感知等新技术嵌入了酒厂的生产
运营。

2023年9月，茅台与瑞幸咖啡联名推出"酱香
拿铁"。这一杯散发着茅台味的咖啡，经由注册用户
超1.5亿人、覆盖近300个城市的8000多家瑞幸门店，
瞬间引发全民消费狂潮，点单小程序甚至一度崩溃。
"瑞幸酱香拿铁"及多个相关词条迅速登上社交平台
的热搜榜单，并造成霸屏级的朋友圈分享。在首发的

9月4日一天时间里，"酱香拿铁"售出542万杯，销售额突破1亿元。

从"i茅台"到"酱香拿铁"这两个现象级事件，我们可以看到茅台酒在中国消费市场上的强大势能，而这些面向年轻族群，尤其是Z世代的营销动作，也让人对中国白酒的生命力充满了想象。

"尊天时，敬未来"

2022年3月20日，是农历春分时节，古人认为这一天春色中正，"祭日于坛"。在酿制黄酒的浙江，则有"春分封坛"的习俗。当日，首届春分论坛——中国白酒科技与生态发展大会在茅台集团举行，主题为"尊天时，敬未来"。

作为曾经的大学化学系教师，今天的丁雄军一只脚踏进现代化学科学的殿堂，另一只脚跨进了中国传统酿酒工艺的田野里。在发言中，他很感慨地讲道："春分时节，物候阴阳相半，精髓在于平衡，举办春分论坛，也正是取'春之希望、分之平衡'之意。'尊天时，敬未来'表达出白酒顺应天时的特点以及传统白酒工法的生态密码，寓意从不断解读传承密码的创新动力中，带领白酒行业一起向未来。"

到这一年，茅台建厂整整七十载。在丁雄军看来，茅台始终在科学探索的道路上孜孜以求，在生态发展方面，亦还有许多科学问题值得论证研究：

一是什么样的生态系统是酿酒工业需要的，"山水林土河微"生命共同体要怎样构建；

二是对赤水河生态和周边生态应该怎样评价；

三是怎样才能保证茅台生态系统的多样性和稳定性，酿出永不变味的茅台酒；

四是对于微生物，人类能在多大程度上做到不仅认识它，而且调控它；

五是对于传统工法，哪些该继承，哪些该创新，要慎重对待，敬畏传承；

六是怎样才能保证我们酿造的美酒，让人们喝得更舒适、更健康。

他在讲这段话的时候，会场里坐着中国白酒业的著名专家、茅台酒厂的所有高管以及受邀与会的季克良。丁雄军所提出的六个科学问题，是几代白酒人夸父逐日般接力探索的方向，它们的答案一直在风中，在路上，在无限的逼近之中。

在会场一角旁听的我，一时之间，颇有感慨。

在《茅台传》的写作过程中，对这个在外人看来十分传统甚至认为没有什么科技含量的产业，我已经稍有入门，大抵算得上是半个"白酒行家"。我能十分清晰地感受到丁雄军发言时的微妙心情，他的声调不高，有着理科生的克制和理性，却在言辞中不无舍我其谁的自我期许和职业热情。

我还特意观察了坐在第一排沙发旁侧的季克良，从背影看不出他当时的心情。不过，我想，作为这些科学问题的第一代提出者和解答人之一，他应该欣慰于传承的坚定和精进。

就在举办春分论坛的同时，茅台酒厂还召开了科技创新和人才工作大会，这是2012年召开首次科技大会之后的第二次，时隔10年。会上首次发布了茅台酒酿造的五大核心体系，系统回答了"茅台是科学还是玄学"等四个重大问题，并宣布将打造梯次人才培养计划，布局未来10年科创全新规划。

丁雄军对科创大会的重启，彰显出他的战略意图：用科技的发展与进步和人才体系的打造构筑起茅台的未来。在历任掌门人中，学历最高的他

2021年，丁雄军（右）、季克良（中）、李保芳（左）在茅台70周年回顾展现场

显然在对茅台酒的科学性诠释上有着更大的抱负。在他看来，"酿造微生物是茅台最关键的密码，贯穿茅台酒的每个生产环节，是密码中的密码。茅台基因最大的特征，就是茅台酒酿造微生物的菌群结构，这个基因变了，茅台将不再是茅台"。

丁雄军和他的同事擘画了茅台的发展新战略，提出"五线"发展道路，作为茅台在"十四五"时期全面推进高质量发展的准则与纲领。

——蓝线为目标蓝图：巩固中国白酒头部领军企业地位和世界蒸馏酒第一品牌地位，打造世界一流的上市企业。

——绿线为绿色发展：坚定不移地走生态优先、绿色发展道路，打造生态文明示范基地和白酒行业生态环保标杆企业。

——白线为科技创新：保持归零心态，抓好创新和改革，在新的白纸上做出新文章。

2022 年 10 月 18 日清晨，丁雄军与员工们一起润粮

——紫线为文化赋能：充分体现茅台文化影响力、凝聚力和感召力的"软核"作用，最大限度地发挥文化聚能的"硬核"作用。

——红线为环保安全：守住环保和安全两条底线。

在生产质量上，丁雄军提出要树立新时代"五匠质量观"，即永葆质量匠心、铸牢质量匠魂、练就质量匠术、精制质量匠器、锻造质量匠人，并以此构建实施茅台"365"质量管理体系，呵护茅台生命之魂，推动茅台实现高质量发展。

在市场体系上，丁雄军提出实施"五合营销法"：资源整合，实施主动营销法；数字融合，实施数字营销法；文化相合，实施文化营销法；品牌聚合，实施品牌营销法；管服结合，实施服务营销法。

在科学精神上，丁雄军提出要"知其然，以科学发现茅台酒的美；知其所以然，以科学阐述茅台酒美的密码；知何由以知其所以然，以科学追求更美的茅台酒和更美好的生活"。

行走在可口可乐与苹果之间

作为一名企业史和公司案例研究者，我始终把对茅台酒的调研和写作，置于一个更辽阔的商业变革背景下来进行解读。它的独特性令我着迷，而在它身上体现出的成长规律，则让我的思考得以延伸。

在全球消费品市场，年营收超过 100 亿美元的公司不到 100 家，年营收超过 100 亿美元的单一产品更是凤毛麟角，几乎都是当年的现象级产品。譬如丰田的卡罗拉和 RAV4、特斯拉的 Model Y、福特的 F–150 猛禽、比亚迪的宋系列、华为的 mate 30 和三星 GALAXY 系列，都在 2022 年达到过这一目标。

而单一产品连续多年营收超过 100 亿美元，则是极限式的挑战了。放眼全球范围，只有可口可乐、百事可乐、苹果手机和茅台酒完成了这个挑战。

它们实施的都是单品战略，所不同的是："两乐"以低价为壁垒，长期价值靠品牌来滋养；苹果以高价为策略，竞争力靠创新来维持。

可口可乐公司在 2022 年的全球营收为 430 亿美元，营业利润为 109 亿美元。它每一天在全球各地卖出 16 亿瓶可乐，全年约 6000 亿瓶，按收入单瓶比，每瓶的价格约 0.64 美元。

苹果手机在 2022 年的全球营收为 1648 亿美元，占全球智能手机总收入的 44%，营业利润 998 亿美元，占利润总额的 75%。全球智能手机的平均售价约为 322 美元，而苹果系列手机的均价为 825 美元。

在单品的技术路线上，可口可乐与苹果截然不同：前者自 1886 年诞生以来，配方从未改变；而苹果手机则基本每年发布一款新品，不断迭代。

再过 100 年，这两家公司如果都还存在，可口可乐很可能还是可口可乐，而苹果公司则肯定面目全非。它所面临的最大挑战是：人类是否还在使用手机这种产品？

茅台酒行走在可口可乐与苹果之间。

它在配方策略上与可口可乐相似，一旦定型，恒久不变；它在定价策略上则近似苹果，以超过同行的价格扛住了整个行业的盈利水平线。

1988 年，巴菲特以 13 亿美元入股可口可乐，从此没有减持过一股。在 2021 年，他从这笔投资中获得的现金分红是 6.67 亿美元。在被问及"为什么会长期看好可口可乐"时，巴菲特淡淡地说："因为它与周期无关。"

周期，无论是经济周期、产业周期还是技术周期，都会引发剧烈的波动，成王败寇起伏其中。而可口可乐则熨平了周期，繁荣高昂的时候要喝可口可乐，萧条低迷的时候，你还得喝。

在地球上，要找到可口可乐这样的抗周期产品很不容易，茅台酒似乎是其中的一种——不景气的时候"借酒消愁"，"何以解忧，唯有杜康"；景气的时候"举杯相庆"，"人生得意须尽欢，莫使金樽空对月"。

如果再深入地分析一下，可口可乐与茅台酒还有几个极其类似的特点。

其一，它们都属于非技术型驱动的产品。可口可乐的配方从 1886 年以来就没有改变过，而茅台酒的技术工艺也非常成熟。所不同的是，前者的配方被锁在保险柜里，而后者的"12987"酿酒工艺是完全公开的。

其二，它们的原材料成本几乎不受通货膨胀的影响。可口可乐的主要成分为水、糖和咖啡因，茅台酒的配料为水、高粱和小麦。这些原料都没有资源瓶颈，也不太受到成本波动的干扰。

其三，它们都带有强烈的"国家文化"属性。可口可乐代表了美国新大陆的快乐文化，而茅台酒则是中国白酒文化的标杆。它们的流行，本质上是国力和国运的象征之一。

"一万个味蕾猛地都苏醒了"

那天在杨柳湾，我从制酒一车间的生产房调研出来，顺路就拐进了旁边的一处砖石建筑。那里是荣和烧房的遗迹，100多年过去了，它至今还在使用。我去的时候，静悄悄地空无一人，那里整齐排列的十二口窖池，如同一个个历尽沧桑的酒匠，无言而散发出淡淡的窖香。空气中飘过无数的微生物，还有王立夫、郑义兴、王绍彬以及"张排长"等人的身形，影影绰绰，如烟如实。

然后，我驱车去了一处酒库，它营建于20世纪60年代，是目前仅有的几处老酒库之一。那里石窗窄小，灯光幽暗，数百只陶制千斤酒坛刚刚装满新入库的茅台酒。

从此，未来的三年里，在阳光不能抵达的地方，液体的生命与世隔绝，在黑暗中静静地生长。它们顺从时间，同时与时间博弈，二者的关系紧张而复杂。这是一个古老而奇妙的过程。渐渐地，前世是高粱、小麦和水的物质融为了一体，变成了子弹、刀片、攻击欲旺盛的战士。

对一名茅台人而言，一杯茅台酒的生成，既是一门具体的工艺，同时也是一次抽象艺术的创造。它依赖于传承和定量化的数据，而在更大的程度上，它是一种特殊天赋的表演。

对每一位喜欢茅台酒的人而言，它的诱惑是如此强烈，但又无可名状。当你的味蕾被酱香统治过之后，将很难回头。人类所有的努力，都应该致力于让自我复活。一杯茅台酒及它所代表的力量，不是指向永恒，而是我

2023年，在茅台学院采访一群大三学生。这所由茅台酒厂于2017年出资创办的本科高校，每年招生1000多人，向全国酒企输送人才

们的有限生命及那些平凡乃至无意义生活的倒影式呈现。人们渴望逃离平庸而清淡的生活，烈酒正好成了助人挣脱的工具。它是理性通往感性的一个通道，让一个人在最短的时间里，冲抵理智的边疆，在控制与失控之间摇摆。这种体验令人难以言表，并乐于一再与之为伍。

对我来说，茅台酒一开始是一个熟悉的陌生人，被一股神秘的力量推搡着，我一次次地走近它。

从档案室里那些斑驳脆弱的纸张，到各处的遗址和人们的零散口述，历史渐渐以片段的方式断续呈现，细节在寂静中自言自语。我让茅台酒说话了，说出每一个时代的曲折与荣光，说出每一个相关人的悲辛与欢悦。他们像高粱和小麦一样卑微，却有着人类证实自我和征服自然的骄傲。

此时此刻，我饮下一杯茅台，酱香入肠，人酒一体。

乘着酒兴，告诉你一个喝茅台的诀窍，是制酒二车间的冯沛庆教我的。他酿了 30 年的酒，每一批次茅台要经过七轮次取酒，每轮次的酸涩香味都不同，他能够分辨出其中最微妙的差别。

他讲的话，没有那么文绉绉，请容许我加工一下——

人的舌头上有一万个味蕾，舌尖主甜，舌根主苦，舌两侧主酸。喝第一口茅台酒要慢，但要满一点，让它铺满舌头的整个表面，这时候你会感觉到，一万个味蕾猛地都苏醒了。

调研期间，我与冯沛庆在制酒二车间

（01）民国时期，赖茅的茅形瓶：这一造型极具识别度，奠定了茅台酒瓶的基本形状

（02）20世纪50年代末至60年代初，这个时期的茅台酒瓶用白瓷烧制，采用木塞密封。因手工制作，瓶口方向不一，瓶身上的棉纸已破损，仿佛这瓶老酒"破土而出"

（03）20世纪60年代，出口美国的茅台酒：瓶身上的茅台酒标被美国标覆盖，瓶盖贴着美国海关签，这瓶酒可谓中美外交的排头兵

（04）20世纪70年代，出口日本的"葵花茅台"：1971年至1974年，"葵花"商标曾短暂地代替"飞天"。这瓶酒的外包装盒上印有李白的《月下独酌》，算得上是非常早的茅台文化酒了

（05）1972年，尼克松访华用酒：给尼克松的酒中勾进了三十年的陈年茅台，据江华回忆，"那种老醇香，不可比拟"

（06）20世纪80年代的"红星茅台"：在相当长的时间里，内销"红星"，外贸"飞天"

（01）　　（02）　　（03）　　（04）　　（05）　　（06）

酒瓶里的茅台史

（07）1985年，易地试验厂生产的酒：茅台酒厂的两次易地生产试验都以失败告终，其中第二次易地试验生产出的酒被起名为"珍酒"

（07）

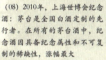

（08）2010年，上海世博会纪念酒：茅台是全国白酒定制的先行者。在所有的茅台酒中，纪念酒因具备纪念属性和不可复制的稀缺性，涨幅最大

（08）

（09）2022年，茅台酒全年营收超过1000亿元。全球类似的"超级单品"只有四个，分别是可口可乐、百事可乐、苹果手机和茅台酒

（09）

后记

2023 年重阳定稿前夕，在茅台镇做最后一次调研

　　关于任何一段历史的叙事，都意味着事实的重新构建和诠释。写作者的所有雄心都被包裹在小心翼翼的细节考据和调研之中。往往，一个细节就通往一种真实性，而下一个细节又隐含着另外一种可能。细心的读者当能感知到其中的艰辛和趣味横生。

　　诚如约翰·伯格所言，历史中的那些故事不依赖于任何思想或者习惯的固定格式，它取决于跨越时空的步伐。在足够辽阔的时空里，事实赋予故事以意义，而在某种程度上，它又来自这段历史与读者之间的渴望和共鸣。

本书的创作重建了我对茅台酒的认知，也开启了我对传统工艺型企业如何走向现代产业的种种思考。我相信，它对当代中国的商业文明有广谱的借鉴性，因为，只有一国的文化交融于人们的日常生活，才可能体现传统的意义，完成代际的接力。

首先感谢茅台酒厂对我的写作邀约，它对我开放了所有的档案，并给予了充分的创作自由。这是一次不无繁复，却也颇为愉快的经历。有一次，我被带到一栋20世纪80年代建造的老房子里，一位女酿酒师拿出一瓶茅台酒请我品尝。它的颜色已呈现淡淡的琥珀绿色，酒液倒入杯中，居然微微地高出杯口些许。把酒液点蘸于掌心，搓揉片刻后细嗅，酱香浓郁悠长。据说，这是一瓶酒龄超过60年的老酒，入口的妙处，我竟无法用文字来描述。

感谢酒厂的历任领导者接受了我的采访，他们是已经退休的邹开良、季克良、李保芳、李静仁、卓玛才让，以及现任的领导者丁雄军、王莉、高山、段建桦、王晓维、蒋焰等。集团办公室主任王登发是对我发出邀约的人，他和宣传部的王幸韬十分细致地安排了我所有的访谈。宣传部的丁娜、李璇、吴定龙、王黔以及战略发展部的周雪、集团工会的姚辉、制曲七车间的祁耀、团委的魏佳佳、集团公司办公室的严茂毅、股份公司办公室的马俊龙等同事，协助我完成了诸多对接工作并提供资料。感谢首席勾兑师王刚和首席酿造师（制曲）任金素，以及众多一线的茅台人接受我的采访，他们的敬业和对酒厂的热爱，给我留下了深深的印象。

感谢周山荣、朱跃明、汪洪彬、钟丽、邱福强、刘凌菲以及很多的茅台酒研究者和茅台镇人，他们都对我的创作提供了帮助。在过去的很多年里，不少创作者出版了与茅台有关的书籍，我从中得到了启发和资料，感谢胡腾、范同寿、罗仕湘等。

本书选用了200多张照片和绘画，它们构成了文字之外的另一条叙述线。感谢高嵩、余洪山和鲍晨阳提供了大量的历史图片及实物照片。尤其是多年服务于茅台品牌传播的今时传媒，为本书的照片资料提供了很多支持。也感谢本书图片的另外两个授权方茅台集团和京糖国酒博物馆，以及本书彩绘图绘制者郑晓倩。感谢摄影师赵恒翔，协助我完成了部分实地拍摄工作。

感谢本书的项目负责人姚弃疾、郁璐芳，创作助理欧家锦，以及编辑宣佳丽、钱晓曦。中信出版社的编辑黄维益、徐丽娜、周志刚、付颖玥做了大量的编校工作，一并致谢。书中若有错误，责任全部在我。

就到这里了。我将告别这一场关于茅台酒的写作之旅。不过毫无悬念的是，它会与我在余生中一再地重逢。

吴晓波

癸卯年谷雨，杭州初稿

重阳，茅台镇定稿

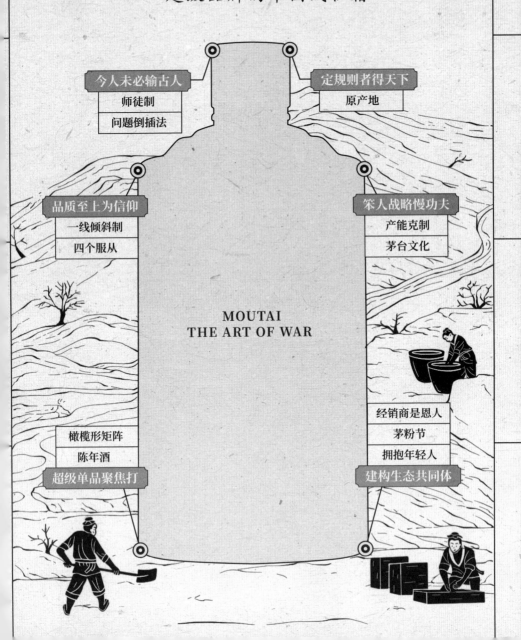

茅台兵法十二式

· 超级品牌的中国式秘籍 ·

今人未必输古人
- 师徒制
- 问题倒插法

定规则者得天下
- 原产地

品质至上为信仰
- 一线倾斜制
- 四个服从

笨人战略慢功夫
- 产能克制
- 茅台文化

MOUTAI
THE ART OF WAR

超级单品聚焦打
- 橄榄形矩阵
- 陈年酒

建构生态共同体
- 经销商是恩人
- 茅粉节
- 拥抱年轻人

茅台酒是中国消费品领域的超级品牌。茅台酒厂是中国资本市场市值最高的制造业公司，它的市值是欧美最大烈酒集团帝亚吉欧的三倍。

不过，也许你没有想到的是：

茅台酒厂不是一家百年企业，而是由三个小烧房合并而成的，于1951年建厂；

在1979年之前，没有"酱香型白酒"这个概念；

到2008年，茅台酒的出厂价才超过同行酒企；

茅台酒的生产工艺完全公开，人人可以得而学之。

那么，茅台品牌是如何培育的？它的战略有什么独到之处？它成为超级品牌，到底有没有可以借鉴的地方？

吴晓波历时三年，赴茅台镇调研20余次，查阅历史存档资料，访谈上百人，创作出《茅台传》，独家揭秘茅台酒的中国式秘籍。

茅台提供了一套基于价值创新的战略模型和中国超级消费品的品牌建构模型，它的经验带有相当的启迪性和普适性。

"茅台六法十二式"可为天下有志于品牌创建者鉴。

茅台六法

"茅台六法"之一：今人未必输古人

一种最为普遍的看法是：茅台人是"老祖宗赏酒"，祖上传下一个酿酒秘方，你只要老老实实地把它接住，传承下去，就一定能"吃喝百年"。

这是对茅台酒最大的误读。

白酒的酿造工艺，涉及原料、窖池、用水、勾兑及贮藏等多个环节。一瓶茅台酒须经过 30 道工序、165 个工艺处理，全部酿造流程至少经历五年时间。在过去的半个多世纪里，当代茅台酒师们对其中的每一处都进行了改良和定量分析，它可能是工艺流程上的优化，也可能是新材料的替代，以及技术手段上的效率和质量提升。

尤为重要的是，今人对生产元素和原理的理解，远非古人可及。古人往往知其然，而未必知其所以然。

所以，如果让一位 20 世纪 20 年代的酒师与一位 21 世纪 20 年代的酒师斗法制酒，一瓶酒的高低很难比较，若是酿 100 吨酒，后者胜出的概率几乎是 100%。

古法未必最佳法，今人未必输古人。

"茅台六法"之二：定规则者得天下

法国有句谚语："好的匠人在严格的规矩中施展他的创造才能，而伟大的匠人则试图创造规矩。"它道出了商业竞争的第一法则：掌握规则话语权的人，掌握这个世界。

在 20 世纪 80 年代之前，中国白酒分为四川泸型酒和山西汾型酒两大南北流派。茅台酒虽然名列"中国名酒"之一，但并没有独立成派。

在当代白酒史上，茅台酒最为惊人的一个创举是：它改变了数百年来人们对白酒优劣的评价标准——从对味道的品评变为对香味的品评。

在 1964 年的"茅台试点"工作中，茅台人发现了茅台酒的三种"典型体"，进而把"酱香"定义为茅台酒的最根本特征。在 1979 年的第三届全国评酒会上，中国白酒业第一次以香型区分各大名酒，先是提出酱香、清香、浓香和米香四大香型，后来又逐渐区别出十二大香型。自此，白酒产业进入"一香定天下"的时代。

作为"香型革命"的发起者，茅台酒成为这次行业突变的最大获益者。

"茅台六法"之三：品质至上为信仰

如果茅台酒厂有企业信仰的话，那么，品质是唯一的信仰。

"品质是最大的政治"，企业可以不盈利，可以没有规模——在很多年里，它确实一直处在这样的痛苦状态下——但是酒的品质却必须得到至高无上的保证。

久而久之，"品质信仰"融入了企业的血液，它像基因一样不可更改。当市场经济到来的时候，这一"偏执"的坚持让茅台酒获得了一大批忠诚的用户，它给企业带来的利益和防范风险的效应，是难以想象的。在数十年间，帮助茅台酒厂渡过一次次难关的，并非任何聪明或高超的战略，而是消费者的不离不弃。

资本市场对茅台股票的认同，常常被看成是价值投资的一个典范，而这一认同的底层逻辑，也是对产品品质的无条件认可。一家企业的可持续发展如果有前提的话，品质无疑是唯一的选项。这个道理朴素得像一句"正确的废话"，但是能够坚贞恪守 70 年的中国公司，也许只是凤毛麟角。

"茅台六法"之四：笨人战略慢功夫

茅台是一家慢公司，慢到出一瓶酒要花五年的时间。

茅台人说："我们都是一些'笨人'，笨人就有笨人战略。一个问题我们慢慢看，慢慢想，起码都要弄上十年。"

在很多年里，中国市场属于出刀快的人。天下万招，唯快不败。慢公司和"笨人"很难站到武场的中央。

笨人战略的第一要义，是不跟着聪明人跑，以不变应万变。茅台酒厂始终坚持最为传统的固态发酵，坚持"以酒兑酒"，绝不加水，坚持酒窖的自然养成，这一度被认为是落后模式的代表。

在市场营销上，数十年里出现了无数的营销"奇迹"和新式战法，茅台也许是最"迟钝"的。它坚持限量供货，坚持高定价，在品牌矩阵上表现得非常谨慎和克制。

"笨人"的优势在于，没有人愿意而且能够比他更"笨"。

"笨"的代价是慢，是迟重，是成本高企；而得益之处是，扎硬寨，打呆仗，步步为营，得寸进尺，一旦得手，绝难剥夺。

"茅台六法"之五：超级单品聚焦打

在过去的四十多年里，中国白酒业经历了三个"王者年代"。茅台酒的后来居上，与它坚持冒险的高定价和超级单品战略有关。

53 度飞天茅台酒是中国消费品市场上极罕见的千亿单品，它的营业收入占到茅台酒厂全部营业收入的八成以上，利润贡献比重更高达九成。这一比例，自 2004 年之后几乎没有太大的波动，正负在 3% 以内。

超级单品战略，巩固了消费者对茅台酒的高品牌认知，同时为渠道商营造了充裕而从容的营销和利润空间。在全球品牌中，只有美国的苹果手机获得过类似的成功。

这一策略也是"笨人"哲学的一次体现——不延伸、不覆盖、不穿透，只聚焦在消费者的心智上。用产品的唯一性，持续呼唤市场的热情。据统计，从 1982 年开始，飞天茅台酒的二手市场价格一直在稳定地上涨，年复合增长率约为 8%。这是一个令人敬畏的数据，它意味着茅台酒拥有了硬通货的属性，而且不受经济周期波动的影响。

"茅台六法"之六: 建构生态共同体

一个行业的生态由四类角色构成, 分别是消费者、经销商、同业者和周边环境。茅台在处理与这四者的关系中, 体现出允执厥中的大家风度。

茅台以数十年的品质坚守, 得到了白酒爱好者的由衷认同。同时, 以温良的竞合姿态, 避免恶性竞争, 得到了其他著名酒企及生态圈同业的尊重。

在中国白酒业, 茅台酒厂第一个提出了原产地以及核心产区保护的主张, 为以茅台镇为中心的酱酒生态区发展提供了理论和法律意义上的依据。

对生态共同体的认识和实践, 是价值创新的一种境界。拥有价值创新理念的公司, 不把精力放在打败竞争对手上, 而是放在全力为消费者和自身创造价值飞跃上, 并由此开创新的市场空间, 彻底甩脱竞争。

茅台十二式

01 师徒制

茅台酒厂的师徒制始于三房合并后的 1954 年，在"文革"时期中断，到 1980 年重新恢复，此后延续至今。

目前，在茅台集团的技术职称上，最高层级为总质量师，其下有四位首席酿酒师，分掌制曲、酿造、勾兑和品评四大环节，再其下有特级、一级、二级和三级职称。日常，首席仍有带徒弟的责任。

这一制度为茅台酒厂培养了一代又一代的优秀酿酒技术人才，成为酒质保障的第一道防线，也是最重要的防线。

02 问题倒插法

1964 年，酿酒大师周恒刚进行"茅台试点"时创建此法。

中国白酒的呈香成分极其复杂，构成了实践经验与科学原理之间的模糊地带。周恒刚放弃了以往的"科学路径"，转而尝试一种"倒插笔"的研究方法：悬置所有的理化分析框架，先进入生产现场，从产品的实物表征出发——而不是从发酵理论出发，由果推因，对比排除，反过来找出有利于产品特征发现的操作路线。

"倒插笔"没有将公式或原理凌驾于传统工艺之上，而是回到工艺流程本身。它在实践中发挥奇效，并一直被茅台酒师们传承运用。此法与埃隆·

马斯克推崇的"第一性原理"似为同理。

03　一线倾斜制

在茅台酒的酿造过程中，各个工序的一线酒师的经验和责任心，是保证品质的关键。因此，茅台酒厂在管理主动性和利益分配机制上，对一线进行了全面倾斜。

季克良在总结管理经验时说："在政策制定方面，比如说利益分配，我们不仅会向脏的、苦的、累的工种倾斜，也会向班长、副班长等承担较大责任的岗位倾斜。我们不以职位高低来分配，而是以工作年限和贡献大小来决定。"

德鲁克所提倡的"知识型员工"以及丰田精益管理模式，在茅台酒厂有着独特的中国式创新。

04　四个服从

当成本与质量发生矛盾时，成本服从质量。
当产量与质量发生矛盾时，产量服从质量。
当效益与质量发生矛盾时，效益服从质量。
当速度与质量发生矛盾时，速度服从质量。

05　产能克制

1958 年提出的"搞它一万吨"茅台酒的目标，一直到 2003 年才得以实现。其他著名酒企，如汾酒在 1985 年、五粮液在 1990 年早已突破了万吨产能。

茅台的"产能克制"首先是对传统技艺的恪守，坚持"以酒勾酒"，不添加人工香精，坚持不建速熟的"人造窖"，坚持不勾兑非本厂酿造的基酒。而同时，产能的稀缺则造成了市场的饥渴和期待，为价格稳定提供了真实的基础。2010年之后，茅台的酿酒能力获得了释放，但是每年的市场需求仍在变大，茅台绝不为满足短期需求而放弃对品质的恪守。

保持自律与克制，不以产量，而以品质取胜，是全球高端商品的核心策略之一。

06　橄榄形矩阵

茅台酒的超级单品战略在白酒业独树一帜。同时，它也从狙击和创新的角度，构筑了一个橄榄形的产品矩阵。

茅台以53度飞天茅台作为"橄榄"中轴；在其之下，安排了汉酱酒、茅台王子酒、茅台迎宾酒和茅台1935，与中高档白酒相抗衡；居于飞天茅台之上的系列产品，分别是陈年酒、生肖酒和二十四节气酒，它们在品牌上不断拉升茅台的价值空间。

这一模型最大的优势是，既守住了消费者对茅台品牌的心智底线，同时又能够以节奏性的新品营销不断刺激市场的新鲜度。

07　原产地

一个具有强烈地域特征的传统工艺产品如何实现健康的生态型发展，是一个十分普遍的棘手课题。从历史沿革来看，茅台酒曾经跟龙井茶、景德镇瓷器、金华火腿一样泛滥和混乱。

20 世纪 90 年代初，茅台人借鉴法国科涅克白兰地的原产地保护模式，提出"离开茅台镇就生产不出茅台酒"。

2001 年，茅台酒厂向国家质检总局申请确定了中国白酒业的第一个原产地域范围，即现在的"国家地理标志产品保护示范区"。2013 年，茅台酒核心产区的范围扩展到 15.03 平方公里。

经过长达二十年的持续传播和理性界定，茅台酒的原产地理念已经深入人心，成为酒厂健康发展的地理意义上的"护城河"。

08 陈年酒

茅台的陈年酒策略，学习的是法国干邑葡萄酒和英国威士忌的经验，并在"陈年酒"的定义上有所创新，提出了"买当年酒、喝往年酒、品陈年酒、收藏老酒"的理念。

1986 年，茅台酒厂尝试开发"珍品茅台"。20 世纪 90 年代，推出了十五年、三十年、五十年和八十年陈年贵州茅台酒。与白兰地、威士忌的年份酒不同，"陈年茅台酒"采用 15 年及以上不同酒龄的基酒多次勾兑而成，撷取上千支 [①] 基酒精华，综合表达了资源价值、工艺价值、质量价值和经济价值。这既符合中国白酒的勾兑传统，同时也释放了供给的能力和灵活度。

陈年酒不仅让企业获得了高价值的产品系列，还孵化出了溢价的收藏品市场。在多年的经营之下，茅台酒具备了抵抗通胀的硬通货属性，而茅台的股票则成为资本市场的"基石"。

---

① 支：茅台酒勾兑基酒的最小单元。

09 茅台文化

茅台酒是用时间酿就的，品牌文化的养成，同样需要时间的沉淀和讲述。

1915 年，茅台酒在巴拿马万国博览会上获奖，从此闯出西南的偏僻山谷，为国人所知。1935 年，红军长征"四渡赤水"，第三次渡河在茅台镇，茅台酒成为诸多红军将士的激情记忆之一。

新中国成立之后，茅台酒是国家领导人招待国际友人时使用频率最高的白酒，是规格最高的外交用酒。

近二十多年来，茅台酒厂大力弘扬历史文化，建构一瓶酒与国家、时代和情感消费的整体叙述。

白酒天然具备了社交货币和身份认同的属性，茅台的高口碑和高价值均建立在品质和文化的高地之上。

10 经销商是恩人

茅台酒厂一直到 1998 年才组建销售公司，几乎是所有著名酒企中最迟的一家，在经销模式上也没有太大的创新。而值得学习的是，它一直注重对经销商的利益维护，甚至视之为"恩人"。

如同所有产业，中国白酒业多次遭遇经济周期和宏观政策的影响，发生剧烈的市场震荡。在每一次危机中，茅台酒厂都把压力首先扛在自己身上，从不恶意压货或降价。

经历了多次危机考验，酒厂与经销商"心连心""背靠背"，实现了难能可贵的"信任共建"。

11 茅粉节

茅台酒的日常消费者主体，由企业家、城市中年白领、知识阶层和中高级公务人员组成，属于社会金字塔塔尖的阶层，是典型的理性消费者。"茅粉"们会在日常餐叙时主动抵制假茅台，每年数以千次的"茅粉节"则是自发举办的品牌传播活动。

用户主动参与到企业的经营行为中，被认为是一个品牌形成心智势能的标志。

这些"茅粉"的行为并不出于自利的需求，而是出于内驱心理，主动维护一个他们喜欢的品牌的产品纯正性。它意味着品牌在用户心智中已经构成一种价值上的共鸣。

这些行为的发生，表明品牌在那一时期正处在高势能的爆发期，几乎没有任何力量可以阻挡它的成长。

12 拥抱年轻人

基业长青的企业表现出深刻的双重特征，它既有永不动摇的价值观和核心使命，同时又对变革、进步抱持着好奇心和不懈追求。

对于茅台酒而言，如何获得当代年轻消费族群的认同和喜爱，是一个具有挑战性的命题。近年，茅台推出"i茅台"App和"巽风数字世界"，尝试用互联网和虚拟游戏的方式与年轻人互动，同时，通过跨界合作，推出了茅台冰淇淋、酱香拿铁咖啡等联名产品。

茅台的这些年轻化举措，一次次冲上热搜，成为营销界的现象级事件。

中国白酒的十二大香型

1979 年的第三届全国评酒会第一次以香型区分各大名酒，先是提出酱香、清香、浓香和米香四大香型，后来又逐渐区别出十二大香型。

酱香型

产地：贵州遵义

代表酒：茅台酒

香型特征：香气成分复杂而微妙，酱香突出，幽雅细腻，酒体醇厚，回味悠长，空杯留香持久。

清香型

产地：山西汾阳

代表酒：汾酒

香型特征：口感清淡纯粹，诸味协调，酒液醇甜柔口，余味爽净，饮后会有一缕缕清雅自然的香气回荡在口腔之中。

浓香型

产地：四川泸州、宜宾，江苏宿迁

代表酒：泸州老窖、五粮液、洋河

香型特征：窖香浓郁，香味协调，口感绵甜甘洌，入口顺滑，尾净香长，让人感受到酒液在舌尖上的饱满和细腻。

米香型

产地：广西桂林

代表酒：三花酒

香型特征：以大米为原料，用料单一。清亮透明，蜜香清雅，入口绵柔，落口爽净，回味怡畅。

药香型

产地：贵州遵义

代表酒：董酒

香型特征：在酿制过程中，加入130多种中草药。药香突出，入口醇厚而挺拔，回味悠长。

豉香型

产地：广东佛山

代表酒：玉冰烧

香型特征：存放时会用一块猪肉来吸附酒中的杂味。酒香清新自然，口感圆润饱满，豉香纯正，余味甘爽。

芝麻香型

产地：山东安丘

代表酒：景芝酒

香型特征：融合了浓香、清香、酱香三种香型的特点，有"一品三味"之说。

凤香型

产地：陕西宝鸡

代表酒：西凤酒

香型特征：香气醇香秀雅，口感甘润挺爽，酒液入口后就给人一种爽快、挺拔的感觉，带劲豪爽。

老白干香型

产地：河北衡水

代表酒：老白干

香型特征：由清香型衍生而出。醇香清雅、甘洌丰柔，多种香味彼此独立却又融合为一。

特香型

产地：江西宜春

代表酒：四特酒

香型特征：用大米酿制。其香气具有多类型、多层次的芬芳，诸香谐调。

馥郁香型

产地：湖南吉首

代表酒：酒鬼酒

香型特征：兼有浓香、清香、酱香三大白酒基本香型的特征，"前浓、中清、后酱"。香味协调，回味悠长。

兼香型

产地：湖北松滋

代表酒：白云边酒

香型特征：以两种或两种以上香型的工艺结合而成。"浓酱协调，后味带有酱香"。

茅台酒品鉴"六步法"

品鉴茅台酒，请先以清水漱口，保持口腔干净。然后六步而行，体验酱酒美好。

一、观色

举杯对光，观察酒体的色泽、透明度。由于发酵期和贮存期长，酒带微黄色属于正常。茅台酒清亮透明，如琥珀般晶莹剔透。

二、闻香

举杯闻香，鼻子距酒杯 1 ～ 3cm，均匀吸气。初闻有酱香、陈香、曲香弥漫，深嗅有花香、果香、粮香、陈香、焙烤香等复合香气。饮用完毕之后，再嗅空杯，仍有浓郁香气环绕持久。

三、摇杯

把酒杯倾斜 45°角后慢转，使酒液均匀地挂在酒杯内壁上，而后竖直酒杯，杯壁上就会呈现"美人泪"般的酒幕。静置 3 分钟，酒珠挂杯不坠。年份越长的酒，酒液张力越强，挂杯现象越为明显。

四、细抿

细抿入口，第一口要慢，但要满一点，让酒铺满舌头的整个表面。舌尖有甜，舌侧有酸，舌根有点苦，咽部有一点辣的感觉；整体感觉绵厚醇和，后尾回甘，五味兼具。

五、慢咽

将酒咽下时，酒入喉丝滑，顺喉而下，醇厚丰满；轻轻哈气，从鼻腔而出的酒香和口腔中的酒香相互萦绕、回味悠长。茅台酒有舒适的甜味、细腻的果酸味与淡淡的苦味，带给人独特难忘的味觉体验。

六、回味

静心回味，空杯闻香。茅台酒自然形成900多种香气成分，是香味物质最多的酒品。茅台酒的酱香味是由前香和后香复合而成，前香主要来自低沸点的醇、酯、醛类物质，后香主要来自高沸点的酸性物质。这一特定"气质"没有任何其他香型可以达到。

可以空杯留香时间的长短作为判断酱酒品质的依据：24小时以上，及格；48小时以上，优秀；72小时以上，卓越；96小时以上，顶级。

（吴晓波结合季克良、王刚等国家级酿酒大师的经验总结而成）